書下ろし

小泉純一郎の軍師　飯島勲

大下英治

祥伝社文庫

小泉純一郎の軍師　飯島勲　目次

二章　小泉内閣の船出

チーム小泉（出身官庁・名前・在任時期）

〈首席総理秘書官〉

飯島　勲　'01.4~'06.9

〈事務秘書官〉

出身官庁	名前	在任時期		名前	在任時期
財務省	丹呉泰健	'01.4~'06.9			
経済産業省	岡田秀一	'01.4~'06.9			
警察庁	小野次郎	'01.4~'05.8	→	山﨑裕人	'05.8~'06.9
外務省	別所浩郎	'01.4~'06.9			

〈内閣参事官〉

出身官庁	名前	在任時期		名前	在任時期
厚生労働省	香取照幸	'01.5~'02.9	→	今別府敏雄	'02.8~'04.7
			↓	木下賢志	'04.6~'06.9
国土交通省	吉田英一	'01.5~'03.8	→	由木文彦	'03.7~'06.9
文部科学省	藤原　誠	'01.5~'02.3	→ 農林水産省	末松広行	'02.3~'06.9
防衛省	黒江哲郎	'01.5~'04.8	→	深山延暁	'04.7~'06.9
総務省	坂本森男	'01.5~'03.8	→	関　博之	'03.8~'06.9

序章　〝官邸主導〟と〝脱派閥〟

総裁戦三度目の挑戦

平成十三年一月、自民党森《もり》派会長であった小泉純一郎《こいずみじゅんいちろう》の秘書飯島勲《いいじまいさお》は、小泉が厚生大臣時代からよく知っている厚生労働省の香取照幸《かとりてるゆき》に、ある相談を持ちかけた。

「総理大臣とは、どういうものでなければいけないのか、宰相《さいしょう》とは何かを、おれはちょっと書こうと思っている。おまえは、どういうふうに思う?」

「ぼくは、リーダーシップだと思います。人を動かすということではないでしょうか」

飯島はうなずいた。

つまり、一月の段階で飯島は、三ヵ月後の四月におこなわれることになる自民党総裁選の準備をしていたわけである。

飯島は、それから二ヵ月後の三月十五日、講談社《こうだんしゃ》文庫から『代議士秘書―永田町《ながたちょう》、笑っちゃうけどホントの話』を出版した。平成七年七月に光文社《こうぶんしゃ》から豪徳寺三生《ごうとくじみつお》のペンネームで出した『永田町の掟《おきて》』に大幅加筆し、今度は本名で出したものである。

そのあとがきに「二十一世紀のトップリーダー（政治家）に求められるもの」として、これからの日本を背負って立つ総理総裁像はどういったものかということを、一般論として次のようにまとめた。個人名は出さなかったが、それこそが小泉純一郎であった。

《変革の時代、多くの人々にとっては混乱と不安のほうが大きい、そんななかで方向を指し示せる人物の第一の資質はなんだろうか。

それは国民から信頼されることではないか。国民におもねったり、その場しのぎのきれいごとをいうだけでは、やがて信頼を失い、ひいては蔑《さげす》まれることになる。国民は思いの外《ほか》したたかで賢《かしこ》いのである。時代の流れを体現すると人々に信じさせ、明確なビジョンを持ってどこに進めばいいのかを明確に語れる者、変化をおそれず、厳しいことでも必要なことは国民に求められる、ある時には恐れられる者こそが真に国民の信頼を勝ちうるのだと思う。そんな人物のために私は働いてきたと自負《じふ》している。

ふたつめは、決断すべき時に決断し、同時に自らの決断に責任を持つ矜持《きょうじ》があること。これは今の政治家がもっとも不得意とするところだろうが、結局のところリーダーの本質的な仕事はそれに尽《つ》きる。要は人（組織）を動かすということだから。

これを間違いなく確実に実行するためには、必要な情報を入手し、整理し、状況を的確《てきかく》に把握してリーダーの決断を支える優秀なブレーン・スタッフ組織が不可欠である。自身のために尽力《じんりょく》する専門性を持った人材集団を擁《よう》すること、阿諛追従《あゆついしょう》とは無縁の機動的かつ率直《そっちょく》な人材集団を持つこと、これが今の政治家には決定的に不足していると思う。政治は究極的には欲望の調整による権力の争奪である。それを理解しつつ欲望に溺《おぼ》れず、志《こころざし》を持ち続けられる者にしか政治はしてほしくない》

飯島は、このときすでに首相官邸の優秀なブレーン・スタッフ組織である特命チーム「チーム小泉」の構想を明確に抱いていたのである。

香取は、総裁選直前の出版という飯島の絶妙なタイミングに感心していた。飯島の段取りから、総裁選に小泉が出馬することを確信した。

三月のある日、香取は飯島にこう言った。

「飯島さん、ずいぶんタイミングがいいですね。この本は、また売れますよ」

そんな香取の何気ない言葉に、飯島はぽろっと四月の総裁選に向かう胸中を漏《も》らした。

「勝つかどうかわからんけれど、三回目の今度負けたら終わりだ……」

香取は、飯島には似つかわしくない悲観的な口調にあわて、飯島を励ますつもりでこう言った。

「別にそんなことはないと思いますよ。何回負けても、三木武夫《みきたけお》さんみたいな人はいますからね」

三木武夫は、三度も総裁選に挑戦してことごとく敗れたが、ついに最後は総裁の座を摑《つか》んでいた。

飯島は、次に意味深長《いみしんちょう》な言葉を口にした。

「勝ったら……ちょっと、考えていることがある」

香取には、それが何を意味しているのか、具体的にはよく分からなかった。飯島も詳細は述べなかった。ただ香取としても、飯島がわざわざ自分に話しかけてきたのだから、何かあるのだろうと覚悟した。いっぽう、飯島の頭のなかには、特命チームのイメージが明確にあったのだろう。

そして、三月から四月にかけて飯島は、小泉勝利への算段を懸命《けんめい》に考えていた。

香取によれば、自民党総裁選において都道府県連の「三票総取り」ルールになった瞬間に、飯島は勝利を確信したはずだという。ひとつの都道府県に三票割り当てられるが、その都道府県でトップの票を獲得した候補者が、その三票をすべて取るという新しいルールである。香取も、そのルールは明らかに「小泉に有利だ」と思った。

いっぽう、ルールをつくった側は「橋本龍太郎《はしもとりゅうたろう》に有利だ」と思っていたのかもしれない。諸説があって、その真偽は明らかではないが、当時の県連レベルでは、橋本派が組織票を圧倒的に押さえていたはずだった。

小泉は、四月十一日、総裁選に立候補宣言をした。対抗馬は、橋本派会長の橋本龍太郎、江藤《えとう》・亀井《かめい》派会長代行の亀井静香《しずか》、河野《こうの》グループ幹部の麻生太郎《あそうたろう》であった。

本命は、党内最大派閥の橋本派（経世会）の領袖《りょうしゅう》橋本龍太郎と見られていた。小泉は、すぐには手を挙げなかった。その小泉のもとにすっ飛んできて出馬するよう迫ったのは、田中真紀子《たなかまきこ》であった。田中真紀子は、父田中角栄《かくえい》を裏切り、クーデターのようなかたちで田中派を集め、経世会を起こしたメンバーが憎くてならなかった。小泉と組んで、経世会への復讐を図りたかったのである。

この総裁選では、加藤紘一《かとうこういち》、山崎拓《やまさきたく》のいわゆる「ＹＫＫ」の二人は、最終的には小泉を支持するが、はじめのうちは、勝てるかどうか傍観していた。

加藤と山崎は、小泉が落選した平成七年九月と平成十年七月の総裁選では、経世会に擦《す》り寄り、経世会の橋本龍太郎、小渕恵三《おぶちけいぞう》を支援していた。小泉との友情よりも、だれを支持すれば自分にメリットがあるかを優先した。

小泉は、「ＹＫＫ」の関係を「友情と打算の二重構造」と評していた。ただし、飯島から見ると、小泉に打算はなかった。加藤と山崎には、友情に打算がくっついていたように思えた。

小泉は、三度目の挑戦となるこの総裁選の推薦人も、二回目の立候補のときと同様、ほとんど五回生以下の若手にした。もし五回生以上の議員を推薦人にすると、当選した暁《あかつき》には、重要なポストにつけざるをえなくなる。人事が縛られてしまう。小泉は、それを嫌ったのだ。

一億二千万の国民に訴える

小泉が出馬を決めたとき、飯島は訊いた。

「今回は、党員名簿を、用意しますか」

小泉は答えた。

「党員名簿は、今回もいらない。街頭演説一本でいこう。チラシも、つくらなくていい」

従来の自民党総裁選の必須《ひっす》アイテムは、党員名簿であった。このとき、党員数は約二百四十万人で、党員名簿の値段は六百万円であった。総裁候補の選対は、自分たちの秘書を総動員し、その虎の巻を頼りに支持を訴える文書を送付したり、電話作戦や面会作戦、いわゆるローラー作戦を展開する。これだけで億に近い選挙費用がかかる。そこで飯島は、思い切って党員名簿を購入することをやめた。じつは、これまでの二回の総裁選でも、党員名簿は使わなかった。

この前代未聞の事態に、小泉選対幹部の国会議員はカンカンになって怒った。

「なぜ、買わないんだ！」

飯島は、ひたすら頭を下げた。

「すみません」

幹部のなかには、親切心で言ってくれるひともいた。

「おれが持っている名簿を、貸そうか」

飯島は、それも断った。

「ありがたいのですが、いりません」

飯島がそこまで意固地《いこじ》になったのは、「この戦いは、党員名簿に頼るようでは負ける」という答えを導き出したからである。

〈街頭演説一本でいい。全国一億二千万人の国民に、ひたすら真剣勝負で訴えかける。そうすれば、かならず津波のような大きな波が押し寄せるだろう。二百四十万党員を、一億二千万人の波で呑《の》みこんでしまうのだ〉

街頭演説に時間を割《さ》くため、テレビ出演も極力ひかえた。テレビ討論会は、候補者が全員顔をそろえなければおこなわれない。必要最小限度出るだけでいい。

飯島は、総裁選では、小泉陣営の多くの国会議員に怒鳴《どな》られながらも、自分の考えたやり方を貫き通した。

たとえば、選対本部である。小泉選対は、他の陣営のようにホテルではなく、金のかからない党本部に設営した。党本部には、だれでも簡単に立ち寄ることができる。

ひょっとすると小泉選対の情報が外に漏れるかもしれない。が、飯島はそれでも構わなかった。テレビ局の取材も、ホテルの場合、ホテル側の許可を取らなければ敷地内に入れない。敷地の外からホテル全体を中継することになる。

しかし、党本部なら飯島が「いいですよ」と許可するだけで、選対本部の中まで入ってこられる。候補者の小泉自身が、壁一面に貼られた日本地図の前で電話をかけたり、打ち合わせをしている光景には、臨場感《りんじょうかん》がある。

記者が各陣営の動きをレポートする際、暗闇のなかでホテルの壁がボーっと見えるだけの背景と、選対の臨場感あふれる背景のどちらがいいかといえば、ダントツに後者だろう。飯島は、そのようなメリット、デメリットを考えながら舞台回しを作った。

飯島は、総裁選のマスコミの取材も、媒体《ばいたい》によって区別しなかった。なぜなら、全国ネットのテレビ局であろうと、地方のテレビ局であろうと、全国紙であろうと、地方紙であろうと、週刊誌であろうと、スポーツ紙であろうと、みんなその道で生きている。全国ネットのテレビ局や全国紙だけが最高の媒体というわけではない。どの媒体も、みんな総裁選に注目し、取材している。序列をつけるのはおかしい。飯島は、党選挙管理委員会の規程の範囲内であれば、媒体も、年齢も、男女も問わず、時間さえあれば、対等に取材の機会を与えた。

自民党で確実に総理総裁になるには、党内最大派閥の領袖となり、多数派工作で主流派体制を作ればいい。ただし、そのやり方では、しがらみもできる。自分が思い描く政策や人事は、なかなか実現しない。

そこで小泉は、過去の自民党総裁選にはない、奇妙奇天烈《きみょうきてれつ》と思われるような戦法で総裁選にのぞんだ。派閥や職域団体にはいっさい頼らず、一億二千万人の国民を巻き込むかたちでの選挙戦を展開した。どんな国会議員であろうと、小泉を支持しなければ沈没するというぐらいのうねりを起こそうと考えていた。だからこそ、総理になると、誰にも相談せずに人事を決めることもでき、郵政民営化をはじめとするさまざまな構造改革が実現するのである。

冷静に考えれば、自民党は、総選挙を党員だけの力で勝っているわけではない。自民党員は二百四十万人いるが、全国の都道府県で割ったら、それほど大きな数ではない。にもかかわらず、自民党は、総選挙で毎回のように勝っている。

旧社会党の場合、支持団体は労働組合であった。労働組合員の数は、自民党員と比較にならないほど多い。それなら、社会党政権ができていてもおかしくなかった。が、実際には、組合員の選択権は個人個人にあり、全員、旧社会党に入れていたわけではなかった。

「自民党をぶっ壊す」の真意とは

四月十四日、大阪・難波《なんば》の繁華街《はんかがい》で四候補がはじめての共同街頭演説会をおこなった。

飯島は、小泉に同行したスタッフから報告を受けた。

「小泉さんが演説をはじめたとたん、まるでサッカーの試合のウェーブのように、聴衆がウワーッと波を打ちました。他の三候補のときには、そんなことにはなりませんでしたよ」

飯島は、胸を躍《おど》らせた。

〈もしかしたら、勝てるかもしれない……〉

飯島は実感した。

〈小泉は、余分なことはせず、聴衆の心に訴えかければいいと考えていた。それでも勝てると踏んでいたのか。まさに、そのとおりの展開になっている〉

飯島は、今回の総裁選を通して小泉の怖さをあらためて知った。

小泉は、信念を懸命に訴えつづけた。その気迫は、これまで二度挑戦した総裁選をはるかに上回っていた。

飯島は、ふと思った。

〈ひょっとしたら、自らの主張を訴えるだけ訴え、仮に自分が選択されなかったら、そのときは即座に国会議員を辞める覚悟じゃないか〉

小泉と、そのような会話を交わしたわけではない。が、その鬼気《きき》迫る表情から、三十年間も小泉と仕事をしてきた飯島は、そう受け取ったのである。

小泉は、街頭演説で声を張りあげた。

「おもいもしなかった結果が出ている。わたしが勝てっこないと思っていた県で、すべてトップだ。党員投票で一位になったら勝てる可能性が、出てきた。ひょっとすると、歴史が動く」

小泉は、つい本音が出て絶叫した。

「最大派閥の支援なく、日本の首相になった人は、これまで一人もいない。もし、わたしが勝てば、最大派閥の支援なくして誕生する初めての総裁になる!」

これまで最大派閥の田中派を背景に、田中角栄がキングメーカーとして総理を作っていた。大平正芳《おおひらまさよし》、鈴木善幸《すずきぜんこう》、中曽根康弘《なかそねやすひろ》は、田中が総理にした。その田中に反旗《はんき》を翻《ひるがえ》して、竹下《たけした》派を起こした竹下登《のぼる》らは、竹下自身の他にも宇野宗佑《うのそうすけ》、海部俊樹《かいふとしき》、宮沢喜一《みやざわきいち》を総理にしていく。一度野に下って、ふたたび自民党が政権を取ったあとも、橋本龍太郎、小渕恵三と経世会が総理を作った。小泉の属している森派の領袖森喜朗《よしろう》ですら、経世会の野中広務《のなかひろむ》、青木幹雄《あおきみきお》によって、総理となったのである。小泉は、今回、その経世会が立て、再登板を狙う橋本と勝負に出たのである。

小泉は、さらに声を張り上げた。

「もし、自民党が変わろうとしないなら、わたしが自民党をぶっ壊す」

「自民党」そのものより、「自民党」を支配していた「経世会」をぶっ壊す、と言ったのだ。

小泉は、そのとおり、総理大臣になると、「経世会」潰しにかかる。

飯島の戦略は、的中した。全国で空前の小泉ブームが沸《わ》き起こり、党員も、民意に逆らうことができなくなった。その結果、職域団体の組織票もなにも関係なく、地方票は、ほとんど取れた。国会議員も、その意思に従わざるをえなくなった。

四月二十四日の午後一時過ぎ、自民党本部八階ホールで本選挙の投票が始まった。なお、亀井は、土壇場で本選挙への出馬を辞退した。

午後一時五十八分、開票結果が発表された。

小泉は、地方票百二十三票、国会議員票百七十五票、合わせて二百九十八票を獲得し、一回目で過半数を制した。橋本は、地方票十五票、国会議員票百四十票の計百五十五票、麻生は、地方票〇票、国会議員票三十一票の計三十一票であった。

小泉が新総裁に選出された瞬間、飯島は、鳥肌が立った。うれしさよりも、むしろ、安《あん》堵《ど》感のほうが大きかった。

小泉内閣は、五年五ヵ月間もの長期政権となるが、その間、一度も支持率は三〇%を切ることがなかった。飯島は、たとえマスコミが騒いでも、小泉純一郎を信用するという積極的な支持が三〇%あったからだと見る。これが、小泉内閣の支持率の土台になった。

そのうえに、内閣総理大臣としての行動の評価が上乗せされ、四〇%から六〇%でずっと推移した。このようなことは、小泉以外の政治家ではありえない。日本の政治史上、稀《まれ》にみるケースだったと飯島は思う。

その原点は、党員名簿をまったく無視し、一億二千万人の国民に訴えた平成十三年四月の総裁選にある。小泉は、それまでのように、自民党議員と自民党員の支持だけで成り立った総理総裁ではない。いわば、首相公選制で選ばれたはじめての総理大臣といえる。それゆえ、支持率は、三〇％以下には絶対に下がらなかったのである。

飯島は、小泉の「軍師」として、五年五ヵ月の間、辣腕《らつわん》をふるう。

官邸主導へ向けて

飯島は、官邸主導を進めるために動いた。

総裁選の本選挙を二日後にひかえた四月二十二日、飯島のもとに経済産業省の広瀬勝貞《ひろせかつさだ》事務次官がやってきた。広瀬次官は、やや強張《こわば》った顔で頼んできた。

「秘書官の件で、ぜひとも小泉先生に会わせてください」

飯島は、首をひねった。

〈秘書官の件とは、何のことだろう……〉

が、広瀬と話をするうちに、ようやく意味がわかってきた。

〈ああ、あのことか……〉

二年前の平成十一年一月、飯島が各省庁の事務次官級の官僚と食事会を開いたときのことである。この食事会は、四ヵ月前の平成十年七月に厚生大臣秘書官を退任した飯島の慰労会もかねていた。

世間話に花を咲かせていると、ふと、ある省庁の官僚が飯島に訊いてきた。

「自民党は、この秋に総裁選をおこなう予定ですが、小泉さんは、どうされるのですか。党内には、小泉さんを総裁に推《お》そうという声が結構あるようですが」

飯島は、首を横に振った。

「小泉は、これまで二回も総裁選に出ていますし、今回は、出ないと思いますよ。それに、小泉は、派閥に属していますが、事実上、一匹狼《いっぴきおおかみ》ですから」

その官僚は、さらに訊いてきた。

「飯島さんは、岡光《おかみつ》事件のとき、万全な危機管理体制を敷きましたが、仮に小泉政権ができた場合、官邸スタッフは、どのような体制を敷こうと考えているのですか?」

首相秘書官は、政務秘書官一人、大蔵省（現財務省）、外務省、警察庁からそれぞれ派遣される事務秘書官三人の計四人で構成されていた。が、福田赳夫《ふくだたけお》内閣で通産省（現経済産業省）の棚橋祐治《たなはしゆうじ》が秘書官に起用されて以来、現在の五人体制となっていた。

飯島は、持論を展開した。

「まぁ、内政、外交、財政という三つの領域から考えたら、大蔵省出身と外務省出身の秘書官は必要でしょう。しかし、内政については、かならずしも通産省と警察庁出身でなければいけないということはない。もちろん、アンチ通産省ということではないですよ。敗戦国日本をここまで建て直したのは、通産官僚の尽力によるところも大きい。でも、バブル経済が弾《はじ》けた今日、一つひとつの政策を真剣勝負で取り組んでいくには、時の内閣が掲げる政策の重要度に応じて、フレキシブル（柔軟）に変えるべきだと思いますよ」

この食事会には、通産省の官僚は参加していなかった。が、出席者の一人から、この話を聞かされていたのであろう。小泉が新総裁に選出されることが確実な状況となり、「経済産業省から秘書官を外されては困る」と考え、広瀬は直談判《じかだんぱん》をしようとすっ飛んできたのである。

飯島は、広瀬に言った。

「秘書官の件なら、ご心配なく」

首相秘書官となった飯島は、官房副長官の古川貞二郎《ふるかわていじろう》と官邸スタッフについて話し合った。すでに、総裁選の本選挙前日には、古川のもとに財務省、外務省、経済産業省、警察庁からそれぞれ秘書官リストが届けられていた。

飯島は、事務秘書官は、従来どおり財務省、外務省、経済産業省、警察庁の四省庁から取ることにした。

〈小泉内閣のスタート早々から、ドタバタと大騒ぎになっても困る〉

三十年越しの夢

経済産業省大臣官房参事官（産業技術環境局担当）の岡田秀一《おかだしゅういち》は、四月二十五日、事務秘書官の内示を受けた。

岡田は、四月二十六日の午後二時ごろ官邸に呼ばれ、内閣総務官室に行って写真撮影などをすませてから秘書官室に向かった。古い官邸の秘書官室は、一階からちょっと上がった中二階のようなところにある。

岡田は、飯島よりも先に秘書官室に入って待ちながら、部屋の構造や机の配置などを眺めていた。すると、飯島秘書官が大きな体を揺らしながら部屋に入ってきた。そして、岡田の隣席にドンと腰を下ろし、「はぁ……」と感嘆とも嘆息ともつかない声を漏らすと、ぼそっとつぶやいた。

「この椅子に座るのに、三十年かかった……」

三十年越しの夢を叶《かな》えた男が意図せず漏らした独り言を耳にしたと岡田は思った。

〈飯島さんは、三十年前から小泉純一郎を首相にして、自身が首相秘書官になることを念じてきたのだろう〉

そのように岡田が飯島の独り言を耳にできたのも、たまたま隣席だったからだ。離れていたほかの秘書官は、飯島の三十年越しのつぶやきが聞こえていなかったかもしれない。

飯島に比べて、岡田自身は、ある意味では雇われ秘書官の身だ。三十年前から、事務秘書官の座を射止《いと》めようと思っていたわけではない。もっとも、官僚だとはいえ、望んで事務秘書官になれるものでもない。官僚組織の人事に従うのみだ。

岡田は、飯島の一言に思った。

〈うーん、そうかぁ。素晴らしい方だな〉

岡田は、身が引き締まる思いだった。

〈こういう方といっしょに仕事をするのならば、こっちも本気でやらなければいけないな〉

岡田も二年に一度の人事異動のたびに身が引き締まってはいたが、事務秘書官になった緊張感は、それまでとは次元が違った。

なお、飯島は、自分ではそういう一言を発した記憶はないという。

飯島の言葉は、新組織のトップが初対面の部下に発破《はっぱ》をかけるたぐいの戦略的言葉ではなかった。あくまでも、無意識だからこそ、いっそう岡田の胸に迫るものがあった。

一方、財務省の丹呉泰健《たんごやすたけ》主計局次長は、四月二十四日、主計局長に言われた。

「今度、小泉総理の秘書官になってもらいたい。官房のほうからの話なので、自分が直属の上司として伝えます」

「わかりました。務めさせていただきます」

飯島から丹呉に対して秘書官就任の連絡はとくに無かった。

小泉が厚相時代、小泉本人と飯島を知っていた丹呉は、身を引き締めた。

〈一生懸命お仕えしたいな〉

同時に、自身の親元である財務省とは摩擦《まさつ》も相当あるだろうとも覚悟した。それは、小泉純一郎というキャラクターによるものではない。丹呉は、財務省出身の歴代秘書官の後ろ姿を見ていた。それだけに、その葛藤《かっとう》ぶりを知っていたのだ。丹呉は、「官邸」＝「財務省」ではないこともわかっていた。「国」＝「財務省」でもない。首相の事務秘書官と財務相秘書官とは別物だ。財務省の意見が、官邸でそのまま通用するとは、まったく思っていなかった。

なお、外務省からの秘書官は、別所浩郎《べっしょこうろう》、警察庁からの秘書官は、小野次郎《おのじろう》であった。

これで四人の事務秘書官が揃った。

脱・経世会と「身体検査」

小泉は、平成十三年四月二十四日、三度目の挑戦で自民党総裁に就任し、四月二十六日、衆参両院の本会議で首班に指名された。

前首相であり、小泉の属していた森派の首領《ドン》である森喜朗《もりよしろう》は「三役から橋本派だけははずすな」と小泉に忠告したが、小泉は頑《がん》としていうことを聞かなかった。

党内では「最大派閥の橋本派を党内野党に追い込めば、小泉政権は不安定にならざるをえない」との見方が一般的だった。小泉は、あえてその橋本派を党三役からはずす選択肢を選んだのである。

小泉が批判した「派閥政治」の中心的存在として橋本派からの起用を見送ったもので、田中―竹下派時代にさかのぼっても、彼らが党三役に起用されなかったのは、じつに三木政権以来のことだ。

小泉政権の五年五ヵ月間、組閣や内閣改造の人事は、小泉が誰にも相談せずすべて一人で決めた。入閣候補の調査、いわゆる「身体検査」をおこなう飯島も、小泉が誰を入閣させるつもりでいるのかくらいは事前にわかるが、ポストについては、まったくわからなかった。

なお、入閣候補のいわゆる「身体検査」は、このときも、のちの組閣でも、飯島が一人でおこなった。小泉内閣にスキャンダルを起こした閣僚はいない。飯島による「身体検査」が効《き》いたからだといわれる。

小泉内閣以前でも組閣時には、内閣調査室や警察庁の情報を頼りに、閣僚候補にまつわるスキャンダルの有無を確認していたともいわれている。しかしその手段には弱点がある。誰が、誰のことについて調べているのか。閣僚候補Xのスキャンダルとは何か。そのすべてが役所側に筒抜けになる。そうなれば、あらゆる政治家にも情報が漏れる可能性もある。それは、新内閣の命取りにもなり得た。

ところが、飯島は、誰にもわからない方法で「身体検査」をしていたという。のちに「チーム小泉」の内閣参事官となる深山延暁《みやまのぶあき》は、飯島を旧商家でいうところの「大番頭」だという。飯島独自の「身体検査」は象徴的だが、飯島は小泉商店の大番頭に徹していた。それが小泉商店の暖簾《のれん》を汚すような問題を未然に防いでいた。

小泉は、首相官邸からの入閣要請の電話をするにも、事前にポストが洩れぬよう、細心の注意を払った。たとえば、小泉が財務大臣に起用することを決めた議員の事務所には、財務省出身の秘書官ではなく、あえて外務省出身の秘書官に電話をかけさせた。あるいは、国家公安委員長に起用することを決めた議員の議員会館事務所には、警察庁出身の秘書官ではなく、経済産業省出身の秘書官に電話をかけさせるといった具合であった。

飯島は、首相官邸で小泉首相の指示を受け、入閣要請の電話を取り次いだ。

小泉は命じた。

「武部《たけべ》さんに、連絡を入れてくれ。農林水産大臣だ」

飯島は、一瞬、我が耳を疑った。

〈えッ！　武部さんだって……〉

山崎派五回生の武部勤《つとむ》は当時、小泉攻撃の急先鋒であった。総裁選のさなかも、小泉を猛烈に批判した。

前年平成十二年十一月、野党の提出する森内閣不信任案に同調する動きを見せた、いわゆる「加藤の乱」のとき、いくら森派の会長として森喜朗首相を支えなくてはならないとはいえ、小泉は、YKKの盟友の加藤紘一と山崎拓に冷たく当たりすぎた……という憤りを武部は持ちつづけていたのである。

今回の総裁選では、山崎は加藤とともに、小泉を支えた。それなのに、武部は山崎派を飛び出すのではないかと思われるほど小泉を批判した。

かつて、中曽根康弘が、佐藤栄作《さとうえいさく》首相に盾突《たてつ》き、人事で干《ほ》されたことを飯島は知っている。派閥を維持できなくなるところまで追い込まれ、瀕死《ひんし》の重体となった。そこで、やむなく「なんでもいいですから、閣僚をやらせてください」と泣きついた。中曽根は、第三次佐藤内閣で防衛庁長官に就任し、ようやく生き残る道を得た。

佐藤に限らず、歴代の総理は、自分に盾突くものは徹底的に干し上げた。それが、永田町の常識であった。その常識からいえば、飯島には武部の起用はとうてい理解しにくかった。

飯島は、念のため、小泉に確認した。

「どのマスコミの人間に聞いてもらってもわかりますが、武部さんほど、総理を批判した方はいませんよ。それでも、よろしいんですか」

小泉は、そんなことは百も承知だよ、というような表情で答えた。

「いいんだ。農水省は、ウルグアイ・ラウンド（ＧＡＴＴの新多角的貿易交渉）の予算関係で問題を起こし、行政改革で、決断を迫られている。きちんとやれるのは、彼くらいしかいないだろう」

飯島は進言した。

「いや、でも、ほかにもまだ、山崎派で適任者がいるんじゃないですか」

飯島は、山崎派のなかで、当選回数からして常識的に考えられる三人の名前をあげた。

しかし、小泉は、頑として聞き入れなかった。

「いや、武部さんにやってもらう」

飯島は、武部に電話を入れ、小泉につないだ。果たして武部は農林水産大臣に就任する。

呼び出された武部が、首相執務室に入ると、小泉首相は一言だけ言った。

「武部君、小泉内閣は、改革断行内閣だ。頼む」

武部には、「きみを農林水産大臣としてだけ選んだのではない。改革断行内閣としてきみの力が必要だ」というふうに聞こえた。武部にとってはまさに青天《せいてん》の霹靂《へきれき》だった。

飯島と武部の運命的な関係は、ここが出発点である。

なお、組閣後、ＮＨＫの番組で地元北海道に帰った武部の発言が放映された。

小泉と武部は、組閣のとき、官邸で「よろしく」と会話を交わしただけであった。細かな打ち合わせもしていない。ところが、武部はすでに小泉首相の側近だとおもわれるほど、熱心に改革を訴えていた。

飯島は思った。

〈なるほど、ここが小泉首相の凄《すご》さだ。なにもおべんちゃらをいわず、「あなたしか農林水産大臣はいない」と要請し、それを武部さんも意気に感じたのだろう。会話が無くてもわかりあえるサムライ同士なんだな〉

いっぽう、武部の入閣に山崎派は大変な騒ぎになった。山崎派の今回の入閣候補者は、再入閣組として、七回生の亀井善之《かめいよしゆき》、新入閣組では、五回生の大野功統《おおのよしのり》がいた。幹事長は、山崎拓である。小泉は山崎の意を汲み、彼らを入閣させるにちがいないと見られていた。組閣前日には、入閣の前祝いさえ開いていた。

ところが、ふたを開けてみれば亀井でも大野でもなく、武部を入閣させたのである。山崎幹事長も、さすがに怒りをあらわにした。

「どうなっているんだよ！」

加藤派も、大騒ぎとなった。入閣待望組の五回生の逢沢一郎《あいさわいちろう》、金子一義《かねこかずよし》をすっ飛ばし、なんと四回生の中谷元《なかたにげん》が防衛庁長官に起用されたのである。

さて、午後四時二十分、首相官邸に自民党三役と公明、保守両党の代表、幹事長らが入った。組閣本部が、ようやく設置された。

午後四時二十分ごろ、首相官邸の組閣本部で、小泉首相は閣僚名簿を配り、こう言った。

「驚天動地《きようてんどうち》の人事でしょう。これでよろしくお願いします」

山崎幹事長ら党五役は、紙を見たまま五分間ほど言葉が出なかったという。

ようやく、堀内光雄《ほりうちみつお》総務会長が「こりゃ、本当に驚天動地ですなあ」と言葉を発すると、笑いが起き、話し合いが始まった。

閣僚名簿は、そのまま了承《りようしよう》されざるをえなかった。

小泉内閣は、小泉主導の「脱派閥」型内閣となった。女性閣僚を五人、民間人を三人起用した。秘書の飯島はおもった。

〈小泉首相は、パフォーマンスといわれようが、人気とりといわれようが、いいたい奴にはいわせておけという達観した気持ちでいる。総理になったからには、その職務に命を懸けて取り組む覚悟だ〉

そうである以上、飯島も、緊張感を持たなくてはいけない。飯島の自宅は、千葉県の津《つ》田沼《だぬま》駅近くにある。通勤時間は、一時間あまりだ。

いつ何時、不測の事態が起こるかわからず、「今日は遅くなりましたから、もう引き上げます」と帰るわけにはいかない。何か起こったとき、すぐさま官邸に駆けつけられるよう官邸近くの赤坂プリンスホテル（現グランド赤坂プリンスホテル）で寝泊まりをつづけていた。

小泉以前の首相は、特に官邸主導にこだわらなかった。経世会の首相や、経世会の息のかかった首相の場合、経世会の支配している自民党執行部の言うとおりにふるまえばよかった。いわゆる経世会の手の平の上で踊っていればよかった。

従って、あえて官邸主導の政治をおこなう必要はなかった。

が、小泉は、「経世会」と戦って総裁になった。経世会をぶっ壊す腹でもあった。そのために、まず党三役から経世会を外した。しかし、なお、党内では、経世会の力は強い。

小泉は、官邸主導で自分の思いを達するしかない。

さらに、霞ヶ関《かすみがせき》の役人にも、経世会の力が強かった。

さかのぼれば、田中角栄が、参議院の重要さに目をつけた。田中は、優秀な官僚に目をつけ、田中派から参議院議員にし、その議員を通じて、その出身省庁に強いパイプを持った。ひいては、霞ヶ関を支配した。従って田中派に陳情に行けば、どの省庁にもつながった。

当時中曽根派であった石破茂《いしばしげる》は一年生のころ、中曽根派の先輩に陳情を頼んでもらうが、埒《らち》があかないので、親しい田中派の政治家に頼んだほどであった。

田中派の霞ヶ関支配は、「総合病院」と呼ばれた。

田中派の流れをくむ経世会も、霞ヶ関を支配していた。

小泉は、その経世会に頼らず、自民党を、また霞ヶ関を自分の思う方向に動かすためにも、官邸主導を推し進めるしかなかった。

小泉が総理としてもっともてがけたかったのが、郵政の民営化であった。が、党内で小泉に賛同する議員は当時ほとんどいなかった。しかも郵政の首領は、経世会の首領野中広務であった。

小泉の官邸主導を推し進めるために、飯島が知恵を出した。

飯島は、秘書官の四人は慣例に従ったが、新たに参事官を入れた官邸チーム作りにかかった。

「チーム小泉」創設構想

飯島は、官房副長官の古川貞二郎と官邸スタッフについて話し合った。飯島は、官邸スタッフを強化するため、首相秘書官に準じたスタッフとして五省庁の参事官クラスで構成する連絡室参事官、いわゆる特命チームである「チーム小泉」を創設することにした。

古川も賛同した。

「日本は、シビリアン・コントロール（文民統制）でありながら、防衛庁からだれも官邸に来ていない。これは、おかしい。防衛庁は、絶対に入れましょう」

小泉が首相に就任したあと、飯島は、小泉とも相談のうえ、将来的には、首相秘書官もふくめ出身官庁については、そのときどきの政策課題に応じて差し替えもありうべし、という前提で厚生労働省、文部科学省、総務省、国土交通省、防衛庁のとりあえず五省庁から連絡参事官を採用することにした。

飯島は、「チーム小泉」内にあえて全省庁を網羅《もうら》しなかった。それは、省庁側の指定ポストのように固定化されてしまうことを避けるという意味があった。

「固定化すれば、役所側の都合でどんどん人を入れてくる。そういう形は駄目だ。官邸から見て、そのときどきの大問題を処理するために、結果としてどこの役所を取るかということなんだ」

もし官邸の言うことを聞かないで出身省庁の意のままに動くようなら、いつでも外す、という構えであった。

飯島は、五省庁の事務次官に内々に電話を入れ、自分の考えを伝えた。

「連絡参事官は、総理直属のスタッフであり、政務秘書官のわたしのもとで補完的に働いてもらいます。それも、出身官庁に関係なく、一つのチームとしてコピーから何からありとあらゆることをやってもらいます。ときには、出身官庁に対して相当厳しい処置をすることもあるでしょう。また、何か起これば、わたしの判断で差し替える場合もある。それらのことを理解したうえで、優秀な人材を出してください」

ただし、かならずしも各省庁が推薦してくる人材をそのまま採用したわけではなかった。飯島は、可能なかぎり、一人ひとりと面会し、最終的に人格識見を見極めたうえで官邸に呼んだ。

出身官庁と戦える人材を内閣参事官に

厚生労働省の香取照幸のもとに、飯島勲秘書官から連絡が入った。

「内閣参事官に起用する」

五月十七日、内閣総務官室から正式な辞令があった。

香取は、この年の三月、飯島の「ちょっと考えていることがある」という言葉から、小泉政権が発足したおりには、何らかの形で呼ばれるだろうと覚悟はしていた。

香取は、ふたつの可能性を想定していた。

ひとつは、歴代の内閣で規定路線であった四人の事務秘書官の出身官庁を新しくするという想定。もうひとつは、事務秘書官が従来どおりの四人だけではなんとも心もとないので、プラスアルファするという想定だった。

最終的には、後者の想定が当たった。「チーム小泉」のルールは、「財務」「外務」「経産」「警察」という四人の事務秘書官と「厚生労働」「国土交通」「総務」「防衛」「文部科学」という五省庁から参事官を新たに採用することだった。同時に、必要に応じて参事官の出身省庁の入れ替えをすることも決まった。

実際に「チーム小泉」の参事官でいえば、途中で文部科学省と農水省を入れ替えている。文部科学省は、その後、「チーム小泉」の席に戻ることはなかった。が、文部科学省はまったくほったらかしだったわけではなく、古川官房副長官のもとに秘書官が一人配属されるように配慮されていた。

とはいえ、飯島には、「チーム小泉」は、すべての省庁を完全に網羅すべしという頭はハナからない。

つまり、必要に応じて呼べばいいのだ。

飯島の考えは、秘書官四人、参事官五人という九人がワンセットだ。その九人は、秘書官であろうが、参事官であろうが基本的には同じ扱いだった。参事官は課長クラスの若手たちだ。が、「チーム小泉」のなかでは、若手参事官と熟練事務秘書官とは同等の扱いとなる。

たとえば、首相会議室での小泉首相との昼食も、秘書官四人、参事官五人、プラス飯島の十人でテーブルを囲む。外遊も秘書官三人と参事官二人、プラス飯島の六人で飛行機に乗り込む。それも、すべて飯島が決めたルールだった。

「チーム小泉」の参事官たちは、すべからく出身省庁との軋轢《あつれき》に向き合うことになる。

香取も、そうだった。しかし、香取には「そのために来ているのだから」という気概があった。それはほかの参事官も同様だったという。逆にいえば、飯島は、親元省庁をある程度抑えこめるだけの力量を備えた人材を選別していたともいえる。出身省庁による「改革への抵抗」に対して、「チーム小泉」のメンバーたちはひるむことは無かった。

メンバーの中では、飯島自身が以前から個人的に知っている官僚は、香取と藤原《ふじわら》誠《まこと》ぐらいなもので、それ以外は、各省の人事担当である官房長や事務次官に適材の選出を求めていた。飯島が秘書として三十年来築いてきたネットワークがここで活きている。だからこそ、道路公団民営化しかり、郵政民営化もしかり、「チーム小泉」の参事官たちは親元官庁と戦える人材だった。

小泉と「チーム小泉」の初対面

小泉首相は、五省庁の課長級を首相官邸に集めた「チーム小泉」を五月十七日に発足させたが、その数日前、一部新聞が「チーム小泉」の概要をすっぱ抜いた。「チーム小泉」は、現在秘書官を出向させている省庁以外から新たに集めると報じられ、追加される省庁には、防衛庁もふくまれていた。その記事を読んだ防衛庁の黒江《くろえ》哲郎《てつろう》運用課長は思った。

〈誰が行くのか知らないけど、大変だな……〉

防衛庁にとっては、官邸入りは初体験だ。先例が無い以上、業務内容もわからない。ゆめゆめ当事者になるとは思っていない黒江は、人ごとながら「大変だな」と思っていた。

ところが、そんな黒江自身に白羽《しらは》の矢が立つのである。自身の問題として「大変だな……」になってしまったわけだ。

黒江は、昭和五十六年、東大法学部を卒業後、防衛庁に入庁していた。

「チーム小泉」の発足初日、柴田雅人《しばたまさと》内閣総務官が、黒江たち参事官五人にこう告げた。

「ちょっと特命事項的なことをやってもらうから、『背番号』は忘れてくれ」

「背番号」とは、参事官たちが背負っているだろう「省益意識」のことである。そして、柴田は、しょぼくれた部屋を指差した。

「きみらの部屋は、ここだよ」

黒江が入った参事官室は、旧官邸の一階だった。隣部屋に、誰も使っていない黴臭《かびくさ》い浴槽があった。廃屋のような、なんとも狭い小空間だった。

そこに身長百六十七センチ、体重九十キロという巨漢の飯島が、中二階の秘書官室から降りてくるなり開口一番こう言った。

「うまく入ったな……」

飯島は、狭い部屋によくぞ、大の大人が五人も入ったものだと感心したのだ。

「まあ、ちょっと、いろんなことをやってもらうから」

そんな立ち話のような顔合わせをすませると、飯島は、大きな体をゆすり、風のように消え去った。

黒江は、内示を受けてから官邸に入るまでが慌ただしく、飯島を研究する時間すら無かった。目の前に現れた巨漢に対して、こう思った。

〈なんか強面《こわもて》で、おっかない人だな〉

「チーム小泉」の参事官たちは、初日から飯島に大目標を下されたわけではなかった。飯島は、時間をかけて、徐々に官邸と「チーム小泉」の一体感をつくっていった。

黒江には、なぜ防衛庁が「チーム小泉」に参加できたのかわからなかった。「チーム小泉」は、全省庁を網羅しているわけではない。小泉内閣誕生当初には、文部科学省から藤原誠が入っていて、農水省が入っていない。黒江は、防衛庁を参加させてもらってありがたいと思った。後日、飯島はあらためて黒江に「チーム小泉」での防衛庁重視を説明した。

「防衛については、まったく外す気はなかった」

小泉・飯島は、国の行政のなかに占める軍事の重要性をきちんと評価していた。

小泉もまた黒江に自身の防衛問題への情熱を語っている。

「安全保障についてはあまり自分のつながりが深くないように言われるけれども、自分としては当選以来毎回欠かさずに防衛大学校の卒業式に参加しているんだ」

防衛大学校は、小泉の地元横須賀《よこすか》にある。また、父親の小泉純也《じゅんや》はかつて防衛庁長官を務めている。小泉家と防衛庁とは、そういう面でも深い縁があった。

雰囲気づくりの手始めは、小泉首相との会食だった。初対面の日の昼休み、飯島が中二階の秘書官室から降りてきた。そして、参事官たちに小泉首相の一階の小食堂に来るように告げた。

黒江は、そこで小泉とも初顔合わせとなった。会食を兼ねて自己紹介という肩肘《かたひじ》張らない形式となった。『チーム小泉』、いざ出陣」という格式張った雰囲気は皆無だった。

もっとも小泉は分刻みのスケジュールが詰まっている。飯島も飯島で忙しい。むしろ小泉の自然なタイムスケジュールのなかで「じゃあ、ちょっと顔を出してやるか」というカジュアルな顔合わせだった。

そのような形式とはいえ、小泉純一郎は日本国の首相である。黒江自身はひどく緊張して、そのとき何を食べたのかも覚えていない。記憶を無理矢理たぐり寄せても、せいぜい「麺《めん》類だったかな」というのが精一杯だ。しかし、そんな小泉首相との会食が、「チーム小泉」の一体感を醸成していくのである。

小泉同様、防衛を重視していた飯島だったが、防衛庁が「チーム小泉」の指定席だったわけでもない。くり返すように、「チーム小泉」には、あえて全省庁を網羅しなかった。

それは、省庁側の指定ポストのように固定化されてしまうことを避ける意味があった。飯島は、徹底的に固定化を嫌った。

小泉と最も縁の薄かった国交省

国土交通省河川局総務課企画官の吉田英一《よしだえいいち》は、人事課から「チーム小泉」の内示を言いわたされた。吉田は、昭和五十八年東大法学部を卒業し、建設省に入省していた。

吉田は、自分が呼ばれた理由を、こう理解していた。

〈ウチの省の問題が山積しているので呼ばれたんだろう〉

このとき、旧建設省関係の案件として、公共事業改革、特殊法人の道路公団改革、都市整備公団改革などがあふれていた。

と同時に、この役職を任されてしまったという、事の重大さにも気づいた。

〈与えられる仕事は、事柄が事柄だけに大変だろう。「これはおかしい」というのを直すだけなら当たり前のことだが、そういうことでもない。利害が対立して、こういう意見を言う人もいれば、一方ではああいう意見を言う人もいるし、となることが目に見えている。改革は、意見が様々に錯綜《さくそう》するだろう〉

参事官が「チーム小泉」の一員としてやらなければならない仕事と出身省庁の考えに

は、大きな隔《へだ》たりが見えているのは明らかだ。省庁側の人間として小泉首相が取り組もうとしている改革を見れば、できればそれを阻止したい、阻止できなければ省庁が有利だと思える方向に少しでも引っ張りたい気持ちになるところだ。送り出すことになる省庁からすれば、そんな役割を参事官に発揮《はっき》してもらいたいという心理がありそうだが、実際はそうでもなかった。

旧建設省では、出向者を送り出すときには、ある一つの考え方を出向者に言い聞かせていたという。

「出向先の立場で、やりなさい」

吉田がかつて島根県庁に出向するときも、そう言われていたが、今回も同様であった。

国会議員やその議員秘書は、政策を実現させるために官僚から説明を受けたり、選挙区の地元住民の陳情団と共に官庁を訪れたりする機会もあることから、官僚と顔見知りになるものだ。

しかし、小泉首相の場合、その政策の方向性から、初当選以来、建設省（国土交通省）へ陳情のために訪れたことはほとんど皆無といっていいほどだった。道路局があるフロアーの廊下には、地元の陳情団を引き連れた国会議員とその秘書の姿を目にすることは日常茶飯事《さはんじ》の光景なのだが、その一員として建設省に足を運ぶことなど小泉には無意味でしかなかった。かといって、まったく地元から道路建設の陳情を受けなかったといえば嘘になる。その場合、小泉ではなく、秘書である飯島が建設省に出向くことになった。

しかし、小泉が衆院議員に当選したばかりの頃は、知り合いの官僚がいなかった飯島にとって、簡単に道路局長や技監、上級職といった官僚に直接会える機会が与えられない。飯島も上級職以外の有能なベテラン職員に知己《ちき》を得るなどの工夫はしていたものの、国土交通関係の行政面については苦労してきた。

吉田には、それまで面識がない飯島に面会するとき、チームの一員に迎えられるという確信が持てなかった。

〈わたしをチームに入れるかどうかは、まず会ってみてから決めるのだろう〉

吉田は、旧官邸内の秘書官室で飯島とはじめて対面した。吉田は、飯島を目の前にして圧倒された。

〈いやぁ、なんとも迫力ある方だ〉

しかし、こうも思った。

〈言葉遣いも丁寧《ていねい》だし、親父というイメージでもあるな〉

はじめての対面では、吉田は自己紹介をし、飯島から何点か質問をされただけだった。あまりの緊張のため、どんな質問を受けたのか、まったく記憶に残っていない。飯島は、吉田をチームの一員に加えた。

吉田は、小泉や飯島と縁が薄い省からやってきたため、他にいっしょに集められた総務、厚生労働、文部科学、防衛のメンバーの中でも、小泉総理や飯島秘書官との関係を築くことになる一番の新人ともいえた。

新たに参事官としてチームに加わった五省庁は「緊急時にも首相にさっと話が通る」と歓迎したが、首相とのパイプを事実上独占し、秘書官を出向させていた財務、経産、外務、警察の四省庁には不満がくすぶっているともささやかれた。

官邸と疎遠だった自治省からも

総務省出身の坂本森男《さかもともりお》・消防庁予防課長は、小泉内閣が発足してまもなく、総務省の人事担当から突然告げられた。

「坂本、官邸に参事官として行ってこい」

坂本は、昭和五十四年、東大法学部を卒業後、自治省に入省していた。

寝耳に水だったため坂本に小泉や飯島の知識はゼロだった。それまで、小泉純一郎という人間は、自民党のなかでも目立たない政治家だった。さらに、首相秘書官に就任した飯島勲なる人物が、いったい何者なのか、皆目見当がつかなかった。そこで、坂本は、飯島の著書である『代議士秘書』を買いに走った。

「チーム小泉」の五人の内閣参事官は、五月十七日に官邸に入った。そのころの坂本は、自分の任務がいまひとつはっきりせず、とまどっていた。参事官よりも先に着任していた四人の事務秘書官は、官邸のなかを自由自在に動き回っていた。その姿がまぶしかった。

〈大先輩がいらっしゃるんだな〉

ただ、坂本は飯島秘書官の参事官招集の意図も見えずに、まるで日露戦争当時の日本海海戦の甲板にいる武官のような気持ちでいた。東郷平八郎《とうごうへいはちろう》司令長官ならぬ小泉首相と、秋山真之《あきやまさねゆき》参謀ならぬ飯島秘書官が繰り出すT字戦法のような大胆な戦術の実践をただただ眺めているだけだった。司馬遼太郎《しばりようたろう》の小説『坂の上の雲』というよりは、さながら雲の上を歩いているような坂本だった。

そもそも旧自治省は、官邸と疎遠だった。官邸の事務秘書官とは「財務省」「外務省」「警察庁」「経産省」出身の四人と相場が決まっていた。竹下登内閣から七代続けて官房副長官を務めた自治省出身の石原信雄《いしはらのぶお》は例外中の例外である。

もっとも「チーム小泉」の参事官たちは、坂本が感じたような「疎遠な」省庁からあえて集められたものだ。坂本は、飯島による官邸人事については、官邸に来てはじめて聞かされた。同時に、総務省の人選が難航し、最後の最後に決まったともいわれた。

小泉内閣発足時の「チーム小泉」のメンバーのうち、厚生労働省の香取や文部科学省の藤原誠など数人は、飯島が以前から、「小泉が首相になった暁には、ぜひ官邸で使いたい」と考えていた人材であった。

本当ならもっと「チーム小泉」の人数を増やしてもいいのだが、あまり人数が多いと緊張感が無くなってくる。それゆえ、飯島は、五人体制を維持する。

なお、飯島は、パイプの太い厚生労働省からは、その後も香取照幸、今別府《いまべっぷ》敏雄《としお》、木下《きのした》賢志《けんし》と三人を起用するが、パイプの細い農林水産省は、末松広行《すえまつひろゆき》だけであった。

永田町的な発想でいえば、パイプの細い省庁こそ、どんどん人を差し替えたほうがいい。そのほうが、枝が増え、いろいろなチャンネルができる。が、飯島は、「チーム小泉」は、あくまでも仕事一本のチームであり、人脈作りに利用するつもりはなかった。

マスコミとのつき合い方

飯島は、マスコミとの向き合い方も変えた。平成十三年四月の総裁選のとき、顔見知りのスポーツニッポン、日刊スポーツ、スポーツ報知の政治担当の記者から、ある話を聞かされた。このとき、全国各地で小泉ブームが沸き起こり、小泉の勝利は確実視されていた。

「われわれ三社は、小渕内閣のときから内閣記者会への加盟の申請を何回も出しているのですが、全然、許可が下りないんですよ」

飯島は初耳であった。

「へーえ、そうなのか」

首席総理秘書官となった飯島は、ただちに広報官を呼んだ。

飯島の要請により、広報官は、スポーツ紙三社の加盟を許可した。ただし、一般紙と差をつけたいという気持ちなのか、広報官は、通常の四角い記者バッジではなく雑誌協会の記者バッジにしようとした。

飯島は、広報官に苦言を呈した。

「差をつけるのは、おかしい。ちゃんと、一般紙の記者バッジを出せばいいじゃないか」

広報官は受け入れた。

こういった場合、「いろいろと尽力《じんりょく》してやったのだから」と恩を売り、利用しようとするのが永田町の世界だ。が、飯島は、小泉政権の五年五ヵ月間、電話取材もふくめてスポーツ紙の記者と一度も一対一で会ったことがない。そればかりか、首相番の記者とも個別に接したことはない。

飯島は、小泉が首相になるまで一般紙も、スポーツ紙も、週刊誌も、わけ隔てなく付き合ってきた。が、小泉が首相になって以後は、いっさい取材は受けなかった。

ただし、長い付き合いの日刊ゲンダイの寺田《てらだ》記者だけは、ときおり首相官邸の秘書官室に顔を見せた。小泉が首相になる前、寺田は飯島に言っていた。

「うちは、これまで小泉さんを叩《たた》いたことがない。当選回数が多い国会議員のなかでは、めずらしい。だけど、もし小泉さんが総理総裁になったら、その日から毎日叩きますからね」

日刊ゲンダイは、どちらかといえば反権力を売り物にしている。権力者を叩かなければ、読者はついてこない。

飯島は気にしなかった。

「別にいいよ。立場、立場で変わるのだから、気にしないで、これでもか、というくらいやってみな」

そうしたところ、日刊ゲンダイは、小泉が首相になったその日から本当に小泉政権を凄《すさ》まじく叩きはじめた。が、飯島は、寺田に宣言したとおり、日刊ゲンダイには寛容《かんよう》であった。

飯島は、根も葉もないでたらめな話を記事にした週刊誌をたびたび告訴した。寺田は、それが気になり、官邸に感触を探りに飯島に会いにいったことがあった。寺田は、飯島が淹《い》れたお茶を飲みながら飯島に言った。

「不思議ですよ。毎日、小泉政権を叩いているのに、支持率はまったく落ちない。なぜなんでしょう？」

飯島は苦笑した。

「そんなことを言われても、困るよ。まぁ、何を書こうが訴えないから、心配するな」

歴代の官邸で、そのようなことを平気で口にした秘書官は、飯島だけだろう。普通の秘書官なら「頼むから、叩くのは止めてくれ」と懇願《こんがん》するところだ。

飯島は、寺田が訪ねてきたことを小泉に報告した。小泉は、飯島を冷やかした。

「あ、そう。でも、なにもお茶まで出さなくたっていいじゃないか」

なお、飯島は、昔から政治部の記者よりも社会部の記者のほうが好きであった。

新聞社には、社会部、政治部、経済部、外信部などの部署があるが、社会部の記者は、自分は社会部だという精神ではなく、社会部からの視点で政治、経済、外信を見る。政治部の記者なら、政治部から社会、経済、外信を見るというスタンスが大事だと飯島は思う。

飯島によれば、社会部はいうならば工科系、政治部は文学系の世界だという。政治部の場合、たとえば、A氏とB氏が会ったとき、記者が十人いたら、十人十色の見方がある。つまり、A氏のバックグラウンド、B氏のバックグラウンド、その時の政治情勢のバックグラウンドで答えがすべて違っていてもおかしくない。これは、その記者の考える精神論、心理、いろんな状態を勘案して考える。人によっては、「これは政局だな」という見方をするし、あるいは「ただ会っただけで、中身は無い」というような雑多な答えが出る。あくまで情緒的で文学的な世界といえよう。

ところが、社会部は、殺人事件にしても、あるいは汚職事件にしても、捜査の連中、司法当局のチャートと同じで、明らかに自分で歩いて調べる。その事件モノの取材が終わった後に、当局の発表のチャートが一つのアンサーだとしたら、自分の足で稼いだものがどの程度であったかはっきりと比較点検できる。「ある程度完成してはいたけど、なるほど、ここの部分は点線を埋めれば、完成したのに」、と数学的に結果が出る。コナン・ドイルの探偵小説シャーロック・ホームズではないが、「犯人は誰か」とか、「事件の概要はどうなのか」、と完全に答えが出る。それが、飯島の好きな世界である。

飯島は、社会部の連中とも相当付き合っている。その際、飯島は言った。

「付き合う以上は、条件がある。われわれの世界だと、おれは社会部の誰々を知っているから、何とかするよ、という発想が多すぎる。おれと付き合う以上は、飯島がチョンボしたときに、人の三倍大きく書くというのが条件だ」

たとえば、飯島の記事が、他紙は三段組の記事なのに、ある新聞は一段組だった場合、「あれは、あの新聞の××を知っているから」と他社の記者はいう。そうなったら、メンツの問題だ。だから、「かならず、他社が三段組だったら五段組ぐらいで飯島を叩いてくれ」といった。

飯島は、週刊宝石《ほうせき》の半田《はんだ》記者にも言った。

「半田さん、おれとの付き合いは、三十年以上経つけども、もし小泉とおれに何かあったら、ぶち抜きで大きくやれよ。男という意味がなくなるぞ。ヨイショの記事を書く必要はない。そういうスタンスで付き合おうよ」

一日二回の「ぶら下がり取材」

経済産業省から出向してきた岡田秀一秘書官は、小泉首相の広報担当になった。そもそも飯島秘書官は、プレスに関してはすべて顔が通じている。いわば、広報のプロだ。官邸広報も、飯島自身がやれば良さそうなものだが、飯島はあえて岡田に官邸広報を託した。一度、「官邸広報は、岡田」と決めたからには、自身は官邸広報の場にはいっさい出なかった。

岡田の仕事は、首相への記者会見である「ぶら下がり取材」を取り仕切ることだった。「ぶら下がり取材」は、一日二回やった。異例の「二回」という頻度《ひんど》は、派閥ではなく国民の支持に支えられた小泉内閣の象徴でもあった。とはいえ、それを一手に取り仕切る岡田にも苦労があった。記者に対する小言も、岡田の仕事になっていたようだ。

平成十三年九月六日の朝日新聞は、岡田秘書官を「世話好きな秘書官」と、やんわり批判する。首相記者会見に関して、岡田は記者たちに細々《こまごま》と小言をいうのだ。

「午前中のやりとりは、五分かかったんですよ。ちょっと長いですねえ。三分ぐらいが、美しいんですが」

「質問は、コンパクトに短くね。首相が答えているとき、一呼吸おいたら次の質問に移る。リズミカルなやりとりがいいんだなあ」

岡田は、そのような嫌味な記事を書かれた。が、批判された本人はいたって平気だった。大事なのは、小泉自身に気持ちよくしゃべらせることだった。そのためには、だらだらした会見は困ると考えていた。

たとえば、十分間という規格外の時間を一回でも取ろうものなら、次のスケジュールも、十分間まるまる空けておかなければならない。そのような時間の拘束《こうそく》は小泉にとっても良くない。それよりも、ある大きな出来事があったときに、その都度《つど》、流れに沿って記者会見すべきだと考えていた。流れのなかで記者会見をするためには、長時間拘束されるような、時間が固定された会見では困るのだ。

さらに、岡田は記者会見をより効率的にしようと、記者たちからの質問を三問に限定したこともあった。その結果、記者は重要な順に質問するようになったという。質問者に緊張感が出て、首相も緊張感を持ってメリハリのある答えをしたという。

飯島は、口癖《くちぐせ》のように「おれは官邸時代に、記者とはいっさい会わなかった」という。岡田もそれは認める。官邸担当の記者たちのなかには「飯島に直接会いたい」と言ってくる者もいた。が、飯島は固辞《こじ》した。

「岡田さんが担当だから、岡田さんでやってくれ」

飯島はその一線を絶対に譲らなかった。とはいえ、官邸担当ではない旧知の記者には会っていたようだ。

表向き、官邸広報は岡田で一元化していた。同時に、岡田は、官邸広報担当として発生したことを逐一《ちくいち》飯島に連絡し、飯島も、独自に入手した情報を岡田にインプットしていた。その結果、ふたりの広報すべき情報の質量は均衡《きんこう》を保ち、両者の間でずれることが無かった。

総理秘書官の役割とは

朝刊各紙の最終締め切りは、だいたい午前一時半頃だ。したがって、飯島は、首相秘書官時代、午前二時前に寝たことはなかった。真夜中でも携帯電話に緊急の電話がかかってくれば、かならず起きて対応し、指示するものは指示した。

朝は、午前五時にはかならず起きた。一日の睡眠時間は、三、四時間くらいであった。昼間、車での移動中にウトウトすることもある。が、絶えず携帯電話が鳴るので熟睡《じゅくすい》することはできない。

ちなみに、飯島は、首相秘書官時代、プライベートの携帯電話、小泉事務所から支給されている携帯電話、政府から支給されている携帯電話の三台を使用しており、それぞれ着信音のメロディを変えていた。政府から支給された携帯電話のメロディは、緊急用ということでパトカーのサイレンに設定していた。そばにいる者は、パトカーがやってきたのかとおどろくこともあった。

飯島は、柴田錬三郎《しばたれんざぶろう》の小説『真田十勇士《さなだじゅうゆうし》』の猿飛佐助《さるとびさすけ》ではないが、「小泉純一郎は、おそらくこう動くだろう」ということを考え、現在の見立て、短期的な見立て、中期的な見立て、長期的な見立てをおこなう。誰にもわからないように材料を集め、組み立てる。

飯島は、首相秘書官時代に定宿にしていた赤坂プリンスホテルで、誰にもばれないように情報を取り、いい情報も、悪い情報も、すべて小泉に伝えていた。飯島は、普通の政治家以上に永田町や霞ヶ関の動きを捕捉《ほそく》していたと自負している。

小泉は、独りぼっちで首相官邸の首相執務室から公邸に入る。政治家、官僚、マスコミには、裏表がある。昼間と夜とでは、まったく違うことを人に言っている。これを読み誤らないようにしなければいけない。飯島は、誰よりも早くそういう裏言動を捕捉し、たとえ小泉が聞きたくないであろうことでも、リアルタイムで小泉に伝える。

普通の政治家なら表で言っていることとまるで違っている発言を知ると、頭に血が上り、その発言者に電話で怒鳴りつけるだろう。

「おまえ、なんだ！　昨夜、××に、こういうことを言っただろう。おれに言っていたこととと、全然ちがうじゃないか！」

しかし、小泉は、そういった締め付けはいっさいしない。裏では反小泉的な発言をしている人が官邸にやってきても、知らないふりをして話を聞く。顔にも出さない。その忍耐力は、凄いと飯島は思う。

小泉は、一閣僚であったときから、最後は自分一人で決断してきた。内閣総理大臣には、不可能は無い。法律にしても、命令すれば作れるし、改正もできる。それを止めたり、抑え込んだりするのが側近である首席秘書官の仕事だと飯島は思っている。それゆえ、小泉の耳に入る飯島の言葉は、すべて聞きたくない話である。

総理大臣の近くに、「これは、やってはいけない」「これは、駄目です」とブレーキをかける人がいなければ、暴走したり、とんでもないことになる。秘書は、議員にとって一番身近な存在だ。それだけに、単なるイエスマンではいけない。「はい、わかりました」といっているだけでは、秘書でもなんでもない。

新聞各紙は、総理を批判する記事や社説を載せることも多い。その通りに動けば、すぐに治まるのに、いくら記事で叩いても、馬の耳に念仏《ねんぶつ》のような状態の内閣も過去に多い。そんなとき、側近が「この新聞の社説は、重要ですよ」「この社説は、正しいですよ」「社説が指摘している通り、ちょっと行動にブレーキをかけたほうがいいですよ」と進言しなければ、その通りになっていってしまう。

飯島は、首相秘書官時代、その役目をつとめた。

「わたしがモノを言わなくなったら、もう駄目ですよ。わたし以外に、総理に、言う人がいないんですから。怒られようとなにしようと、わたしの話を聞いてください。ただし、わたしのいう通りにやってくれということではありません。話を聞いたら、あとは総理が判断してください」

丹呉泰健秘書官は、飯島のプロフェッショナリズムに触れた。

飯島には、「小泉首相を支えるべし」という明確な目的意識があった。そのための自己犠牲は厭《いと》わない。たとえば、小泉政権時代の飯島は、深夜でも翌朝議論を醸《かも》すような問題記事を発見するや、丹呉に電話をかけてきた。

「おい、変な記事が出そうだぞ」

そのように飯島は、夜中に発生した政財界のタイムリーな情報を的確につかんでいた。とはいえ、ひとつの情報源だけを鵜呑《うの》みにしないのが飯島だった。かならず情報の裏を取るのだ。

丹呉自身にも、さまざまな情報が各方面から流れ込む。ただ、丹呉にはそれを検証する術《すべ》が無い。そこで、飯島にその都度相談していた。飯島は、みずからが培《つちか》ってきた幅広い情報網から、丹呉に流れてきた情報の真偽を検証する。霞ヶ関の情報網でいえば、飯島にはキャリア組以外にもノンキャリア組のネットワークもあった。

飯島のやることは、とにかくきめが細かい。たとえば、財務省では、衛視にさえも気を遣うほどの細心さだ。そんな細大漏らさぬ情報網は財務省のみならず、厚生労働省、経済産業省、国土交通省でも同様に張り巡らされていた。また、飯島には全国各地に無数の知己《ちき》が散在していた。丹呉は、飯島の人的ネットワークの幅広さに心底舌を巻いた。なるほど、飯島が裏を取るとは、そういうことなのだ。

飯島も、官邸で政策のアドバイスをすることもあった。固有の政策が、政治的なイシューになれば、いっそう敏感《びんかん》にコミットしていた。

飯島自身は「丹呉さんの領域を侵さないようにしていた」と政策論議には距離をとっていたとはいうものの、政策の中身がわかっていないわけではなかった。政策個々の細部は別にして、「国民がどう見るか」「どのタイミングで出すべきか」「押す話か、引く話か」という時宜《じぎ》の判断が的確だった。

ある局面においては、飯島は丹呉に断言した。

「ここは、ぶれずに変えないほうが絶対いい」

はじめに決めた「スローガン」「キャッチフレーズ」は、ほとんど変更しなかったともいえる。

「小泉の政治生命」の危機管理

防衛庁から出向した黒江哲郎参事官は、飯島流危機管理とは、大地震に対する危機管理体制を形式的に整備するような種類のものとは違うと見ている。

平成十二年四月二日、小渕恵三首相が官邸で脳梗塞《のうこうそく》で倒れて、五月十四日に死亡した。その反省から、官邸の危機管理として、健康管理体制が整備された。結果、森喜朗内閣時代から、自衛隊の医師を官邸に常駐させるようになった。そのような首相の健康管理体制は、小泉内閣時代にも官邸内で熱心に検討された。国内遊説や外遊先で小泉首相が倒れた場合に、どう対処するかというシミュレーションが繰り返された。救急車の配置、搬送《はんそう》方法などが盛んに研究された。飯島以外の「チーム小泉」は、システム上、技術的に小泉首相の肉体の危機を回避する方法を精一杯検討していた。

いっぽう飯島の考える危機管理は、少し違った。

「それって、あれだろ。政権に対する打撃になるってことだろ。そもそも間違えば、小泉総理自身が政治生命を失くすってことじゃないのか。おれだったら、どうすればそうならないかを考える」

飯島の「危機管理」は、意味が違った。つまり、飯島流の危機管理の根本は、「小泉純一郎の政治生命」の危機管理なのだ。万が一、小泉首相が倒れても、それを政権の危機にしないためにはどうすれば良いか、なのだ。飯島は、こう続けた。

「おれだったら、絶対に見えないようにする。総理にくっついてる医官がバタバタしているなんていうのは、外から見たらすぐわかる。そんなことは絶対にさせない」

それを聞いた黒江は、ある意味で合点がいった。飯島は、常に「小泉純一郎の政治生命」維持が念頭にあるのだ。そんな飯島だからこそ「地に足が着いた」危機管理策が、事件発生直後に次々繰り出されるのだ。それは、官僚の黒江にはまったく無い発想だった。

一章　小泉内閣への助走

一　飯島勲の青春

水彩画で頭角をあらわす

飯島勲は、日本が第二次世界大戦で敗戦した直後の昭和二十年十月十三日、長野県上伊《かみい》那郡辰野町《なぐんたつのまち》に生まれた。

上伊那郡飯島町本郷《いいじままちほんごう》にある飯島城は、船山城《ふなやま》を本拠とした片切氏《かたぎり》の支族飯島氏によって築城された。飯島氏は、飯島郷の地頭をしていたが、武田信玄《たけだしんげん》が伊那に入って以降は武田氏に属し、天正十年（一五八二年）織田信長《おだのぶなが》の伊那侵攻によって落城。城主飯島民部守《みんぶのかみ》、小太郎父子《こたろうおやこ》は、高遠城《たかとお》にて討死《うちじ》にしたという。

長野県には、曹洞宗《そうとうしゅう》派の寺で「光」という文字が入る寺が三つある。「牛にひかれて善《ぜん》光寺《こうじ》参り」で全国的に有名な長野市の善光寺、早太郎伝説や光苔《ひかりごけ》で有名な駒ケ根《こまがね》市の光《こう》前寺《ぜんじ》、そして、飯島家が創設した伊那市の光久寺《こうきゅうじ》である。光久寺は、小さな寺で、あまり知られていないが、長野県ではただひとつ勅使門《ちょくしもん》がある。

飯島家の本家は、江戸時代に信濃国南部（現在の長野県伊那市高遠町）をおさめた高遠藩主の内藤家に仕える庄屋であった。平成十九年は、初代飯島氏の七百回忌の年である。

飯島の父親の孝二《こうじ》は、農業を嫌い、エンジニアになるため東京に出た。ハイカラな青年であった孝二は、日本に輸入されて間もないT型フォードを日本橋《にほんばし》で乗り回していた。

戦後、郷里長野県にもどった孝二は片倉《かたくら》工業の製糸工場に勤務した。その後、石川島播磨《いしかわじまはりま》重工業の子会社で、船舶などのタービン類を製造する石川島汎用《はんよう》機械辰野工場のトラック運転手となった。

飯島が小学校四年生に上がったとき、担任の先生が生徒に言った。

「図工の時間に風景画を描いてもらうので、水彩《すいさい》絵具を用意するように」

絵の授業は、三年生まではクレヨンを使い、四年生からは水彩絵具を使っていた。が、十二色の絵具、絵筆、パレットがそろった木箱のセットは、五、六百円もした。父親がトラックの運転手をしていたが、田舎のことゆえ稼ぎは少なかった。経済的に苦しい飯島家では、とうてい購入することができなかった。そこで、飯島は、黒、白、青、赤の四種類をバラで買った。絵筆は、父親が使っていた十円の習字用の筆を利用し、下敷きをパレット替わりにした。

飯島は、風景画の題材に南信《なんしん》パルプの工場を選んだ。その作品は、なんと国際児童コンクールで入賞し、テレビでも取り上げられた。入賞の副賞は、「味の素《あじもと》」であった。この当時、「味の素」は、サッと振りかけるだけで、まずいものでもうまくなる、魔法の味付け調味料として知られていたが、とても高価で、飯島の地元では、見たことはあるが、触ったことの無い人ばかりであった。そんな「味の素」が、瓶《びん》だけでなく、詰め替え用の大きな缶まで送られてきたのである。

飯島は、「味の素」の缶を持ち、得意顔で友だちに見せて歩いた。

「これが、うちに送られてきたんだ」

近所のおばさんたちも、「味の素」には、みんなびっくりした。

「凄いねぇ、勲ちゃん」

飯島は、地元で国際児童コンクール入賞よりも、「味の素」で有名になった。

いっぽう、担任の先生は、飯島を褒《ほ》めた。

「カネをかけて絵の具を買わなくても、勲君のように入賞するんだ」

先生は、さらに言った。

「ときにピカソは、誰が見ても空は青いのに、赤く描いたら凄いと評価された。おまえたちは、空を見て、赤く見えるか？」

「見えません」

「そこまで達したら、世界的に有名な画家になれる。そんなピカソも、幼いころ、もしかしたら勲君と同じように、絵具一つ買えなかったかもしれない。だから、勲君も、がんばれ」

褒められると、子ども心に誇りが持てる。飯島は、水彩画に熱中した。父親の習字用の筆の先を切り、一直線にそろえ、絵筆として使った。父親には「これでは習字ができないじゃないか！」と怒られたが、堂々と胸を張ってその筆で絵を描いた。

飯島は、絵具を買うためにも小学四年生のころからアルバイトをはじめた。登校する前に乳酸飲料の「エルビー」を配達した。授業を終え帰宅すると、同級生や姉の同級生たちの家を中心に納豆《なっとう》を売り歩いた。納豆は、一包四円五十銭で仕入れ、十円で売った。利ざやは、一包五円五十銭である。多いときは、一日に二百円もの儲けがあった。漫画本『冒険王』も、自分の稼いだカネで買った。

あまったおカネは、すべて十円玉に換金し、孟宗竹《もうそうちく》の一節をノコギリで切り、十円玉の大きさの穴を開けて作った手製の貯金箱に入れた。

ガキ大将の一人であった飯島は、アルバイトに精を出すいっぽう、メンコなどで遊ぶときは遊んだ。この当時の飯島の遊び仲間は、みんなガキ大将であった。おとなしかった友だちは、いまや定年を迎え、静かに暮らしているが、かつてのガキ大将たちは、現在も、税理士、町長、企業の社長や重役として第一線で働いている。お転婆《てんば》娘だった女の友だちの一人は、夫に先立たれたが、いまでも仕事で元気に飛び回っている。

飯島は、良友、悪友とともに、よその家の畑にこっそり忍び込み、野菜を盗んで追いかけられたこともある。捕まってこっぴどく叱《しか》られることもあったが、けっして悪質なものではなく、そのスリルを楽しんだ。

秋になると、台風が過ぎ去ったあとは、山に入った。お目当ては、たわわに実をぶら下げていた栗の木であった。台風の風の影響で栗の木は、実を大量に落とす。それを拾って集めるのが楽しくてならなかった。

飯島の友だちは、家に帰れば、兄や姉から勉強を教わったり、弟や妹に勉強を教えていたが、飯島は、アルバイトに忙しく、寝るとき以外は家にいなかった。二歳年上の姉が知的に障害があったせいもあり、とても飯島の四歳年下の妹や五歳年下の弟に教えることもできず、また妹も弟も知的障害者だった。

のちに小泉の秘書となった飯島には、いろいろな悪の誘惑があった。その気があれば、ビルを十個くらい建てられたであろう。そういった手口は、熟知している。しかし、飯島は、そのような誘惑にはいっさい乗らなかった。その抑止力になったのは、田舎にいる兄弟の存在である。もし自分が世間に背を向けるようなことをすれば、だれが兄弟の面倒を見るのか、と。

飯島は、五十五歳のとき、二歳年上の姉と四歳年下の妹が入所している知的障害者施設からほど近い駒ヶ根市の高台に家を建てた。家の造りは、姉と妹の身に何かあれば引き取ろうと思い、平屋建てにした。当初、玄関の表札には、飯島の屋号である「大杉《おおすぎ》」をかけた。が、マスコミに騒がれたため、現在は、表札を外している。

飯島の田舎は、同じ名字の家ばかりであった。そのため、別に屋号がついている。たとえば、飯島の本家は「大西」、飯島の家は「大杉」であった。

駒ヶ根市の家から車で約二十分の距離にある辰野町の生家は、両親が亡くなったあと、弟に譲った。が、光熱費や水道代などは、すべて飯島が負担し続けている。

現在は、実家の近くの故佐々木正代《ささきまさのり》とその未亡人の佐々木美智子《みちこ》らに、施設に入っている姉、妹、さらに生家にいる弟まで面倒を見てもらっているからこそ、飯島は秘書の仕事が続けられている。

飯島の、弱者へのやさしい視点は、このような姉や弟、妹を持ったことで培《つちか》われたのだ。

郵便局払い下げの自転車

飯島は、中学生になると、父親の名義で夜間電報のアルバイトもはじめた。電話がまだ一般家庭に普及していない時代である。たとえば、農家が市場に出荷した松茸《まつたけ》がいくらで売れたかなどを知らせる電報の需要《じゅよう》が多かった。

夜、郵便局と飯島の自宅を結ぶ電話機がチーンと鳴る。ただし、電話機といっても、受話器はなく、会話はできない。いわば、チャイムのようなものだ。その夜、仕事を受け入れることができれば、郵便局に音を送り返す。すると、ふたたび電話機がチーンと鳴る。その音の回数によって、配達地域がわかる。一回なら郵便局の周辺、二回なら隣の集落、三回ならさらに遠い集落、四回なら山奥という順番であった。

飯島は、自転車で郵便局に向かった。当直の局員から丸めた電報を渡され、指示される。

「××の××さんのところだよ」

賃金は、配達場所が遠ければ遠いほど高くなる。飯島がもっとも稼いだ額は、片道一時間をかけて届けたときの三百円であった。が、その道のりは、けして楽なものではなかった。

田舎には、街灯がない。月の明かりと自転車のライトだけが頼りだ。はるか向こうに目指す一軒の明かりが見える。それで、だいたいの距離が計れる。が、尾根に沿って蛇行した道があるから、目指す明かりもすぐに見えなくなる。そのうち、また見えてくる。また見えなくなる。それを繰り返すうち、目的の家に近づいてくる。

いっぽう、自転車のライトといっても、いまから考えると子供騙《だま》しのようなものである。激しく漕《こ》いで相当スピードを出すと、明るくなるが、ゆっくり漕ぐと、発電力が弱いからほとんど明るくならない。

さらに、土の道路ゆえ凸凹《でこぼこ》だらけである。道路の真ん中に石が飛び出していることも多い。しかも、急な上りの山道では自転車を漕げない。自転車から降り、押して歩くのでライトは点《つ》かない。真っ暗闇の中で木の枝が風で擦れる音、山道の下を流れる渓流の音が不気味に聞こえ、さすがに心細くなったものである。飯島は、奥州《おうしゅう》・安達《あだち》が原《はら》の奥の岩屋に住む鬼婆《おにばば》が、「一夜の宿を」と乞《こ》う旅人を切り殺しては、夜な夜な煮て焼いて食べたといわれる昔話を思い出した。

〈これから行く家から、鬼婆が出てきたらどうしよう……〉

電報配達のアルバイト代金は、月に七、八千円、多いときは、一万円近くまでいった。飯島が乗っていた自転車は、郵便局から三十円で払い下げを受けた赤い自転車であった。そのままでは恥ずかしいので、父親に黒いペンキを塗ってもらった。が、サドルの後ろに郵便局のロゴの「〒マーク」が浮き上がっている。そこだけはいくらその上から黒いペンキを塗っても、隠すことができない。飯島は、友だちに郵便局からの払い下げの自転車であることがばれるのが恥ずかしくてならなかった。

線が強調された独特な画風

飯島の母親は、飯島が中学三年生のとき、脳溢血《のういっけつ》で倒れ、病院に入退院を繰り返し、その後、寝たきりの生活を送っていた。

飯島は、日曜日や祭日には、町営の小さな野球場でアイスキャンディーを売り歩いた。この当時、娯楽といえば、草野球の試合を観戦するくらいしかなかった。休日ともなると、大勢の町民が野球場に集まった。アイスキャンディーは、永田屋《ながたや》という駄菓子屋から一本二円五十銭で仕入れ、倍の五円で売った。ただし、飯島がやっていたアルバイトのなかで、アイスキャンディーだけは、いつもトントンか、赤字であった。なぜなら、野球場には、飯島の友だちもやってくる。はじめのうちは真面目に売り歩くが、途中から仕事そっちのけで友だちと遊んでしまうのだ。ふと気がつくと、自転車の荷台にくくりつけた木箱のなかのアイスキャンディーは、みんな溶けていた。

〈しまったぁ……〉

アイスキャンディーは、溶けてしまえば売り物にならない。

「今日こそは、最後まで絶対に売り切ろう」と心に誓うが、友だちがやってくると、いつも同じことの繰り返しであった。

夏休みや冬休みには、南信パルプの工場でアルバイトした。仕事の内容は、紙の原料となる長さ一メートルほどの松の木の皮剝《かわむ》きで、鍬《くわ》みたいな道具で剝く。賃金は、一本五円であったが、皮剝きは、想像以上に重労働で、一日十本くらいしか剝けなかった。

飯島は、中学校でもアルバイトの合間を縫って好きな絵だけは描き続けた。将来は、絵描きになりたかった。が、絵描きでは、たとえば知能指数六十八という低さながら貼り絵で天才的才能を見せ、「日本のゴッホ」とまでいわれた山下清のような人もいる。飯島は、姉弟と同じになりたくないという恐怖感から、絵描きの道はあきらめた。それに、絵を描くにはおカネもかかる。

飯島の中学時代の友人に瀬戸《せと》剛《つよし》がいる。瀬戸は、少年や婦人の裸像で著名な日展の彫刻家で、平成十八年度日本芸術院賞を受賞した。その受賞作「エチュード」は、懐かしさにあふれた母性の温かさを感じさせる。

瀬戸は、長野県上伊那郡辰野町の辰野中学で、初めて飯島と出会った。初めて言葉を交わしたのは、クリーニング屋の前であった。瀬戸は藁《わら》ぞうり、飯島は、下駄《げた》を履《は》いていた。飯島は、瀬戸が履いていた藁ぞうりについて、いろんな蘊蓄《うんちく》を傾けた。

瀬戸は思った。

〈この男、いやにませているな〉

当時、飯島の家は困窮《こんきゅう》して飯島はアルバイトに精を出さざるを得なかった。が、飯島の性格は明るかった。「ウチは貧乏で、大変で……」というような愚痴は、瀬戸には一切《いっさい》こぼさず、むしろ男っぽかった。

学内では、飛びぬけた絵の才能をもつ四人の生徒がいた。その四人は、その後、ひとりは、シンガーソングライター、ひとりは画家であり、それと瀬戸剛、飯島勲であった。

南信パルプの工場を、全校の生徒で描いたことがあった。出来の良い作品が廊下に張り出された。その時の飯島の絵は、独特だった。みんなの絵は、色で訴えることが多いが、飯島の作品は、線が強調されていた。瀬戸は、貧困の故に筆や絵具を十分に揃えられなかったなかで腕を磨いたせいであろうと思っている。それゆえに、飯島には、必然的に、デッサン力が身についていった。瀬戸によると、形をとらえるということに関しては、飯島はすごく敏感であったという。

飯島は、絵だけでなく、ブラスバンド部でトロンボーンも吹いていた。

集団就職クラス

飯島は、辰野中学の三年生になったとき、自分の振り分けられたクラスを知り、愕然《がくぜん》とした。

〈なぜ、集団就職クラスなんだ……〉

この当時、辰野中学では、三年生に進級するとき、担任の先生と親が相談し、裕福な家庭の子どもは、全日制の高校に進む進学クラス、生活困難な家庭の子どもは、集団就職クラスへと編成していた。

　飯島の学業成績は、悪くはなかった。知的障害のある姉弟とちがい、自分だけは、全日制の高校に進めると信じていた。それなのに、集団就職クラスに振り分けられていたのである。

　飯島は、納得できなかった。

〈おれよりも出来の悪い同級生が進学クラスに入り、なぜ、おれは集団就職クラスなのか〉

　担任の先生は、飯島に言った。

「親や兄弟が大変だから、おまえは、中学を出たら働け。どうしても学校に行きたかったら、箕輪《みのわ》工業高校の定時制にいけばいいじゃないか」

　飯島は、怒りがこみ上げてきた。

〈それなら昼間、学校に通い、夜に働いてもいいじゃないか。なぜ、昼間、働く必要があるのか〉

　しかし、担任の先生の言葉は絶対である。逆らいたくとも、逆らえなかった。

　なお、のちに担任の先生が、小泉の秘書となった飯島のもとを訪ねてきた。

「娘が東京の大学に進学するので、その保証人になってくれないか」

　飯島は、保証人の署名をするとき、つい皮肉を言った。

「あなたのおかげで、わたしの人生、相当、寄り道しましたよ」

先生は、悪びれた様子もなく答えた。

「あのときは、それが正しいと思ったんだ。とにかく、娘を頼む」

飯島は、先生の娘が東京の企業に就職したときも、保証人を引き受けた。

高校編入受験で学校に泊まりこむ

辰野中学を卒業した飯島は、父親がトラック運転手をしていた石川島汎用機械の辰野工場に就職し、旋盤工《せんばんこう》として働いた。夜は、箕輪工業高校の定時制に通った。

飯島は、屈折《くっせつ》した毎日を送った。

〈おれよりも出来が悪かった奴らが、ニコニコしながら高校に通学している。それなのに、なぜ、おれはジャンパーを着て工場に通わなければいけないんだ〉

飯島は、高校二年のとき、東京にある東京電機大学の付属高校の夜間部に編入試験があることを知り、決意した。

〈こんな毎日は、もう嫌だ。辰野町を出て、東京に行こう〉

上京資金は、小学校時代からアルバイトで貯めてきた小遣《こづか》いをあてることにした。孟宗竹で作った貯金箱を割り、小銭を拾い集め、信用金庫で紙幣《しへい》に換《か》えた。

飯島は、両親や親戚の猛反対を押し切り、家出同然で自宅を飛び出した。荷物は、大きな風呂敷に包んだ布団だけであった。

中央本線の新宿駅に到着すると、布団を担ぎながら、神田《かんだ》錦町《にしきちょう》にある東京電機大学まで歩いて向かった。

東京電機大学の編入試験は、それから一週間後であった。飯島は、職員に事情を説明し、頼み込んだ。

「泊まるところがないので、試験がおこなわれる日まで、学校に泊めてください。布団は、田舎から持参しました」

飯島は、宿直室に一週間、泊まり込んだ。このようなことは、学校はじまって以来の出来事であった。

のちに、飯島は、小泉が首相を退任したあと、東京電機大学の校友会の理事をつとめる宮崎に頼まれ、東京電機大学で講演することになった。その際、加藤康太郎《かとうこうたろう》理事長に言われた。

「飯島さん、できたら宿直室に泊まったときの話を披露してくれませんか」

飯島が、講演でそのときの話をすると、参加者は、みんなおどろいていた。

さて、このとき、東京電機大学付属高校夜間部の編入試験を受験した人数は、約二百人であったが、そのうち合格者は、飯島をふくめわずか二人だけであった。飯島は、勝手に自分は合格するものだと思い込んでいたが、じつは、かなりの狭き門であった。

東京電機大学付属高校の夜間部に入学した飯島は、台東《たいとう》区上野《うえの》桜木町《さくらぎちょう》にある八百屋の二階の二畳一間を下宿とした。二年後には、豊島《としま》区巣鴨《すがも》の三畳一間に引っ越した。

飯島は、銀座《ぎんざ》四丁目と数寄屋橋《すきやばし》の交差点中間地点にあたる通り沿いで似顔絵描きのアルバイトもした。客寄せの見本として当時有名であった映画スターの大川橋蔵《おおかわはしぞう》、石原裕次郎《いしはらゆうじろう》、イタリアの女優クラウディア・カルディナーレ、ソフィア・ローレンなどの似顔絵を置いた。

だが、隣の手相占いの出店には大勢の客が集まるのに、飯島のところには、まったく客が寄り付かなかった。そこで飯島は友だちに、いわゆるサクラになってもらった。あらかじめ九割くらい友だちの似顔絵を描いておき、通りがかりを装って出店の椅子に座ってもらう。似顔絵を描くふりをしながら、ひたすら客を待つ。

客が来たら、声をかける。

「もうすぐ、終わりますから」

残りの一割を、サラサラと描き、サクラの友だちに手渡す。

「はい、五百円です」

客が引けたら、サクラの友だちから似顔絵を回収し、一割ほど消しておく。そしてまた一からサクラになってもらった。

しかし、このアルバイトは、あまり儲からなかった。銀座は、確かに人通りは多いが、意外と立ち止まる人は少ない。三、四時間で客が二人いればいいほうであった。しかも、一枚描くのに時間がかかる。そのうえ、サクラを頼んだ友だちにコーヒーをご馳走《ちそう》すると、数百円しか残らなかった。

飯島は、学生時代、いろいろなアルバイトを経験したことで人間、および集団の心理、構図というものを学んだ。

貧困によって鍛えられた直観力

飯島は、高校四年のとき、墨田区錦糸町《すみだくきんしちょう》にある職員三十人ほどの志賀内外国特許事務所《しがないがいこく》で働きはじめた。勤務時間は、午前九時から午後五時までであったが、飯島は、早朝や深夜に特許事務所の仕事をこなした。

飯島の仕事ぶりは、他の職員と比べて秀《ひい》でていた。なにしろ、現在の志賀内外国特許事務所の顧客の半分以上は、飯島が働いていた時代に飯島が獲得した顧客である。いまも、報酬《ほうしゅう》こそもらっていないが、特許事務所の顧問格としていろいろとアドバイスしている。

中学時代の絵を描く仲間である瀬戸剛も、上京していた。瀬戸は、かつて高村光太郎《たかむらこうたろう》の妻の智恵子《ちえこ》も学んだ太平洋美術学校で学んだ。

瀬戸は、特許事務所で特許申請用の図面を描く仕事をしていた時代の飯島のデッサン力に感心した。飯島が描いた図面には、飯島の中学時代からのデッサン力が活きていた。

美術の世界にも、七〇年安保の波は押し寄せた。瀬戸は、実存主義の教組であり、『存在と無』という哲学書や『嘔吐《おうと》』などの小説も書くジャンポール・サルトルや、『変身』の作者フランツ・カフカなどの影響を強く受けていた。「書巻の気」というか、書物の影響によって、自分の論理を構築していた。

飯島は、日暮里《につぽり》の瀬戸の下宿をよく訪ねた。ふたりは、そこでよく語りあった。飯島は、瀬戸のように書物に頼ることはなかった。小さいころから非常に窮乏《きゆうぼう》していて、貧困のなかから社会と人間をしたたかに見ていた。その貧困のおかげで、彼の社会を見据える眼、直観力は、鋭く磨かれていた。

飯島は、東京電機大学の短期大学電気科に進む。

飯島は、二十歳の昭和四十年、五歳年上の女性と結婚。ふたりの男の子をもうける。

二　小泉純一郎との運命的な邂逅《かいこう》

小泉の最初の一声

飯島に人生の転機が訪れる。

飯島は、昭和四十七年、志賀内外国特許事務所の所長に言われた。

「飯島君、政治家の秘書にならないか?」

新潟県出身の弁理士で、弁護士でもあった所長は、ひどく政治好きであった。彼の同郷である新潟県出身の田中角栄首相や、いわゆる黒い霧事件で引退した田中彰治元衆議院議員、塚田十一郎参議院議員のスポンサーをしていた。それも、職員に払うべきボーナスまで彼らに献金するほど政治好きであった。

所長は、ある超大物の衆議院議員の名前を挙げた。

「××先生が、秘書を探しているそうなんだ」

飯島は断った。

「この方は、わたしには、向いていません」

すると、所長は、また違う政治家の秘書にならないかと言ってきた。

飯島は、その政治家の経歴に眼を通し、またもや断った。

「申し訳ないですが、この方も、ちょっと……」

飯島がポイントとして考えたのは、まず都市部出身の政治家かどうかであった。地方出身の政治家の秘書になれば、後援者と話すとき、その地元の言葉を使わなければならない。方言を覚えるだけでも一苦労である。

いま一つのポイントは、まだ選挙地盤が固まっていない若手政治家かどうかであった。選挙地盤が強固で、すでにキャリアのある政治家には秘書も多く、自分の存在意義がない。同じ秘書の世界に入るならば、ゼロからのスタートに近い状態のほうがいい。さらにいえば、ある程度の可能性があり、将来、相当のところまでいけるのではないかと思える政治家であった。

それからまもなく、党本部の関係者が飯島に言った。

「前回の総選挙（昭和四十四年十二月）で神奈川二区から立候補し、落選した小泉純一郎という若者がいる。次の総選挙は大丈夫だと思うので、当選したら秘書にならないか」

小泉純一郎は、昭和十七年一月八日、神奈川県で生まれた。母方の祖父・小泉又次郎《またじろう》は、第二次若槻《わかつき》内閣で逓信《ていしん》大臣をつとめた。とび職をしていた又次郎は、若い頃に全身に「昇り龍」の入れ墨を彫っていたため、「いれずみ大臣」の異名で知られる大衆政治家であった。

父親の小泉純也は、戦後に一時公職追放となるが、政界に復帰し、第三次池田改造内閣で防衛庁長官をつとめた。

小泉は、神奈川県立横須賀高等学校を経て昭和三十六年四月に慶応義塾大学に入学。ロンドン大学に留学するが、昭和四十四年八月に父親が急死したため帰国。父親の後継者として十二月の総選挙に初出馬するが、わずか四千票差で落選の憂《う》き目を見ていた。

飯島は興味を抱いた。

〈このひとなら、おもしろいかもしれない……〉

小泉は、昭和四十七年十二月におこなわれた総選挙の結果、最下位ではあるが、初当選をはたした。

飯島は、さっそく小泉事務所に履歴書を送った。ところが、待てど暮らせど何の連絡も来ない。履歴書を送ってから二ヵ月後、小泉事務所からようやく連絡が入った。女性秘書は、いきなり告げた。

「明日から、来てください」

飯島はおどろいた。一般的には、就職先に出向き、面接試験を受ける。その後、合否の連絡が入るのが普通だ。政治家の事務所であれば、政治家本人が面接をするケースが多い。ところが、小泉事務所は、面接試験もないまま正式に採用するというのだ。

飯島は思った。

〈借家の大家さんの名字は、「小泉」さんだし、三歳で亡くなった兄貴の名前は、「淳一

郎」だった。これも、何かの縁かもしれない〉

翌朝、議員会館の小泉事務所に初出勤した飯島は、女性秘書にあいさつした。

「飯島勲です。よろしくお願いします」

女性秘書は、名前を名乗った。

「小泉信子《のぶこ》です。こちらこそ、よろしく」

飯島は思った。

〈綺麗《きれい》な人だな。代議士と名字が同じということは、おそらく親戚かなにかだろう〉

飯島は、この女性秘書が、まさか小泉の実の姉だとは思いもしなかった。飯島の実家がそうであるように、三世議員である小泉の家系にもいろいろな筋があり、たとえば、本家と分家の関係の人間かもしれないと勝手に思い込んでしまったのだ。

なお、飯島が、二人が実の姉弟であると知るのは、それから半年後のことである。それまでは、ただの先輩秘書だと思い、気軽な気持ちで身の上話や失敗談をぺらぺらとしゃべってしまった。飯島は、のちに思った。

〈参ったな。興信所で調べる以上に、信子さんは、おれのことをわかっている〉

いっぽう、飯島は、小泉の秘書になってから半年近くも、主《あるじ》の小泉と顔を合わせる機会がなかった。このとき、小泉の選挙区の横須賀市、逗子《ずし》市、三浦《みうら》市で、立て続けに市長選挙がおこなわれた。小泉は、その応援のため地元を動き回り、ほとんど国会に登院していなかった。

その間、秘書の経験がなく、文字通りゼロからのスタートであった飯島は、毎日、机拭きや床拭きなど事務所の掃除、訪問客へのお茶出しなどをした。なにしろ、小泉の議員会館事務所に勤務する秘書は、小泉信子と飯島の二人だけしかいない。後輩の飯島が、下積み修行をするのは当然のことであった。

しかし、最初は、失敗ばかりであった。たとえば、お茶出しである。飯島は、それまで自分でお茶を淹《い》れたことがなかった。したがって、お湯の温度はどのくらいがいいのか、急須に入れるお茶の葉の分量はどのくらいなのかも、さっぱりわからなかった。

三人の訪問客にお茶を出したときのことである。少しずつ均等に注がなかったため、最初に淹れたお茶の色は濃いのに、最後に淹れたお茶の色は薄くなってしまった。

訪問客が帰ったあと、飯島は小泉信子に穏やかな口調で注意された。

「均等に注がなきゃ、駄目よ」

また、飯島は、生まれて初めて「つけペン」を使い、自民党員や後援者に送る封筒の宛《あ》名《な》書きもした。「つけペン」は、万年筆やボールペンと違い、ひんぱんにペン先をインク壺《つぼ》に浸けなければならない。横に手を振ると、ペン先からインクがピッと飛び散る。封筒が汚れれば、相手に失礼となるので使えない。

宛名書きの最中に睡魔が襲い、ふとしたはずみで出来上がった封筒を床に落とし、駄目にしてしまうこともあった。

はじめのうちは、完成した宛名書きの二倍くらいの封筒を無駄にした。小泉は、まだ一年生議員であり、金もない。できるだけ節約し、無駄なことは省《はぶ》きたい。経理状況を知る小泉信子とすれば、飯島のあまりの効率《こうりつ》の悪さに、「もう、いい加減にしてちょうだい!」と怒鳴《どな》りたいところだろう。

しかし、小泉信子は、けっして声を荒らげなかった。静かな口調で、遠まわしに注意した。

「飯島さん、寝るのだったら寝る、仕事をするなら、仕事をしましょうね」

半年後、議員会館の部屋に、ようやく小泉純一郎が入ってきた。飯島と小泉信子のいる部屋を通り、奥の代議士の部屋に入るとき、飯島に「おお、きみか」と声をかけた。飯島は、はじめて眼にする小泉純一郎に、さすがに緊張した。

小泉信子が「あいさつしたら」というので、飯島は、ただちにサンダルから靴に履《は》き替え、上着を着ると恭《うやうや》しくドアをノックして、奥の部屋に入った。

「すみません、飯島です」

小泉は「頼む」と一言《ひとこと》言った。それだけで、後は何も言わない。飯島は、さすがに拍子抜けした。

初めての国会議事堂見学会

あるとき、横須賀市の後援者が国会見学に訪れることになった。こうした場合、議員会館事務所の秘書が案内役をつとめる。が、小泉事務所には小泉信子と飯島の二人しかいない。一人は、留守番役となる。そこで飯島は、案内役を買って出た。

「わたしに、やらせてください」

だが、勇ましく手を上げたものの、国会議事堂内がどうなっているのかよく知らない。

飯島は、国会議事堂のしおりを読み、懸命《けんめい》に頭に叩《たた》き込んだ。

当日、飯島は、大勢の後援者を引き連れ、国会議事堂内を案内した。ところが、国会見学の目玉の一つである本会議場までの道順がわからなくなってしまった。飯島は、左右をキョロキョロと見回した。

〈しまった……〉

しかし、団体見学の先頭に立ち、胸を張って歩いている以上、廊下ですれちがったひとに「議場は、どこですか?」とは恥ずかしくて訊けない。

飯島は、腹を決めた。

〈ええい、ままよ〉

飯島は、近くの階段を上った。すると、なんとその部屋は、国会図書館の分室であった。

飯島は、背中に冷や汗をかきながら後援者に言った。

「みなさん、ここが国会図書館の分室です」

会議場にたどりつくまで、廊下を一周してしまった。

その間も、何度か立ち止まり、苦し紛《まぎ》れに言った。

「みなさん、あれが国会議事堂の前庭です」

すると、後援者の一人が言った。

「いまさっき、別の場所で説明されたよ」

飯島は、言葉に詰まった。

「えーと、はい、あの、こちらから見ると、角度がちがうので、さきほどとは違った印象を受けると思いますよ」

後日、小泉宛《あ》てに、この日の見学者の一人から手紙が届いた。その手紙には、こう書かれてあった。

《わたしは、これまで三回も国会見学をしたけれども、先生の新しい秘書の飯島さんは、隅から隅まで本当に丁寧に案内してくれました。こんなに素晴らしい日はなかった。ありがとうございました》

この後援者は、飯島の不慣れな案内に気づくことなく、心の底から感謝しているのだ。飯島は、その手紙を見せられ、顔から火が出るほど恥ずかしくなった。

が、これに懲《こ》りずに、その後も案内役を買って出た。回数を重ねるごとに詳しくなり、いつしか新入りの衛視が飯島の案内に耳を傾けるまでになった。

飯島は、全盲の団体の国会見学も受け入れた。国会議事堂の前庭で定番の記念写真も撮った。

ある国会議員の秘書が、飯島に訊いてきた。

「なぜ、そんなことをするの？　気の毒なことだが、全盲では、見学してもしょうがないんじゃないの」

飯島は声を荒らげた。

「何を言うんだ！　健常者であろうが、全盲であろうが、後援者であることに違いはない。それに、記念写真を送ってあげれば、身内の見える人に、『おれは、どこに写っている』と訊《き》けるだろう。『上から二段目で、左から三番目だよ』と教えてもらえば、いろいろな人に写真を見せ、説明することができる。おれは、全盲の方でも眼の見える人と対等にやりたいんだ」

こういう弱者へのやさしい視点も、飯島が姉や弟、妹に知的障害者を抱えることと関わりがある。

飯島は、小泉が一回生のとき、身体障害者の団体の皇居参観も実現させた。皇居参観は、健常者でさえ一時間半かかる。身体障害者の団体ともなれば、その倍の三時間はかかり、参観ルートは、渋滞《じゅうたい》してしまう。皇宮警察には、警備上、相当反対されたが、参観係の理解を得て実現させた。

村議会議員選挙から国政選挙にいたるまで選挙に立候補する人は、かならずといっていいほど公約に「福祉の充実」という項目を入れている。それならば、当選したあとは、党派を超えて「福祉問題」に取り組み、福祉施設の向上をはかるべきではないだろうか。しかしながら、実際問題として福祉施設はそれほど向上していない。

飯島の姉妹が入所している駒ヶ根の知的障害者施設は、いつ壊れてもおかしくないような木造の建物である。部屋の畳も、ところどころ擦り切れ、穴が開いている。それに対して、政治は手を差し伸べていない。政治家はみな口では格好いいことを言いながら、実際は、福祉施設を回らない。陳情があろうがなかろうが、自発的に手を差し伸べるのが政治家の使命ではないだろうか、と飯島は怒りさえおぼえている。

ただし、飯島は、足が悪いとか、車椅子生活を送っているということを前面に打ち出してくる陳情には、拒否反応がある。

飯島の選挙区まわり

小泉事務所にとって、血縁者でない秘書は飯島が初めてであった。

小泉家は、祖父の小泉又次郎、父親の小泉純也、そして小泉純一郎と三代にわたる政治家一族であった。とはいっても、けっして楽な選挙ではない。しかも、小泉は一度落選しており、支援者との糸は切れている。それだけに、飯島にはやりがいがあった。

定数四の旧神奈川二区は、激戦区であり、票の読めない選挙区であった。旧神奈川二区は、小泉の出身地である横須賀市をふくむ三浦《みうら》半島と川崎《かわさき》のいわゆる飛び区であった。飯島は、川崎市を担当した。

とはいうものの、他のライバルは、十数人の秘書を雇っている。生半可《なまはんか》な気持ちでは、とても太刀《たち》打ちできなかった。飯島は、横須賀市、川崎市、鎌倉《かまくら》市、逗子市、三浦市、三浦郡葉山《はやま》町からなる旧神奈川二区をすべて歩いた。

午前中は、永田町の議員会館に詰《つ》め、午後から選挙区に出かけた。この当時、国分寺《こくぶんじ》に住んでいた飯島は、毎晩、国鉄川崎駅発の南武《なんぶ》線終電に乗って帰宅した。

自らも苦労人である飯島は、苦労している人たちの気持ちがよくわかった。とび職でも、左官屋でも、コンクリートを削る、いわゆる削《はつ》り屋《や》でも、飯島に道具を持たせれば、その仕事をだいたいマスターできそうなのでウマが合った。トラックの運転手でも、あるいは、運送屋にしても、包装のやり方を知っているので会話も弾《はず》んだ。

飯島によると、小泉は、一年生議員のときから、すでにあらゆる政策について「自分が総理だったら、こうやる」という自己訓練を続けてきたのではないかという。

小泉は、ときおり飯島に言っていた。

「飯島君、おれだったら、こうするけどな」

政治理念を語る小泉

飯島の中学時代の友人である瀬戸剛は、美術制作の合間に、しばしば気分転換に小泉事務所を訪れた。瀬戸は、午後になると「行くよ」と言って、議員会館の受付で面会票に「面談」と書き、何の用もないのに小泉事務所に居座った。飯島といっしょに小泉の姉で秘書をしている信子がいた。

瀬戸が事務所で新聞を読んでいると、小泉が勢いよく事務所に入ってきて、また勢いよく出て行く。瀬戸は思った。

〈かっこいい先生だな……〉

瀬戸は、飯島とは、社会問題について話し合った。飯島の住んでいる世界は、瀬戸とはまったく異なっていた。それゆえに、瀬戸には、じつに興味深かった。瀬戸は、そこで息抜きしてから、またアトリエに戻った。一週間ぐらいすると、また飯島のところへ、用がないのに出かける。

瀬戸は、飯島から小泉の政見放送を聞いて欲しいと依頼され、ＮＨＫのラジオに耳を傾けた。

小泉の前に、あのよど号ハイジャック事件のときに身代わりになった山村新治郎《やまむらしんじろう》政務次官が語った。山村は訴えた。

「わたしは、よど号事件で実績をあげた」

そのほかの政治家も、あそこの道路をどうしたとか、こうしたとかいう話ばかりだった。

ところが、小泉は政治理念だけ。瀬戸はおどろいた。政見放送を聞き終わるや、すぐ飯島のところに電話を入れた。おどろきと不安を、口にした。

「小泉先生のように政治理念だけを堂々と展開できる本物の政治家が、いまの時代に、はたして本当に当選できるの?」

飯島は、そういう小泉を、そのまま支え育てていき、自分は裏方に徹しようとしていた。瀬戸は、飯島は小泉のもとで、青年期に培った直観力と社会の動きを的確に把握するデッサン力によって、小泉がどう動けばいいかについての図面が引けたと見ている。

酒を飲まない理由

飯島が選挙区を歩いていて一番辛かったのは、アルコール中毒患者の家庭であった。家は荒廃し、家族が可哀相であった。

飯島は、厚生省にさんざんかけあい、「国立病院久里浜《くりはま》療養所」に初めてアルコール中毒患者の病棟を作ることに成功した。最初に一億八百万円もの予算を獲得した功労者として市川房江《いちかわふさえ》、などいなだ、松野頼三《まつのらいぞう》、小泉純一郎の名前が出ているが、実際に動いたのは、飯島である。

ところが、久里浜に病棟を作ったとき、厚生省は怒った。なぜなら、厚生省には、国立病院課と療養所課がある。このときの一億八百万円の予算は、国立病院課の予算を剝がし、療養所課に回したからである。

そのころ、自民党から共産党まで断酒会は票にならないので、政治家はほとんど相手にしなかった。あるとき、飯島は、断酒会の大会に参加する前、ほかの団体の会合で食前酒として梅酒を飲んでしまった。飯島は、普段、酒を飲まないので顔が真っ赤になってしまった。

断酒会の大会に、酒を飲み、顔を赤くして参加するものは一人もいない。が、酒が抜けるまで時間を潰していたら大会は終わってしまう。飯島は、勇気を出して断酒会の大会に参加し、大野会長に理由を説明した。

すると、大野会長は言った。

「飯島さん、あなたはいいんだ。われわれは酒に弱くて自滅したんだ。二度と酒に手を出すのはやめよう、みんなで協力し合ってやっていこうという会なんだ。あなたは、いくら飲んだっていいんですよ。そんなことは気にしなくていい。溺れているわけではないのだから。顔が赤くても、けっこうじゃないですか。どうぞ、壇上に上がってあいさつしてください」

その言葉を聞いたときに、飯島は、じつにうれしかった。

だからといって、飯島は、選挙のとき、断酒会から推薦をもらうつもりはなかった。普通の政治家は、自分の既得権益《きとくけんえき》のように推薦をもらう人も多いが、飯島は、逆に、そういうところから逃げたかった。たとえ推薦をもらわなくても、日ごろから人間関係を築いていれば、選挙のときには応援してくれる。飯島は、そのようなスタンスを取っていた。

飯島が酒を飲まないのには、理由がある。姉が十二単《じゅうにひとえ》のようなものをいっぱい着込み、鍋釜《なべかま》を持って「パリに行く」と言い残し、何度か無賃乗車などで保護されたことがあった。その場合、警察署に迎えに行けるのは、飯島しかいない。もし酒を飲んでいたら東京から長野県まで車を運転できない。それゆえ、酒を飲まないのである。なお、姉はその後、知的障害者施設に入る。

相性がよかった竹下と小泉

小泉は、昭和五十四年十一月に発足した第二次大平正芳内閣で大蔵政務次官に就任した。

大蔵省主計局は、各省庁の予算要求の査定をおこない、予算の原案、いわゆる大蔵原案をまとめる。その後、大蔵原案の修正交渉、いわゆる復活折衝《せっしょう》がはじまる。これは、各省の各局予算担当者と主計局の局員（主査）レベルの交渉からはじまる。決着がつかない場合は、各大臣と主計局長の交渉、いわゆる大臣折衝、さらには、自民党幹部と大蔵大臣との政治折衝がおこなわれ、最終的な政府の予算案が決定する。

ところがこの年、大臣折衝の前に世にも珍しく初めて政務次官折衝がおこなわれた。小泉大蔵政務次官のもとに、五省庁の政務次官が折衝に訪れた。小泉は、すべてに満額査定をつけていった。

飯島は思っている。

〈政務次官折衝など、後にも先にも初めてのことだ。これは、竹下登大蔵大臣のはからいかもしれない〉

小泉は、のちに反経世会を標榜《ひょうぼう》し、経世会の流れを汲《く》む平成研《へいせいけん》と敵対するが、じつは竹下とは個人的には親しかった。

竹下と小泉の相性は、良かった。竹下は、小泉の政治家としての資質を高く評価していた。小泉は、竹下が大蔵大臣のとき、大蔵政務次官として仕えた。

その後、小泉が大蔵政務次官をつとめたあとには、経済企画庁政務次官や外務政務次官などの話も来たが、すべて断った。

「大蔵政務次官を十分にやらせてもらったので、もう政務次官はけっこうです」

そこで、竹下は、小泉に命じた。

「これからの経済を考える議員連盟を作れ」

この当時、自民党内では、田中派幹部で郵政族の実力者である金丸信《かねまるしん》が会長をつとめる「郵政事業懇話会」の力が強く、三百人近い議員がメンバーとして名を連ねていた。大蔵族は、二足の草鞋《わらじ》の議員を入れても、佐藤一郎、宮沢喜一、竹下、小泉など十五人にも満たなかった。そこで、竹下は、大蔵族の議員連盟を作るよう、小泉に指示したのである。

こうして、竹下を会長、小泉を事務局長とする議員連盟「自由経済懇話会」が発足した。この議員連盟は、小泉が宮沢内閣の郵政大臣に就任するまで続く。

なお、「郵政事業懇話会」はメンバーを公表しているが、「自由経済懇話会」は、公表しなかった。そうすれば、二足の草鞋を履《は》いても参加できる。それに、議員の数で政策を捻《ね》じ曲げるのではなく、政策の良し悪しで決めていく時代にしようという竹下と小泉の戦略であった。

竹下は、「数＝力」という考え方で派閥を拡大してきた田中派のプリンスであった。その竹下が、たとえ少人数でも政策優先の「自由経済懇話会」を小泉に作らせたのは、「自分が総理総裁になれば、共産党から自民党まですべての政党に政策を提示し、賛成するものとは融合する」という論理であった。

「自由経済懇話会」が発足してまもなく、議員会館の小泉事務所に、鈴木内閣の田中六助《たなかろくすけ》通産大臣から直接電話がかかってきた。

「きみは、小泉君の秘書さんですか？」

「はい、そうです」

鈴木派幹部の田中六助は、その卓越した行動力で自民党実力者の一人となり、飛ぶ鳥を落とす勢いであった。が、その丁重《ていちょう》な物言いに、飯島はびっくりした。

「小泉君は、竹下さんが会長をつとめる議員連盟の事務局長らしいが、福田派から田中派に派閥を替わったのですか？」

「いえ、違います」

飯島は、田中六助に趣旨を説明した。

田中六助は、最後に一言、言った。

「そうか……」

飯島は思った。

〈田中大臣は、政界のうねりを感じたのではないだろうか〉

竹下は、その後も小泉に目をかけてくれた。竹下がもっとも尊敬する中小企業の社長が一人息子の結婚式に招いた政界関係者は、竹下、小泉、飯島の三人だけであった。

竹下内閣入閣を断る

昭和六十二年十一月六日午後、衆参両院本会議で首班指名選挙がおこなわれ、竹下登が首班に指名された。竹下は、この日夕方、竹下内閣を発足させることになった。

議員会館事務所にいた飯島は、NHKテレビで首班指名選挙の結果を見終えると、部屋の掃除をはじめた。

この当時、各派は、それぞれ自派の推薦リストを執行部に提出し、そのリストのなかから入閣者が選ばれた。六回生の小泉は、安倍《あべ》派の推薦リストの初入閣組に名を連ねていた。

飯島の胸は、高鳴った。

〈今回は、入閣できるだろう……〉

小泉と竹下の親しい関係からいっても、入閣するものと信じて疑わなかった。

やがて、小泉が院内からもどってきた。小泉は、飯島に声をかけた。

「飯島君、今日は、帰っていいよ」

飯島はびっくりした。

「ちょっと待ってくださいよ。これから組閣がはじまるんですよ」

「それは、わかっている。人が誤解するから、早く部屋を閉めて帰ってよ」

飯島は、意味がわからなかった。

「誤解もなにも、代議士は、入閣リストに入っているんですよ」

小泉は、淡々《たんたん》とした口調で言った。

「でも、おれは、大臣にならないから」

「そんなこと、わからないじゃないですか」

「いや、わかるよ」

「わからないですよ」

「だって、おれ、安倍（晋太郎《しんたろう》）さんに断ってきたから。中島《なかじま》さんがなるよ」

中島源太郎《げんたろう》は、昭和四十四年十二月の総選挙で初当選した。が、小泉が初当選した昭和四十七年十二月の総選挙で、落選の憂《う》き目を見た。小泉と同じ安倍派六回生で、やはり初入閣組の推薦リストに名を連ねていた。

中島は、入閣を熱望し、小泉に頼んできたらしい。

「今回、なんとしても大臣になりたい」

そこで、小泉は、自分より十三歳も年上となる中島を立て、安倍に申し出たという。

「わたしの入閣は、次でいいですから」

その話を小泉から聞かされた飯島は、絶句《ぜっく》した。

「えー、それはないですよ……」

小泉は言った。

「事情は、わかっただろう。だから、みっともないから、早く帰れよ」

飯島は、釈然としなかった。

〈推薦リストに載っていない議員の部屋ですら閣僚名簿の発表があるまで、ひょっとして……と期待し、煌々《こうこう》と灯りがついている。それなのに、なぜ推薦リストに名を連ねていたうちの事務所が早く閉める必要があるのだろう〉

午後五時二十三分、小渕恵三新官房長官が記者会見場へ現れ、閣僚名簿を発表。中島は、文部大臣に就任した。

厚生大臣秘書官

昭和六十三年十二月二十六日午前九時前、竹下首相は、首相官邸で金丸信元副総理と約四十分間会談し、二十七日の夕方、内閣改造に着手することを決めた。

十二月二十七日、小泉は、議員会館から赤坂プリンスホテル別館にある安倍派事務所に車で向かった。小泉は、今回、安倍派の推薦リストの上位に名を連ねている。入閣は、まず間違いなかった。ポストについてはわからないが、数日前の読売新聞は、「郵政大臣」と報じていた。

その車中で、自動車電話が鳴った。助手席に座っていた飯島は、電話を取った。電話の主は、波多野《はたの》誠《まこと》首相秘書官であった。

「総理からです」

飯島は、受話器を小泉に渡した。

「代議士、竹下総理から電話です」

小泉と竹下は、なにやら会話を交わした。

飯島は思った。

〈竹下総理は、気配りのひとだ。「今回は絶対に断るなよ」と念を押しているのだろう〉

安倍派の会合を終え、小泉と飯島は、議員会館の事務所にもどった。

午後五時過ぎ、首相官邸から小泉のもとに呼び込みの電話が入った。飯島は、小泉とともに首相官邸に向かった。

小泉は、首相執務室の組閣本部に入り、竹下首相から厚生大臣に任命された。その間、飯島は、廊下で待っていた。首相執務室から出てきた小泉は、飯島に告げた。

「厚生大臣だ」

飯島は、さすがにうれしかった。

「おめでとうございます」

その後、小泉は、官邸の大食堂で厚生省の官房長から記者会見のレクチャーを受けた。レクチャーを終えると、官房長は訊《き》いてきた。

「大臣、事務秘書官は、水田邦雄《みずたくにお》でいかがですか?」

小泉は答えた。

「水田君で、いい」

官房長は、さらに訊いてきた。

「ところで、政務秘書官は、どなたになされますか?」

自民党議員は、普通、信頼のおける血のつながった息子や親族を秘書官に起用するケースが多い。飯島は思った。

〈おそらく、弟の正也《まさや》さんだろう〉

ところが、小泉は、官房長に躊躇《ちゅうちょ》なく言った。

「飯島君」

飯島は、びっくりした。

「えッ!」

小泉は、飯島の顔を見、続けた。

「きみが、秘書官だから」

飯島は、あまりのうれしさに、すっかり舞い上がってしまった。

〈おれが、大臣秘書官か……〉

官房長は、飯島に言った。

「それでは、経歴書をいただけますか」

「用意していません」

「事務所に行けば、ありますか？」

「いえ、ありません。だって、まだ書いていませんから」

飯島とすれば、まさか血のつながっていない赤の他人の自分が、大臣秘書官に起用されるとは思ってもみなかったのである。

この夜、飯島は自宅で経歴書を書き、翌日、提出する。

さて、官房長のレクチャーが終わり、記者会見の順番を待っていると、飯島のもとにＮＨＫの記者が近寄ってきた。

「飯島秘書官ですか？」

飯島が「秘書官」で呼ばれたのは、これがはじめてのことであった。飯島は、ぎこちない表情で答えた。

「はい、そうですが」

ＮＨＫの記者は、手に持っているペーパーを飯島に差し出した。

「これは、『新閣僚に聞く』という番組の出演依頼書です。日程を調整してください」

飯島は困った。

〈弱ったな。日程調整といわれても、どうすればいいんだ〉

のちにわかるが、これは、かたちだけの儀式であった。実際には、すでにＮＨＫと各省庁の官房がすり合わせ、新閣僚の日程調整は終わっていた。

いっぽう、選挙区の支持者たちも、小泉の初入閣をよろこんでくれた。小泉は、祖父の又次郎も、父親の純也も、国会議員であり、親の七光りならぬ十四光りである。それゆえ、支持者たちは、これまでなかなか小泉を認知してくれなかった。

「又次郎さんは、凄かった」

「純也先生は、いいひとだった」

しかし、厚生大臣に就任した瞬間、そうした比較対照論が吹っ飛び、政治家小泉純一郎をようやく認知してくれるようになった。

竹下改造内閣が発足した翌日、飯島は、新品のアタッシェケースを片手に厚生省の秘書官室に乗り込んだ。新品のアタッシェケースは、選挙区の会社社長から秘書官就任のお祝いでもらったものである。が、まだ何も入れるものがなく、中身は手帳と国会便覧《こっかいびんらん》だけであった。

秘書官室の人員は、政務秘書官の飯島、事務秘書官の水田邦雄、大臣付きの野山、女性職員二人、男性職員一人、SP二人の計八人であった。

飯島は、自分の席に座ると、机の引き出しを開けてみた。用意されていたのは、鉛筆、消しゴム、ボールペン、ホッチキス、のり、定規など事務用品の一式だけであった。書類らしきものは何もなく、引き出しはスカスカであった。

やがて、大臣官房から資料が届けられた。女性職員は、飯島の席を飛び越えて事務秘書官の机の上に裏返しで置いた。

飯島は思った。

〈おれには、関係のない資料なのかな……〉

ところが、次の日も、女性職員は飯島の席を飛び越え、事務秘書官の机の上に裏返しで置いた。そんなことが何回か続いた。

不思議に思った飯島は、女性職員に訊いた。

「わたしには、資料はないの?」

女性職員は答えた。

「大臣官房からは、いつも事務秘書官の分しか届けられないんですよ」

飯島は、思わず眉間に皺《しわ》を寄せた。

〈政務秘書官のおれを、ないがしろにするつもりなのか〉

飯島は、その真意をただすため、羽毛田信吾《はけたしんご》総務課長と山口剛彦《やまぐちたけひこ》会計課長を、秘書官室に呼びつけた。

「この部屋（秘書官室）で、一番偉いのは、だれだ？」

「飯島秘書官です」

「それなのに、なぜ、わたしのもとに大臣官房から資料が届かないんだ。けしからんじゃないか」

彼らの説明によると、歴代の厚生大臣政務秘書官は、議員会館の事務所にいたり、地元の選挙区に行ったりすることが多く、秘書官室に顔を出すことはめったにないらしい。せっかく用意しても、紙が無駄になるので必要な部数しか届けないという。飯島のように、毎日、登庁する政務秘書官ははじめてのようであった。

飯島は命じた。

「理由はわかった。でも、次からはわたしにも資料を届けるように。それと、いろいろと動くことも多いので、秘書官車も用意してほしい」

やがて、大臣官房から資料が届けられた。女性職員は、事務秘書官に渡すときと同じように裏返しで資料を置いた。

飯島は興味津々であった。

〈いったい、どんな資料なのだろう〉

飯島は、資料を表にし、眼を通した。

〈なんだ、こりゃ……〉

そこに書かれてあったのは、国会情報であった。しかも、飯島にすれば、それほど重要なものとも思えなかった。

飯島は、女性職員に伝えた。

「この程度の情報なら、わたしのほうが詳しいので、もういらないから」

飯島秘書官の進言

厚生大臣秘書官となった飯島は、日ごろから考えていたことを小泉に進言した。

「三月十五日の確定申告には、全盲のひとも自ら税務署に行って申告します。しかし、税務署には点字の機械がない。全盲のひとたちから陳情とか要請行動はありませんが、点字の機械を設置すべきです」

小泉の了解を得た飯島は、さっそく国税庁に出向き、全国の税務署に点字の機械を設置させた。ただし、このことは、マスコミには公表しなかった。

小泉は、共産党の国会議員から陳情を受けた。

「余命幾ばくもない、二十歳まで生きられるかという障害者で、しゃべれない人のために、まぶたを動かすことで文章を作ることができるワープロを助成金で貸すことができないか」

このワープロは、当時、ひどく高価なものであった。が、小泉は、党派を超えて決断し、厚生省で用意した。

いっぽう、この当時厚生省は、課長以上は共産党の国会議員には会わないという慣例があった。が、小泉は、その慣例を撤廃し、国会議員であれば、党派に関係なく、すべて対等にあつかい、話を聞くようにした。

ただし、飯島は、ときには、陳情団に怒るときもある。あるとき、車椅子の団体が厚生省に陳情に訪れ、一階のホールを占拠した。

「小泉大臣に、会わせてほしい」

そこで、小泉は、車椅子の団体の代表者に会い、要望書を受け取った。

「検討します」

ところが、車椅子の団体は、占拠していた一階のホールから引き上げようとはしなかった。

飯島は、いくら身体障害者の団体とはいえ、これは許せなかった。

〈検討の結果によって、もう一度、ピケを張るならわかる。しかし、たったいま要望書を受け取ったばかりではないか〉

飯島は、一階のホールに出向き、車椅子の団体に向かって抗議した。

「大臣は、要望書を受け取り、検討する旨を申し上げたではないですか。いますぐ、ここから出て行ってください！　来省者が迷惑していますから！」

小泉が唯一怒った瞬間

小泉は、人をめったに怒らない。長く小泉の秘書をしている飯島が小泉に怒られたのはただ一度だけである。議員会館の車寄せで、議員が車に乗り込むとき、議員が頭をぶつけても痛くないように、秘書が、自分の手をドアの上に置く光景をよく見かける。

飯島は、あるとき秘書仲間からいわれた。

「おまえさんは、ドアを開けたりしたことはないだろう」

飯島は、ついムキになった。

「おれも、やるよ」

が、それまでそのようなことをしたことはない。あるとき、飯島は小泉の車のドアを恭《うやうや》しく開けて乗り込ませるや、勢いよくドアを閉めた際に、小泉の細い脚を、はさんでしまった。

小泉は、よほど痛かったのであろう。怒鳴《どな》られたのだ。

「普段しないようなことは、するな！」

小泉は、そのとき以外、一度も飯島を怒ったことはない。それは飯島にとって、逆にとても怖いことだ。怒られれば、どこが悪いのか判断がつき、今後注意できる。

オフレコのない政治家

飯島のもとに、ある相談がきたとする。そのとき、「これは、小泉だったらどう処理するだろうか」と自問自答し、判断する。そのうえで結果を報告する。もし、読みが外れていれば、「馬鹿野郎！」と怒るだろう。黙っていれば、読みが当たったことになる。

飯島は、そのような訓練をつづけてきた。いまや、完全に小泉の判断基準を熟知している。支援者にも、「政治家は、直接会って話さないと話が通らないことが多い。しかし、小泉事務所は、飯島さんにいえば小泉さんに伝わるし、きちんとした答えが出てくる」と信頼されている。それゆえ、小泉は、政治家としての行動に支障をきたさないよう自由に行動することができるのである。

政治家のなかには、当選数が多くなって要職につくようになると、新聞記者をまったく相手にしなくなったり、外見だけで人を判断するひともいる。小泉は、一貫して変わらない。政治家としてはめずらしく、オフレコがない。小泉はかつて地元新聞記者にいった。

「政治家がいった言葉は、責任ある発言なんだから、話したことはなんでも記事にしていい」

そのかわり、発言は慎重だった。自分のわかる問題は、ずばりと口にする。このときには、記事にしやすい。見出しにもしやすい。しかし、微妙な問題になると口を閉ざす。あるいは、口が重くなる。「うーん」とうなったまま、考え込む。自分の発言がどのような影響をおよぼすか、考えている。このようなときには、いくら裏がとれていても記事にはできない。

三　小泉「郵政大臣」の時代

最初の「郵政民営化」発言

小泉は郵政大臣となり、このときから、郵政民営化を口にしはじめる。

平成四年十二月一日、宮沢首相は、内閣改造・自民党役員人事を臨時国会終了直後の十二月十二日にも断行する意向を固めた。

それからまもなく、山崎拓、加藤紘一、小泉のいわゆる「ＹＫＫ」に、竹下派のプリンスと呼ばれる中村喜四郎《なかむらきしろう》を加えた、いわゆる「NYKK」の食事会が開かれた。自然、話題は、内閣改造・党人事となった。

中村は、小泉に言った。

「宮沢総理は、あなたを建設大臣にするつもりのようだ。おれは、一応、郵政大臣と言われている。だけど、おれは、なんとしても建設大臣になりたい。だから、おれとチェンジしてくれないか」

他のメンバーが言った。

「だけど、純ちゃんは、老人マル優《ゆう》反対で、郵政省といろいろぶつかっているからな。宮沢総理も、純ちゃんを郵政大臣にはしないだろう」

六十五歳以上の高齢者の少額貯蓄非課税制度である「老人マル優」の限度額は、銀行、郵便貯金、国債などの特別マル優が、それぞれ三百万円であった。が、その限度額を七百万円に引き上げるべきではないかという論があり、大騒ぎになっていた。自由経済懇話会事務局長の小泉は、会長の竹下が欠席したため、「老人マル優反対」という演説をぶち、郵政官僚の反感を買っていた。

しかし、小泉は、こともなげに中村に言った。

「わかった、いいよ」

はたして、十二月十二日におこなわれた内閣改造で、中村は、建設大臣、小泉は、郵政大臣に就任した。

中村は、建設大臣時代のゼネコン汚職事件に絡み、斡旋《あっせん》収賄罪容疑で国会会期中の平成六年三月に逮捕される。飯島は、もし中村が郵政大臣に就任していれば、ゼネコン汚職に関わることもなく、平成研（津島《つしま》派）の総裁候補になっていたかもしれないと思っている。

小泉大臣の「老人マル優反対」の方針に反発する郵政官僚は、小泉大臣と郵政記者会の記者をできるだけ会わせないようにしていた。

記者たちも、テレビや新聞に絶大な権限を持つ郵政省の官僚が遠ざけようとするものには近寄らないに限る、という感じであった。

十二月十五日、飯島は、小泉にささやいた。

「今日、郵政記者会との懇談を赤坂プリンスホテルのセンタールームでやりますので、帰りに寄ってください。そうすれば、郵政官僚がいくら騒いでも後の祭りですから」

飯島は、ハプニング的に小泉を呼ぼうと仕掛けたのである。小泉はうなずいた。

夜七時頃、赤坂プリンスホテルのセンタールームで飯島秘書官と郵政記者会との懇談会がはじまった。ほどなくして打ち合わせどおり小泉がひょっこり顔を出した。予期せぬ出来事に、記者たちはざわめいた。

飯島は、記者たちに言った。

「せっかくなので、大臣が懇談します」

すると、まず日経新聞経済部の若い記者が小泉に質問した。

「来年、金利自由化になりますが、そうなった場合、状況は、どう変わるのでしょうか?」

小泉は、少し考えたあと答えた。

「そうか、来年か……そうなると、銀行の護送船団方式というのは消えるな」

「どういうことですか?」

「護送船団方式は無くなり、銀行倒産の時代がやって来るんじゃないか。ほとんど無くなるかもしれんな」

この当時、都市銀行は、十一行もあった。それらの多くは、財閥系である。記者も、経済評論家も、エコノミストも、この時点で都市銀行が合併しあい、三菱UFJフィナンシャル・グループ、みずほフィナンシャルグループ、三井住友フィナンシャルグループのいわゆる「三大メガバンク体制」になるとは夢にも思わなかったであろう。記者懇談会は、水を打ったように静まり返った。

日経新聞の若い記者が、質問を続けた。

「銀行倒産の時代の先に見えるのは、どんな将来ですか?」

小泉は、「その先か……」と言ったまま五分ほど眼をつぶり、じっと考えた。

そして、口を開いた。

「まぁ、郵政民営化となるだろうな……」

これもまた、想像すらつかなかったのであろう、記者たちからどよめきが起こった。

記者懇談会後、NHKと東京新聞の記者が郵政省に駆け戻り、五十嵐《いがらし》三津雄《みつお》官房長にご注進におよんだ。

「小泉大臣は、郵政民営化を考えているようです」

翌日、マスコミは大々的に打ち出した。

「小泉郵政大臣は、郵政民営化を口にした」

自民党の郵政族議員は、小泉をいっせいに非難した。

「とんでもないことを言ったものだ」

郵政省内も、まるで蜂の巣をつついたような騒ぎとなった。

飯島は、憮然《ぶぜん》とした。

〈勝手に大騒ぎしているが、小泉は、別に政策マターで打ち出したわけではない。将来を見据えた場合という前提でしゃべっただけだ〉

なお、ドイツは、いち早く平成元年（一九八九年）に郵政民営化をスタートさせ、まず郵政三事業の郵便、貯金、電気通信を分割し、それぞれドイツポスト、ポストバンク、ドイツテレコムの三つの公社にした。平成七年（一九九五年）には、政府が百%出資して株式会社化を実施し、大成功をおさめる。しかし、郵政省は、ドイツのケースは表に出さず、失敗に終わったニュージーランドやオーストラリアの話ばかりを喧伝《けんでん》した。

飯島によると、小泉は、この時点でまだ郵政民営化を政策として打ち出していたわけではなかった。ただし、財政投融資については、早い段階から疑問を投げかけていた。

郵便貯金は、絶対につぶれることのない国に預け、銀行よりもはるかに高い金利がつく。つまり、預金者にとって「ローリスク・ハイリターン」といえる。が、そのおカネを使って投融資する先は、公社、公団、事業団であり、「ハイリスク・ハイリターン」だ。小泉は、このことについて盛んに言っていた。

「預金者から高い金利で預かった郵貯のおカネを、低金利で住宅金融公庫などに貸し出している。これは、おかしい」

高金利で借りたおカネは、償還の期限がくれば毎年、毎月、返さなければいけない。小泉が郵政大臣になったころは、一般会計で二十二兆円という逆ざやのマイナスを補塡《ほてん》し、預金者に返していた。

飯島は思った。

〈ハイリターンでカネを借りて、ローリターンで運用するのだから、マイナスが出るのは当たり前だ。それを税金で補塡すれば、国の懐《ふところ》がおかしくなるに決まっている〉

一匹狼をつらぬく小泉のスタイル

小泉は、日本国はこうあるべしという国家問題に集中してきた。しかし、政治家だから地元のこともやらなければいけない。たとえば、平作川《ひらさくがわ》や柏尾川《かしおがわ》、二《に》ケ《か》領《りょう》などの激甚《げきじん》災害特区、あるいは、駅前再開発などは、小泉純一郎の名のもとでやってきた。官僚も、小泉純一郎という名前で予算をつけている。

しかし、小泉は、あまり「自分がやってやった」とは言わない。それで、「票をもらおう」という考えはない。せっかく地元のために汗をかいたのに、小泉がそう言わないので新聞記事にならない。そこで飯島は、自分でチラシを作り、小泉がやったことを書き、その地域に全部配った。

たとえば、横須賀市の急傾斜地についての砂防《さぼう》対策だが、その予算の本数は、気がつけば小泉の動きで獲得したものが日本一であった。それまで横須賀市役所の崖《がけ》係は、職員が二、三人であったが、あまりにも予算がつくので職員が増え、崖課に昇格するほどであった。地元紙の神奈川新聞も、「もう、崖の話はいい」というくらいであった。

それでも、小泉は、有権者に「みなさん、ごらんなさい。横須賀の崖の予算は、全国一になりました」とは言わなかったので、そのPRは、飯島がおこなった。

小泉は、選挙区以外でも、たとえば、神奈川県愛甲郡《あいこうぐん》清川村《きよかわむら》宮ケ瀬《みやがせ》ダムや湘《しょう》南《なん》ナンバーの導入に尽力した。その場合は、地元の国会議員の顔を立てた。

一番辛かったのは、湘南ナンバーの導入であった。平成六年十月三十一日、神奈川県平《ひら》塚《つか》市で全国で八十九番目の陸運支局・事務所として湘南自動車検査登録事務所が業務を開始した。

神奈川県の中西部地域を管轄《かんかつ》している関東運輸局神奈川陸運支局相模《さがみ》自動車検査登録事務所管内の自動車の保有台数が著しく増加し、既存の検査施設では増加する検査業務への円滑《えんかつ》な対応ができない事態となっていた。が、湘南事務所の開所により、相模事務所の管轄区域が二分割され、円滑な業務処理及び利用者の利便の向上が図られた。

湘南事務所の管轄区域に使用する本拠の位置を有する自動車のナンバープレートに表示される文字は「湘南」としたが、湘南事務所の開所前から地元やマスコミの間で「湘南ナンバー」が話題になった。じつは、この導入に一役買ったのは飯島であった。

宮ヶ瀬ダムは、ダム協会がよろこぶぐらい補償対象面積が広い。補償対象面積というのは、官僚から見たら狭いほどいい。補償対象面積が大きくなると、いろいろな人が出て来るから大変である。小さくなるのが普通だが、山ひとつ向こうまでダムができたからといって補償対象地域にした。その手柄を立てた宮森進《みやもりすすむ》は、企画部長から副知事に昇格した。宮ヶ瀬ダムは、小泉の選挙区とはまったく関係ないが、宮森副知事と飯島は強い絆《きずな》で結ばれていた。宮森は、副知事を辞めて亡くなるまで、緊急のときには議会を飛び出しても飯島のところに飛んできた。

飯島は、横浜市の東京事務所の面倒もみた。国の公的機関の誘致《ゆうち》に協力したところ、東京事務所次長は、五段飛びで秘書課長になった。

小泉が自分のスタイルを貫くことができるのも、飯島の尽力による。小泉が予算などで頭を下げて歩けば、貸し借りができてしまう。面識の持ち方を最小限にしておくほうが、思い切って仕事ができる。ある意味で総理まで駆け上がる人は、あらゆる人と付き合ってしまう。そうすると私情が入り、思い切った改革ができなくなってしまう。

かつて自民党の派閥の領袖は、総理総裁を目指し、所属議員のカネの面倒もみてきた。それゆえ、無理して政治献金を集めた。

ある派閥の領袖が百社から政治献金をもらっているとする。が、世の中には、いろいろな会社がある。そのなかの一社から社会部ネタの事件が出て来る可能性もある。経営者は、権謀術数《けんぼうじゅっすう》に長《た》けており、その領袖だけでなく、他の派閥の領袖にも献金している。その社会部ネタは、自分とは無関係でも、他の派閥の領袖がその会社との関係で叩かれて自滅するケースもある。結果的に、その事件に巻き込まれて自分もやられてしまう。いくら、「おれは、きれいだったんだ。あの政治家とは違うんだ」と叫んでも、誰も信じてくれない。やっと昇りつめても、常に社会部に追いかけられ、ひんぱんに叩かれたら、国民の信頼を失う。そこに女性問題などが出れば、総理総裁などにはなれない。

しかし、小泉は、総理になるまでまったく無理してこなかった。たとえ一匹狼といわれようと、政治家としての誇りがあり、自分の政治活動だけは一人持ちで困らないようにしてきた。総理総裁になるという夢を描き、無理して献金を集めようという気持ちはまったくなかった。

自民党総裁選に初出馬

小泉は、平成七年九月、自民党総裁選にはじめて立候補した。飯島は、このとき、小泉が勝てるとは思ってもいなかった。

〈持論である郵政民営化をふくめて、小泉純一郎という政治家を、多くの国民にわかってもらえればいい〉

飯島は、本命と見られていた橋本龍太郎通産大臣サイドに申し出た。

「公務を最優先してください。街頭演説も、テレビ出演も、こちらは橋本大臣のスケジュールにすべて合わせますから」

平成七年九月二十二日午前九時から、党員・党友投票分の開票作業がはじまった。

午後三時からは、自民党本部八階にある開票会場で、国会議員分の無記名投票がおこなわれた。その結果、橋本龍太郎は一万票を一票と計算する党員・党友票の八十票の有効票のうち八割強の六十五票を、小泉純一郎は十五票を獲得した。議員票でも有効票三百十一票のうち橋本が二百三十九票を獲得し、小泉は七十二票、合計で橋本は三百四票、小泉は八十七票で、橋本が圧倒的な勝利をおさめた。

「橋本龍太郎君が当選者と決定しました」

いっぽう、小泉陣営は、ぎりぎりで確保した三十人の推薦人の数を大きく超える七十二票もの国会議員票を得たとあって、まるで勝ったようなはしゃぎぶりであった。

党本部五階にある選対事務所で、小泉が頭を下げた。

「みなさんのおかげで、いい選挙になりました」

森喜朗建設相らの音頭で乾杯が始まるなど、負けたとは思えない歓声に湧いた。

小泉、大蔵大臣ポストを拒否

平成八年一月五日、村山富市《むらやまとみいち》首相は、退陣する意向を表明した。一月六日、自民党、社会党、さきがけの与党三党は、自民党総裁の橋本龍太郎を首相に選出することを前提とする政策合意を妥結した。

飯島は、戸井田三郎《といださぶろう》代議士に呼ばれ、次のように聞かされた。

「どうも、橋本さんは、小泉さんを大蔵大臣にしようと考えているらしい。もし小泉さんが受けなければ、自民党ではなく、社会党から取る考えのようだ」

飯島は、天にも昇る気持ちになった。

〈小泉が、大蔵大臣か……〉

小泉は、それまで、衆議院大蔵委員、大蔵政務次官、自民党財政部会長、衆議院大蔵委員長など大蔵畑を歩んできた。飯島が思うに、小泉の夢は大蔵大臣なのだろう。その夢が、ようやく実現しようとしているのだ。

夜の八時過ぎ、飯島は、大蔵省審議官の武藤敏郎《むとうとしろう》のもとに飛んで行った。たまたま日本経済新聞の清水真人《しみずまさと》記者も、武藤のもとに取材に訪れていた。

飯島は、武藤に申し出た。

「武藤さん、もし小泉が大蔵大臣になったら、住専《じゅうせん》の何兆円というのを国会に提出するのは止めたらいかがですか」

一月二十二日に開会する通常国会は、破たんした住宅金融専門会社、いわゆる住専の処理問題が最大の焦点《しょうてん》であった。政府・与党は、住専七社の処理のために六千八百五十億円もの国民の税金を投入することを平成八年度予算案に盛り込んでいた。さらに、住専処理の過程で今後発生する「二次損失」についても、その半分は国民の税金で穴埋めするとしていた。「二次損失」は二兆円を超えるとも予想され、六千八百五十億円に加えて一兆円を超える巨額の税金が投入されることになる。

飯島は、武藤に持論を述べた。

「法案を国会に提出しても、国会審議でものすごく時間がかかる。それで、バブルが弾《はじ》けたあとの経済の立て直しができるはずがない。新進党の小沢《おざわ》（一郎《いちろう》）党首は、住専に特別融資というふうに考えている。特別融資は、十兆円でも、二十兆円でも、最終的には返還しなければいけない。これは、意味が無い。だったら出資とすれば、二十兆でも、ドブに捨てたと同じで返さなくていい。いまの日銀法は、日本の経済に合っていないザル法だ。国会主務大臣、つまり大蔵大臣が、日銀総裁に命令して、〝出資しろ〟と言ったら済む。国会を無視して、足りない金は日銀から全部出させて、それで一気にカタがつく。デフレ経済にしないようにするには、それしかない。そうすれば、劇薬《げきやく》としてビッビッと終わるはずだ。そして、現状に合わせるようにザル法である日銀法を改正すれば良い」

首班指名選挙のおこなわれる臨時国会は、一月十一日に召集されることになった。橋本内閣は、この日の夕方、発足することになった。

臨時国会の召集を前に、三塚《みつづか》派会長の三塚博《ひろし》は、派閥幹部の塩川正十郎《しおかわまさじゅうろう》を橋本のもとに送り込んだ。三塚派としては、三塚を大蔵大臣に推していた。

橋本との会談を終えた塩川は、赤坂プリンスホテル別館にある派閥事務所にあわててもどってきた。塩川は、幹部たちに橋本の意向を伝えた。

「大蔵大臣だが、橋本さんは、三塚さんではなく、小泉君を考えているようだ」

幹部たちの視線が、小泉に注がれた。

小泉は、きっぱり言った。

「おれは、受けない」

そう言って、議員会館の部屋に引き上げた。

三塚派としては、あくまでも三塚大蔵大臣を要求した。が、橋本はそれを拒否し、社会党委員長代行の久保《くぼ》亘《わたる》を大蔵大臣に起用した。

住専問題は、国会で二転三転して、デフレ経済がどんどん進んでいった。政府がいくら資金を手当しようとしても、すべてうまくいかなくなった。

いっぽう、飯島が密かに構想を練っていたことが洩《も》れ伝わったのであろう。それまで国会を無視してきた日本銀行は、橋本内閣発足後、国会担当の審議役を創設した。さらに、それから一年後、日銀法を改正すべしという議論も沸き起こった。

飯島は思う。

〈もし、小泉が大蔵大臣になっていたら、特融ではなく、出資で何兆円でも出す。日本中が大騒ぎになろうと、そうやってデフレ経済になるのを防止して日本を救う。あとで検証すれば、「小泉は日本の救世主だった」と評価されるはずだった……〉

なお、飯島は、小泉が大蔵大臣に就任した段階で、この構想を伝えるつもりでいた。したがって、小泉自身は、この構想は知らない。飯島が水面下で接触した大蔵官僚や、その場に立ち会っていた日経新聞記者の清水は、「あれは、凄い発想でしたね」と、のちに飯島に言った。

四　小泉厚相と薬害エイズ

厚生省汚職事件、そのとき

平成八年十一月七日、第二次橋本内閣が発足し、小泉は、三度目の厚生大臣に就任した。

小泉の前任の厚相は菅直人《かんなおと》だった。菅は、薬害ＨＩＶ問題で厚生省に対する責任追及に大鉈《おおなた》を振るっていた。国民が、薬害ＨＩＶ問題から厚生省を厳しい目で見ていた時代だ。当時の報道では、いわゆる「菅官《かんかん》対決」のような、官僚との対決姿勢を小泉新厚相に期待する向きもあった。しかし、小泉は、そのようなマスコミに対してこう釘を刺した。

「省益よりも、国益優先」

「最初から、喧嘩《けんか》することは考えておりません」

いっぽう、厚生省側としても、摩擦《まさつ》ばかりで仕事が滞《とどこお》りがちな菅直人前厚相よりも、厚相経験者でもある小泉新厚相の実務能力に期待する声もあった。

そのように、厚生省も小泉新厚相も人心一新で信頼回復の第一歩を踏み出したかに見えた。が、その直後に、厚生官僚の汚職事件が明るみに出たのである。まさに、弱り目に祟《たた》り目だった。

厚生大臣秘書官となった飯島は、各方面にあいさつ回りをおこなった。

「厚生大臣は、三度目ですが、よろしく」

飯島は、警視庁二課に勤務する知り合いの刑事や、いわゆる「サツ回り」の社会部の記者などにも連絡を入れた。厚生省は、医療業務の事故や汚職事件も起こりやすい。飯島とすれば、そのときのためにも彼らとの繋《つな》がりを密にしておく必要があった。

ところが、警視庁二課の刑事も、社会部の記者も、どこかよそよそしかった。不在着信があったため伝言を残したのに、コールバックもない。

飯島は首をひねった。

〈なんでだろう……〉

飯島は、何か厚生省がらみの問題が起こっているのではないかと踏み、いろいろと洗っていった。すると、埼玉県で特別養護老人ホーム事業をおこなっている社会福祉法人「彩福祉グループ」の小山博史《こやまひろし》が贈賄容疑、さらに厚生省から出向していた課長補佐の茶谷滋《ちやたにしげる》が収賄容疑で逮捕間近であることがわかった。加えて厚生省事務次官の岡光序治《おかみつのぶはる》も、その件に絡んでいることが判明した。

飯島は愕然とした。

〈これは、えらいことだ。なんとか、今年中に処理し、すっきりとした気持ちで年を越すようにしなければ〉

飯島は、十一月十五日、小泉に捜査の動きを報告した。

小泉はただちに命じた。

「実情を把握するように」

飯島は、それから問題が解決するまでの一ヵ月ほどホテル住まいをして、懸命に情報を収集した。

飯島は、リアルタイムでいろいろな情報を収集するため、従来の組織とは別に省内の十一局の企画官と社会保険庁の企画官を中心とした横の連絡網、いわば「裏部隊」を形成した。このチームのキャップには、政策課の辻哲夫《つじてつお》課長を起用し、通称「辻部隊」と命名した。

飯島は、「辻部隊」を集め、号令をかけた。

「もし、まずい事実が明らかになっても、絶対に官僚に押しつけることはしない。大臣の小泉純一郎が、すべての責任を取る。だから、問題点があれば、全部、秘書官室に集めろ」

その局面でも、飯島は、情報収集に励み用意周到に動いた。飯島には、長年の秘書生活で培った多彩な情報ネットワークがある。ネットワークは、「霞ヶ関」「永田町」「マスコミ」にと縦横無尽に張り巡らされており、そこから、さまざまな情報が集まる。複数の情報の中で、つねにその時々の状況と手筋を読んで、その上で判断する。

じつは、のちに小泉内閣の参事官として「チーム小泉」の一員となる香取照幸・厚生省高齢者介護対策部事務局次長は、一連の収賄事件当事者の間近にいた。茶谷の容疑は、埼玉県での高齢者福祉課長時代の収賄だ。その埼玉県の高齢者福祉課長の前任者は、香取だった。埼玉県をよく知る香取は、小山代表もまたよく知っていた。香取は県庁課長時代、小山について「あの男だけは絶対に課の敷居をまたがせるな」と厳命していたという。そして、小山と茶谷が埼玉で何をやっていたのかも薄々感づいていた。

そのように埼玉の事情に詳しい香取は、平成八年の夏ごろから埼玉県警が、茶谷捜査に動き出したことを察知していた。

茶谷逮捕の一ヵ月ほど前、平成八年十月二十日、総選挙があった。茶谷は八月に厚生省を退職し、埼玉六区から出馬するものの、落選している。茶谷落選直後から、埼玉県警はさらに本格的な捜査を始めていた。

情報を収集した飯島は、十一月十七日の日曜日、岡光事務次官を千代田区丸《まる》の内《うち》一丁目のパレスホテル一階の喫茶室「ロイヤルラウンジ」に呼び出すことにした。近藤純五郎《こんどうじゅんごろう》官房長と二人で、岡光から直接話を聞くためである。

その際、飯島と近藤は、念のため二手に分かれた。「ロイヤルラウンジ」は、正面玄関から入ると右奥にある。二階に上がり、正面玄関を見下ろしていれば、岡光が正面玄関から来ようが、駐車場のほうから来ようが、姿を確認できる。もし、岡光を尾行する刑事や記者らしき人物の存在を確認したら、岡光が「ロイヤルラウンジ」に入ったところを見計らい、店に電話をかけ、岡光を呼び出す。そして、次の行動を指示するつもりであった。

岡光が国会通行証を持っていれば、タクシーで国会の中に入ってもらう。国会に入ってしまえば、その時点で尾行者は遮断《しゃだん》できる。別の出入り口から外に出たら、タクシーで中央区晴海《はるみ》の「東京ホテル浦島《うらしま》」に向かわせる。

あるいは、小泉の議員会館事務所のある衆議院第一議員会館に入らせる。地下三階のキャピトル東急ホテル側の出入り口から外に出てもらい、やはりタクシーで「東京ホテル浦島」に向かわせるつもりであった。

飯島は、近藤に、その作戦を伝えた。

「岡光次官に撒《ま》かれたと判断した尾行者は、おそらく、赤坂プリンス、赤坂東急、キャピトル東急、帝国ホテル、パレスホテルなどのホテルをくまなくチェックするはずだ。しかし、晴海にまで手を広げることはないだろう」

飯島は、パレスホテルの二階から正面玄関を見張りつづけた。岡光は、約束の時間から一時間遅れの午後六時過ぎに、ようやく姿を現した。飯島は、岡光の背後に眼を凝《こ》らした。が、尾行者らしき人物の姿はない。

　飯島は思った。

〈尾行が付いていないということは、うまくいくかもしれない〉

　飯島と近藤は、「ロイヤルラウンジ」で岡光と向き合った。飯島が岡光に質問し、近藤がすべてメモを取った。

　その途中、飯島は岡光に訊いた。

「ところで、なぜ、一時間も遅れたのですか？」

　岡光は答えた。

「家を出るとき、朝日新聞の記者に捉《つか》まってしまいました。その記者とは、二十数年来の付き合いなので、これまでの経緯を一時間にわたってすべて話しました」

「どういうことを、話したんだ」

「彩福祉グループの小山博史代表から、乗用車を提供されたことを話しました」

「あとは、どう切り抜けるかだ。借りた車が有償か、無償かがカギになる。無償だったら、もうお手上げだ。いくらか払っているのか」

「……合わせれば十万円ほど」

「少ないな。でも、平日は公用車がある。公用車がない休日だけ使ったという論理が成り立つ」

しかし、飯島は、あくまで車提供の話を聞かされただけであった。岡光が六千万円にものぼる現金まで受け取っていたと報じられるのは、その後である。

しかし、岡光は朝日新聞の記者に、乗用車の提供まで話してしまっている。飯島は直感した。

〈これは、もう終わりだ。明日月曜日の朝日新聞の朝刊一面に、ぶち抜きで出るだろう〉

仮に飯島が新聞記者なら、たとえ相手が二十年来の家族ぐるみの付き合いであっても、記者魂を発揮し、良心の呵責《かしやく》にさいなまれながらも記事を書くだろう。

殺到する記者の裏をかく

岡光との面談を終えた飯島は、近藤官房長にささやいた。

「公《おおやけ》の新聞ですから、任意の自白となり、岡光は逮捕されるでしょう。明日の新聞の書かれ方を見て考えざるを得ないが、下手したら、火曜日には逮捕されるかもしれません」

午後十一時頃、飯島は、近藤官房長以下、各局の企画官クラスにいたるまですべて秘書官室に招集した。

「明日の朝刊の早刷りは、午前二時くらいには手に入る。その内容によって、今後、岡光事務次官が泰然《たいぜん》として仕事を遂行《すいこう》できるか、できないか、岡光次官自身に考えてもらう。

新聞記者に話をしたのであれば、捜査当局に呼ばれて自白したのと同じことだ。岡光次官には、新聞記事が出てから辞めるというような無様なことはさせたくない。だから、岡光次官には、新聞の早刷りが手に入るまで、自分の部屋で待機してもらう」

十一月十八日午前二時頃、飯島のもとに新聞各紙の早刷りが届いた。飯島は、さっと眼を通し思った。

〈やはり、岡光次官は、自発的に辞めざるをえない……〉

岡光のインタビューが載せられていた。

飯島は、早刷りを事務次官室に届けさせた。

十一月十八日の夜、小泉大臣は、筑紫哲也《ちくしてつや》が司会をつとめるＴＢＳテレビの夜の報道番組「ニュース23」に出演する予定であった。

厚生省の八階にある記者クラブは、岡光次官の辞任問題をめぐり、大騒ぎとなっていた。記者会見場でも、すでにカメラマンの場所取り争いがはじまっていた。また、一階から十三階までのエレベーターの前に記者たちがベッタリと張りつき、岡光次官の動向はもちろんのこと、乗降者の動きも監視していた。

さらに、大臣室、政務次官室、事務次官室、官房長室、人事課長室のある七階の廊下にもマスコミが殺到した。七階は、両側が透明ガラスのため、廊下から人の出入りがすべてチェックできる。

このような状況のなか、飯島は、秘書官室で指揮を取った。飯島は言った。

「小泉大臣には、筑紫哲也の番組出演を終えたら厚生省にもどってもらう。おそらく、十二時くらいになるだろう。記者たちは、七階の動きをチェックし出すだろう。それは、構わない。ただ、日比谷公園側にある大臣室、政務次官室、事務次官室、官房長室、人事課長室の開かずのドアをすべて開けておいてほしい。記者たちは、廊下側から、だれが何時何分に大臣室に入ったのか、何分間、滞在したのかなどをすべてチェックする。しかし、日比谷公園側からの出入りは見えない。だから、実際には大臣室で協議していても、大臣室には、ほとんど人の出入りがないようにカモフラージュしてほしい。ただ、それでは記者も可哀想だから、たまに廊下側のドアから出て、二分以内にもどってきてほしい」

岡光は、小泉大臣と会い、辞表を提出した。

小泉大臣の緊急記者会見は、午前三時半過ぎにセットされた。が、小泉大臣が記者会見を開けば、岡光のもとに記者が殺到し、厚生省の外に出られなくなってしまう。それは、回避しなければいけない。

飯島は、秘書官室に招集された企画官や課長らに指示した。

「岡光次官を、外に出す算段を考えろ」

ところが、誰もアイデアが思い浮かばないらしい。一人が音《ね》を上げた。

「飯島秘書官、もう無理です。各階とも、みんな記者が張っていますから」

飯島は語気を強めた。

「無理も、へったくれもない！　こんなにいろいろな人が集まっているのに、だれからも知恵が出ないというのか。なんとか、外に出す算段を考えろ」

しかし、スタッフたちは、うつむいたままであった。

飯島は舌打ちした。

「もう、いい。おれが考える」

飯島は思案した。

〈さて、どうするか……〉

飯島は頭を整理した。

〈ここは、陽動《ようどう》作戦しかあるまい〉

飯島は、スタッフを招集し、はじめに釘を刺した。

「これからおれがしゃべることを、ちょっとでも外に漏らしたりしたら、そのときは、ただじゃおかんからな」

「はい」

「よし。いまから、中村広報室長を、ここに呼ぶ。そして、『三時半に予定されている大臣の会見を中止します』と嘘を言う。おれの調べだと、中村の仲人は岡光次官だ。だから、中村も必死だろう。みんなは、顔色を変えずに黙っていてくれ」

「そのあとは、どうするのですか？」

「中村には、『小泉大臣は、記者会見せずに高輪《たかなわ》の議員宿舎に帰る。だから、八階の記者会見場には行かない。一階のロビーでぶら下がり取材を受ける』というふうにお達しするから。それから先のことは、あとで話す。まずは、中村を呼んでくれ」

ほどなく、中村が秘書官室にやってきた。

飯島は中村に伝えた。

「室長、誠にすみませんが、今日の記者会見は中止し、一階のロビーでぶら下がり取材を受けます。そのことを各社に連絡してください。大臣は、一時半くらいに退庁しますから」

中村は答えた。

「それはいいのですが、ただ、幹事社が何というか……」

飯島は、ドスを利《き》かせた。

「いいから、言った通りにしてください！」

中村は、肩を落として秘書官室を後にした。

幹部たちは、心配そうに言った。

「秘書官、本当に大丈夫なんですか？」

飯島はジロリと睨んだ。

「うるさい、黙っていろ。いまからおれが言うことは、絶対に広報室に言わないでほしい。まず、手嶋《てしま》君、政務次官室のドアが開けられるかどうか、見てくれ」

手嶋は、政務次官室に偵察に行き、もどってきた。

「秘書官、ドアの前には、荷物がいっぱいです」

「能が無いな、きみは。裏のドア使って階段で降りられるように、いますぐドアの前の荷物を全部片付けろ。ただし、記者にわからないようにな。分かったか」

「はい」

「次に、なぜおれが一階のロビーでぶら下がり取材と言ったのかといえば、NHKでさえ地下から十三階までエレベーターの前を二人一組で張っているんだろう。各社とも、だれが建物から出たかを捕捉《ほそく》できるような態勢をとっているんじゃないのか。それでも、岡光さんを外に出す。そうでなかったら、役所も困るだろう。違うか？　そのために、おれは、いまいろいろと考えているんだ」

飯島は、身振り手振りを交えながら続けた。

「八階の会見場には、多くのカメラマンや記者たちが詰めかけている。一階のロビーでぶら下がり取材となれば、今度は、その場所取りやテレビカメラのケーブルを下ろす作業で悪戦苦闘する。ここで、まず、取材態勢をバラバラにさせるんだ。そうすると、いまの配置が崩れるだろう。そして、マスコミが一階に集まり出したところを見計らい、中村広報室長を呼び、『やはり、八階の記者会見場で緊急の会見を開きます』と通達する。そうすれば、今度は、一階から八階に移動し、また場所取りで混乱するだろう。収拾がつかないところで、小泉大臣を八階に行かせる。小泉大臣は、大臣室を出たら右に曲がる。七階に陣取っているマスコミは、大挙して大臣を追いかけるだろう。岡光さんは、その隙に政務次官室から階段で二階に駆け降りる。渡り廊下を使って通産省側の統計情報部別館に行き、そこに待たせてあるハイヤーで逃げるんだ。事務次官の公用車は、一階の車寄せで待機、事務次官室の職員は、岡光さんがまだ次官室に居るフリをして朝七時半まで座り続ける。岡光さんは、マスコミが待ち受ける自宅に帰らず、回避した場所に向かう。そこに着いたら、官房長が捕捉する。とりあえず、今日はそれでいく。いいか?」

飯島のこの陽動作戦は、みごとに成功する。

逮捕Xデーとガサ入れ先を推理する

茶谷逮捕から十日後の十一月二十八日には、厚生省の和田勝審議官が、小山代表から百万円受け取ったことも明るみに出る。じつは、その和田審議官は、当時の介護対策本部事務局長でもあり、香取の直属の上司だった。香取は、和田審議官の動きも把握していた。つまり香取は、茶谷滋と和田勝の間近にいたわけだ。

そのように、飯島も香取も、それぞれ独自ルートで事件情報の深部をつかんでいた。

小泉は、事件の渦中、職員に発破をかけた。

「諸君は、与えられた仕事を淡々とやってくれ。責任は、すべて大臣であるわたしが引き受ける。とにかく、十二月までがんばろう。そして、新年を迎えたら何もかもきれいさっぱり忘れて、すっきりした気持ちで仕事をしよう」

普通なら、「おれが大臣のときに起こった問題ではない」と逃げ腰になるだろう。が、小泉は、きっぱりと自分が責任を取ると口にした。この潔《いさぎよ》さが評価され、職員との間に信頼感が生まれた。

十一月二十九日には、事件の捜査で、岡光本人が検察に呼ばれ、事情聴取される事態になった。現役事務次官の事情聴取は、きわめて異例であり、霞ヶ関全体に激震が走った。

そのころ、ほかの厚生省職員への事情聴取も個別におこなわれた。香取自身も頻繁《ひんぱん》に検察に呼び出され、事情聴取を受けた。

飯島といえども、厚生省職員が事情聴取で何を訊かれるかはわからない。そこで飯島は、対検察の窓口の一元化を図った。窓口には、今別府敏雄《いまべっぷとしお》官房総務課長補佐を任命した。

「個別にやるな。今別府を、窓口にしろ。厚生省の人間で聴取を受ける者は全員、窓口の今別府を通じて時間やスケジュールの調整をしてから取り調べを受けさせろ」

危機管理に対して、飯島が官僚をはかる能力は法律作成能力とは別種の「人間力」だ。表面的な官僚能力や役職の序列と、飯島の見る「人間力」は別の序列である。いわば、「裏の話ができる男」と「できない男」の序列だ。その面では、今別府は、「人間力」を兼ね備えていたのだろう。後年、その今別府は、小泉政権時代に香取の後任として「チーム小泉」に入る男でもある。

今別府に窓口を一元化した結果、「いつ、誰が呼ばれて、何を訊かれ、どう答えたか」がすべてわかるようになっていた。

その情報は、飯島や厚生省官房長に即時通知されていた。対検察についての窓口の一元化と同時に、対マスコミについても、今別府が窓口になった。それでもなお、一部写真誌に写真を撮られたこともあった。とはいえ、基本的には窓口の一元化による情報管理はおおむね成果を上げたようだ。

いっぽう、飯島は、岡光逮捕のXデーについて予測を立てた。検察庁や警察庁は、十二月二十六日に打ち上げをおこなう。そうすると、二十八日で年越しになり、動くのは一月四日以降になる。そうすると、年を越す仕事がかなり出てしまう。これは回避しなくてはいけない。検察や警察といえども、やはり正月は休みたい。官庁の御用納めは、十二月二十八日だから、事件の打ち上げは十二月二十六日となる。検察拘留は、十日と十日の計二十日、警察が四十八時間だ。

飯島は判断した。

〈それらを逆算すると、今年最後の大花火の打ち上げ日は、十二月四日ということになる〉

十二月四日は、沖縄で東南アジア厚生大臣会議が開かれる予定であった。その会議には、橋本首相と小泉大臣が出席する。

飯島は、いざとなったら、自分でその態勢を組まなければならないと考え、「辻部隊」に情報を集めさせた。飯島は、「辻部隊」にいた総務課長補佐の今別府に指示した。

「今別府、悪いけれども、あんたの方でガサ入れ先を想定しろ」

逮捕された厚生省年金局年金課長補佐の茶谷滋が課長になったのは、小山博史が岡光に「埼玉の課長は言うことを聞かないとんでもないやつだ。生意気だ。差し替えろ」と迫り、事件が起こったためである。その「どうしても言うことを聞かないとんでもないやつ」と言われたのが、じつは、埼玉県庁の高齢者福祉課長をつとめた香取だった。

飯島は、香取に言った。

「香取、おまえの後任が茶谷なんだから、一番よく分かっているんだろう」

「分かっています」

「だったら、今別府と相談して、どこがガサ入れ先か、これを、まず想定しろ。それを、おれのところに持ってこい。同時に、何があろうと、事務次官になった男が辞めたのだから、事務次官室に絶対にガサ入れさせないのが、官房長の仕事だぞ。官房長室は構わない。受け渡しは官房長室になっているから、これはしょうがない。次官室は、事案と関係ないんだから。そのための受け入れ体制、礼状持って来た場合、いつか分からないが、そのときの立ち会いは、司法試験に受かっている近藤官房長、あなたがやりなさい。それで、今別府や香取が作ったガサ入れ想定先の課、これは、沿わないところは、全部『不同意』をかけろ。礼状の中身が、厚生省およびその付属施設その他となると、個人の自宅であろうと、好き勝手にどこでも入れる。そういう無防備なことは絶対してはならない。みんな、それで『はい』と受けてしまうが、今回は絶対に受けては駄目だ。何時間かかろうと、同意しなかったら、ガサをかけられないんだから。それを完全にやれ。不同意がかけられるところは、不同意をかけるんだぞ。できるか?」

「やります」

「よし。将来のために、ガサ入れ先の担当職員のふりして、どういう状態かというのを勉強しろ。朝七時前に出勤して、配置しろ。また、今日から事件が着地するまで、幹部やキャリア組は、いっさいの飲み食いを禁止する。厚生省と家を往来するだけだ。もしも予期せぬ状態が起こった場合は、霞ケ関で一番厳しい処分を大臣からしていただく。厚生省は、体制を立て直すために、十二月いっぱいですべての片をつけさせる。年の明けた一月からは、ちゃんとした新しい状態で気持ちのいい仕事をしよう。そのために、倫理規定などを作るから、その案文もすべて考えろ」

結果的に、飯島の読みがズバリと当たり、岡光は、十二月四日に逮捕される。

いっぽう、飯島は、近藤官房長に命じた。

「逮捕されるかどうかわかりはしないのだから、官僚性善説に立ち、官房長室を模様替えしてしまおう。先手必勝だ」

岡光前次官が逮捕されれば、厚生省にも「ガサ入れ」が入る。公判維持のために机の配置などの寸法を取り、図面を描く。が、部屋を模様替えしてしまえば、その図面を公判に出し、「ここで六千六百万円受け取った」と指摘されても、「それは違う」と言える。飯島は、机から応接セットのテーブルにいたるまで、すべて配置を変えさせた。また、押収されると想定される資料については、あらかじめすべて用意させておいた。

十二月四日の朝、香取は、社会保障構造改革の突破口と位置づけられていた「介護保険法案」を審査する自民党総務会に出席していた。法案成立に向けて香取は、小泉厚相と二人三脚で法案成立に動いていた。

その日に、岡光序治前事務次官は逮捕された。岡光逮捕を受けて、飯島の指揮の下、事件当事者たちをよく知る香取や今別府が、一連の処分やマスコミ対応、都道府県対応、国会対応のすべてを同時並行で取り仕切っていった。

岡光前次官が逮捕された翌日の十二月五日午前十時半頃、厚生省の対警察の窓口である今別府のもとに、警視庁捜査二課が家宅捜索令状を持ってやってきた。

近藤官房長は、来るべきものが来たとでもいうかのように家宅捜索令状を精読しはじめた。令状に記されていた「被疑理由」「家宅捜索箇所」を一個ずつ丹念に精査していった。

近藤は、捜査当局に確認した。

「被疑事実はなにか。そして、この被疑事実に対して、どういう理由でここにガサを掛けるのか」

そのように「被疑事実」と「捜索箇所」を一個一個順番に確認していった。

近藤は、事務次官室の捜索に同意しなかった。近藤の「不同意」理由はこうだった。

「被疑事実によると、お金の授受は岡光の官房長時代ではないか。事務次官室の家宅捜索は、この被疑事実に合わない」

そのように事務次官室以外の数ヵ所も、「不同意」をかけて家宅捜索を拒んだ。

飯島によれば、家宅捜索の場所と、その順番を見れば、捜査の組み立てが分かってくるものだという。そんな飯島にも、どうしてもわからない捜索箇所がひとつだけあった。わけが分からないので、もちろん「不同意」をかけた。結局、そこは家宅捜索されることは無かった。

後日わかるのだが、その部屋は岡光の官房長時代に秘書だった女性職員が当時在籍していた課の部屋だった。警察は、女性秘書が岡光の収賄にからむ現金の授受や情報連絡役を果たしていたのではないかと疑っていた。彼女が証拠を握っていると踏んでいたのだ。警察は、勢い余って彼女の自宅まで家宅捜索したらしい。ところが、彼女はまったくのシロだった。捜査は空振りに終わった。

捜査員は、老人保健福祉局がある九階、大臣官房がある七階、社会・援護局がある六階に向かった。事務次官室には、向かわず、午後四時半頃、家宅捜査は終了した。

普通、どんなに小さな事件でも、十日後に補充捜査のガサ入れをおこなう。が、岡光事件に限っては、この一回で終わった。令状を持って来て、言われた状態の想定される範囲でガサ入れが終わり、これ以上ないといったら、他の場所は「不同意」だから、手を突っ込んで調べることはできない。言われた範囲内は、もうこれで終了するとその日四時半で終わった。もう一回、十日後に来るバカはいない。だから、厚生省にはもう触れない。

ガサ入れ当日は、警視庁から厚生省広報室に連絡が入った。

「ガサ入れが終わるまで、ありとあらゆる記者は省内を歩かせないようにしろ」

マスコミは、カリカリしてくる。

飯島は言った。

「あくまで当局の仕事なんだから、頭に来るのは、桜田門《さくらだもん》（警視庁）に対してであって、厚生省に頭にくるわけじゃない。広報室長が、とことんおふれを出せ。そうすれば、テレビの映像は建物の外側の日比谷公園からだけで、厚生省内の映像は一回も出ない。分かったか？　絶対、そういうふうにしなさい」

　このような事件が起こった場合、普通の省庁は、中まで撮られてしまう。が、飯島が手を打ったことで、岡光事件では厚生省内の映像はいっさい撮らせなかった。

人事における小泉イズム

　この事件で、今日にも逮捕か、というぐらい叩かれた吉武民樹《よしたけたみき》課長に、小泉は一番厳しい処遇をしている。事務次官候補の一人であった保険局長の羽毛田信吾も、処分した。普通は、このような処分をおこなえば、決して次官になれない。

が、小泉は、羽毛田を官邸の人事検討会議にかけた。驚いたのは、橋本龍太郎首相と古川貞二郎官房副長官であった。

「処分した人間を次官にするとは、小泉も、血迷ったか」

　本当は、同期の山口剛彦が事務次官候補であった。が、羽毛田を出せば、官邸はどう動くかということを推理して、これは駄目だとわかっていてあえて出した。すると、官邸は「山口だ」というのと「羽毛田だ」という意見に割れた。

　結局、事務次官を山口が一年つとめ、その後、羽毛田が一年つとめた。羽毛田は、現在、宮内庁長官をつとめている。もし、岡光事件で処分したままであれば、宮内庁長官にはなれなかったであろう。

いっぽう、吉武は、一番きつい懲戒《ちょうかい》処分にした。一回休み、その後、懲戒処分になると人事録に載る。そうなると出世できない。ところが、処分したときの年次は、わざと人事をストップした。ストップしても、人事はあったことになっている。退職者とか、玉突き人事の一部だけだ。その次のとき、吉武を同期のなかで第一号の官房課長にした。次に、中二階の審議官にさせるときも、同期十名ぐらいのなかで吉武を第一号の審議官、さらに、第一号の局長にもなった。

小山や岡光と十三回も海外旅行に行ったノンキャリア組の女性も、二回もガサ入れを受けた。が、彼女は省内で一番の情報通であった。歴代の次官クラスも、彼女に「あの人は、駄目」と言われてしまうと潰れてしまうこともある。それゆえ、みんな彼女を大事にしていた。岡光事件のとき、彼女も、懲戒処分にした。が、その後、ノンキャリア組のなかで彼女を一番早く係長にした。

このような人事こそが小泉イズムである。役所にとってギブアップしてしまうことがあった場合、小泉は、事務次官には任せず、すべて自分で引き取った。岡光事件のとき、テレビのワイドショーが叩いたのは、すべて小泉であった。が、それでも乗り切った。

平成八年十二月二十七日午後三時、小泉厚生大臣は、約千人の職員を中央合同庁舎二階の講堂に集め、綱紀粛正と国民の信頼回復を訴える訓示をおこなった。仕事納めの訓示は、過去に例のないことであった。

小泉大臣は、厳しい表情で訴えた。

「省始まって以来の危機的状況の中、予算編成や介護保険法案の国会提出など、良く頑張ってくれた。不祥事を起こしてからの立て直しは、多大の時間と努力が必要だ。身を正し、再発防止を図って欲しい」

これに先立ち、厚生省は、綱紀粛正策として新たな職員倫理規程を発表した。十二月十九日に出された政府の綱紀粛正策を下敷きに、他省庁が打ち出している規程とほぼ同じ内容であったが、特養ホーム汚職で贈賄業者との私的研究会が問題になっただけに、「特定関係業者の私的に主宰する研究会への参加禁止」などの独自規定が盛り込まれた。

飯島は思う。

〈わたしの人生のドラマのなかでは、ある意味では、小泉政権時代よりも、岡光事件のほうが大変だった〉

このように、岡光厚生事務次官の収賄事件への対応とは、飯島と若手官僚たちが独自に連携機能した危機管理対応だったといえる。見方によっては、のちの小泉内閣の「チーム小泉」の原型といえるかもしれない。

香取としても、本来頼るべき直属の上司である和田勝審議官と、厚生省のトップである岡光序治事務次官のふたりが逮捕されるという異常事態だった。頼りになるのは官僚のトップではなく、政治のトップである小泉厚相と飯島勲であり、その二人に帯同して難局を乗り越えたわけである。

岡光事件を通じて香取は、飯島が緻密な男だと理解できた。それは、「勘」ではなく、「情報」をもとに判断する緻密さだった。なおかつ、飯島は小泉に対する忠誠心が非常に篤《あつ》い男だった。香取は、飯島を「ふたごころが無い」と表現する。

歳入増ではなく、歳出減で考える

のちに小泉首相の秘書官として「チーム小泉」の一員となる丹呉泰健は、この当時、大蔵省（現財務省）主計局で社会保障予算担当の主計官だった。主計局には、多くの代議士が訪れた。予算陳情のためである。が、小泉厚生大臣は姿を見せたことが無かった。その替わりに、秘書である飯島が顔を出した。丹呉主計官は、飯島に会うたびに、思うようになった。

〈いろいろ、気配りする人だな〉

毎年六、七月の予算編成シーズンになると、主計局は上を下への大騒ぎになる。そんな丹呉主計官のもとを、飯島が訪問すると「忙しいところ申し訳ない。悪いな」と、一言丹呉を慮《おもんぱか》った。

ただし、言うべきことは、きっちり伝えていた。

「×時までに、この資料が欲しいんです」

その後、丹呉は主計局次長になる。そもそも大蔵族であった小泉厚相が、丹呉に税制について語ったことがある。

「今度の消費税は、そんなに簡単じゃないからな。おれは『ゼロから三％』『三％から五％』のときには、選挙のときにも『これが正しい、必要だ』ということを言ってきたけれど、次はそうじゃない。そんな簡単じゃない」

そのように消費税率を五％以上に引き上げることの難しさを説いていた。大蔵族らしくもあり、らしくもなかった。そのころから小泉は、歳入を増やす議論の前に、歳出カットを前提に税制を考えていた。と同時に、徹底して「歳出改革」「財政投融資改革」「郵政民営化」を懸命に説いていたという。

鯉のぼりの精神

平成八年三月、薬害エイズ訴訟の和解案所見で東京地裁は、「和解とは別に、被害者への鎮魂《ちんこん》・慰霊の措置を含め最大限の配慮を」と要望した。これを根拠に東京と大阪のＨＩＶ（エイズウイルス）訴訟原告団は、二度と薬害を起こさないことを国民に誓う「碑《いしぶみ》」の建立を厚生省に要請した。

平成九年八月、厚生大臣であった小泉は、建立に同意した。が、「職員の自戒のための碑」で「根絶は誓えない」とする厚生省と原告団の隔たりは大きく、交渉は難航した。結局、「薬害根絶」の文字を外し、タイトルを「誓いの碑」とすることで決着し、平成十一年八月二十四日に完工式がおこなわれた。

中央合同庁舎五号館の正面玄関わきの植え込みに建立された「誓いの碑」には、次のような文章が刻まれた。

「命の尊さを心に刻みサリドマイド、スモン、ＨＩＶ感染のような医薬品による悲惨な被害を再び発生させることのないよう医薬品の安全性・有効性の確保に最善の努力を重ねていくことをここに銘記《めいき》する

千数百名もの感染者を出した『薬害エイズ』事件
このような事件の発生を反省しこの碑を建立した
平成十一年八月　厚生省」

厚生省が、こうした碑を建立したのは初めてのことであった。

のち小泉が首相となり、首相官邸の秘書官室に、民主党国会議員で、元薬害エイズ訴訟原告代表の家西悟《いえにしさとる》がやってきた。飯島と家西は、小泉が厚生大臣のときに知り合って以

来、党派を越えて付き合ってきた。

家西は、飯島に言った。

「『誓いの碑』の場所が、良くない」

飯島は言った。

「何が良くないのか！　なぜ、入り口という場所か。それを知らないのは困ります。『誓いの碑』の横に、旗を立てるポールがあるでしょう。そのポールには、五月の節句のとき、元気な子供を集めて、『将来スクスクと育つように』という願いで、その直前の大相撲で優勝した力士に鯉のぼりを立ててもらう。小泉厚生大臣の頃から、全省庁でも鯉のぼりを立てるようにしてもらった。大人になるときの途中過程で、エイズ患者になったわけだから、そういう事を絶対に無くそう、と。鯉のぼりの精神が本当に行政の全体に行きわたるようにということで二度と起きない誓いを横にしたんです。植木で見えないとかどうとか、そんな低次元な話ではない。そういう気持ちを込めて、いろんな意見があったけれど、小泉厚生大臣の最終決定でそこに置いたわけです」

家西は訊いた。

「飯島秘書官、それを全国の団体に披露していいですか？」

「いままで知らなかったとは、知らなかった。家西さん、わたしの気持ちを考えてください。一番そういう団体に、川田《かわた》（悦子《えつこ》）さんと家西さんの思想が一致するかどうかは別にして、一番心して接しているのはわたしのつもりだ。わたしの兄弟が施設にいるからいうわけではないが、そういう人たちに、わたしだからやらなければいけない使命です」

家西は、感激して首相官邸を後にした。

小泉政権の五年五ヵ月間、家西は、何度も秘書官室にやってきた。飯島は、そのたびに党派を越えていろいろとアドバイスした。

永年在職表彰

平成九年十月三十日、衆議院は、本会議で在職二十五年を迎えた八議員への永年在職表彰をおこなった。が、有資格者の小泉厚相は、「行政改革に国民の理解を得るため、国会議員が自ら先鞭《せんべん》をつけるべきだ」として辞退した。

そもそも、小泉、加藤紘一、山崎拓らＹＫＫは、自民党が野党時代の平成六年六月、党改革実行本部に対し、「世代交代促進のため、二十五年表彰を自粛し、国会に廃止を働き掛けるべきだ」と提言し、小泉だけはいち早く辞退を宣言していた。

だが、「先例」の力は強く、その後の議論は進展しないままに終わった。当の加藤も、党内での立場や、「後援会に、どんなことがあっても受けてくれといわれた」ことを理由にトーンダウン。小泉に歩調を合わせることができず、「表彰は受けるが、肖像画は受けない」と自らの対応を後退させた。

この表彰は、国会議員歳費、旅費及び手当法に基づくもので、平成九年度に衆参両院で予算約二億四千万円を計上。①議員在職中は月額三十万円の特別交通費を支給②国会内に飾る肖像画制作費百万円を支出という特典が付く。

肖像画辞退の前例はあるが、表彰自体の辞退は、昭和二十五年の制度発足以来、初めてのことであった。

それからまもなく、厚生大臣秘書官室に竹下登事務所の波多野秘書から電話がかかってきた。波多野は、電話に出た飯島に言った。

「国会で親子三代（又次郎、純也、純一郎）が続けて永年在職表彰を受けるのは、後にも先にも小泉家だけだよ。これは、小泉家にとって最高の栄誉だ。でも、竹下は、『小泉君は、辞退するんじゃないかなぁ』と思っていたんだ。だから、辞退したら贈ろうと考え、半年前、大阪の大蔵省造幣局に小泉家の親子三代の顔を並べた彫金を発注しておいた。これは、竹下からの個人的なお祝いの品だから、マスコミに言う必要はないからね」

小泉は、竹下の気配りに感銘を受けた。

〈竹下先生は、やはりすごい方だ〉

小泉は、すぐさま秀和ＴＢＲビルの竹下事務所に出向き、彫金を受け取ると、さっそく、横須賀市の小泉の自宅に運んだ。

いっぽう、飯島は、小泉が永年在職表彰の辞退を宣言したとき、心配になった。

〈おれの永年在職表彰は、どうなってしまうのだろうか……〉

じつは、国会の永年在職表彰は、議員だけでない。事務局職員や議員公設秘書にも制度がある。議員公設秘書の場合、勤続二十年で、「よく勤めた」と評価される者が対象となる。

秘書の勤続年数は、短い。平均二、三年である。それゆえ、永年在職表彰を受けるものは少ない。飯島とすれば、ぜひとも受けたいと願ってきた。が、表彰を受ける場合、慣例として議員が立ち会う。永年在職表彰を辞退すると宣言した小泉が、はたして立ち会ってくれるかどうか、飯島には心配でならなかった。

飯島は、小泉に確認した。

「すいません、代議士は、本当に永年表彰を受けないんですか？」

「受けないよ。いらないいよ」

「あ、そうですか……」

小泉は、飯島の顔を覗きこんだ。

「なんだ」

「ええ、じつは、わたし、今度、永年在職表彰を受けるのですが……」

飯島の永年在職表彰は、小泉よりも前の平成八年一月に予定されていた。

小泉は、顔をほころばせた。

「それは、いいことだ。おれは、立ちあうからな」

「本当ですか？」

「本当だとも。おめでとう、飯島君」

「ありがとうございます」

小泉は、感慨深そうに言った。

「飯島君も、公設秘書になって、もう二十年も経つのか……」

当日、小泉は、飯島の永年在職表彰に立ちあい、記念撮影にもおさまった。さらに、港区赤坂二丁目の中華料理店「樓外樓《ろうがいろう》飯店」で慰労会まで開いてくれた。

対エリツィン極秘チーム

平成十年二月二十三日午前（日本時間二十三日夕）、モスクワ訪問中の小渕恵三外相は、クレムリンでエリツィン大統領と会談した。

小渕外相は、ロシアとの経済協力の基本計画「橋本・エリツィン・プラン」の一環として世界銀行との協調融資のかたちで、今後二年間で十五億ドルにのぼる日本輸出入銀行のアンタイドローン（日本からの資機材の購入を条件としない融資）を供与する方針を伝え、エリツィン大統領は謝意を表明した。

また、エリツィン大統領が四月十一日から三日間の日程で、静岡県伊東市川奈《いとうしかわな》を訪れ、ノーネクタイ形式で橋本首相と首脳会談をおこなうことも確定した。

ところが、三月十三日、ロシア大統領報道部は、エリツィン大統領が「急性呼吸器疾患」のため、この日の公務をすべて取りやめたと発表した。インターファクス通信によると、エリツィン大統領は、この日、熱はないものの、声がしわがれ、喉頭気管炎《こうとうきかんえん》の症状が激しくなったという。

ただし、大統領報道部は、日本の新聞社に対し、コメントした。

「四月十一日からの訪日、橋本首相との非公式首脳会談は、予定通りおこなわれるはずだ。延期については、いまのところ話題になっていない」

三月二十日、モスクワ郊外の別邸で呼吸器疾患の療養を受けていたエリツィン大統領は、八日ぶりにクレムリンに戻り、本格的な執務を再開した。エリツィン大統領は、チェルノムイルジン首相、プリマコフ外相から電話で内外情勢について報告を受けたほか、大統領府幹部らと二十五日からエカテリンブルクでおこなうシラク仏大統領、コール独首相との三国首脳会談の議題や、橋本首相との非公式首脳会談への準備について話し合った。

その間、飯島は、四、五人の職員を集め、極秘裏に特別チームを編成した。

「もし、エリツィン大統領が来日中に亡くなられたら大変なことになる。どんなことがあっても、生きている状態でロシアに帰っていただくしかない。このチームは、そのために編成した特別の医療チームだ。別に首相官邸から要請があったわけではないが、エリツィン大統領の病状、羽田空港と川奈を往復する途中にある病院など、すべて調べてくれ」

飯島のもとに、特別チームから続々と資料が集まってきた。飯島は、それらの資料に眼を通し、計画書を作成した。おどろくべきことに、エリツィン大統領の血液型は、人種によって差はあるが、たとえば、日本人では約二千人に一人というめずらしい型のRhマイナス、そしてさらに少ないAB型であった。

飯島は、どうやってその血液を確保するかを考えた。

〈血液財団にお願いしよう。ロシア大統領という超VIPの情報だけに、いろいろとばれる可能性もあるが、何であろうとマル秘にしよう。終了したら忘れよう〉

羽田空港と川奈間にある病院も、八ヵ所ほど特定し、それぞれ極秘に交渉し、すべての病院が対応できることになった。

スケジュールも順調に進み、四月十九日、静岡県伊東市川奈において、橋本・エリツィン首脳会談を開催。『平和条約が東京宣言第二項に基づいて四島の帰属の問題を解決することを内容とし、二十一世紀に向けて日露の友好協力に関する原則等を盛り込む』ことで合意した。いわゆる、「川奈合意」である。

エリツィン大統領は、十九日夜（日本時間二十日未明）、大統領専用機でロシアに帰国した。飯島は、胸を撫で下ろした。

〈今回ばかりは、われわれが作った計画書が幻に終わり、本当に良かった……〉

「厚生省」「労働省」改名問題

小泉大臣は、平成十年に入り、大臣官房政策課の木下賢志に厚生省と労働省の新省の名称について指示を出した。

「『労働福祉省』というが、四文字だと多い。簡単な二文字がいいんだ。文部、法務、外務、大蔵、みんな二文字だろ。四文字の役所というのは、要するに戦後つくった経済官庁だけだ。ほんとうは、あれだって商工省というだろう。別のものを考えろ」

のちに小泉内閣の参事官として「チーム小泉」の一員となる木下は、昭和五十八年、一橋大学を卒業し、厚生省に入省していた。

行政改革会議の答申案では「労働福祉省」という名称が決まっていた。木下は考えた。

〈労働の〝労〟という字のもともとの字は〝勞〟。〝火〟という字を二つかぶせている。あまりいい言葉とはいえない。福祉の〝福〟という言葉も、上から恵を与えるイメージが強い。言葉としてあまりいいものではない〉

新省庁の名称変更に熱くなり、行政改革会議の答申案に反対していたのは、大臣のなかで小泉だけといってもよかった。

木下は、自分でいろいろ調べながら、二松学舎《にしょうがくしゃ》大学の教授である漢学者を訪ねてまわった。

「大臣が、労働福祉という言葉は駄目だと言っています。何かいい言葉はありませんか」

漢学者は、「民生省」や、民と生を逆にした「生民省」などさまざまな案を出してきたが、結局は、「厚生」という言葉が一番いいという結論だった。しかし、そのままの厚生省ならば省庁再編にならないという考えもあり、いくつかの案を提案することになる。

「新省の名称ですが、労働福祉はどうしても名称としてふさわしくないため、漢学者などにも相談してきたのですが……」

これまでの説明をしながら、議論が重ねられた。

そうしている間に、小泉大臣を慕《した》っていた一年生議員から省庁再編による名称変更のあり方について疑問を訴える声があがりはじめていた。特に戸井田徹《といだとおる》が中心となり、「若手議員による省名を考える会」という議員連盟を設置するまでになっていた。小泉大臣は、その動きをしっかりと見ていた。その横で、飯島も、若手の声をしっかりと受け止めていた。

そこで、飯島は、若手と小泉大臣との接点をつくった。戸井田に会の活動報告をさせたりしながら、その中で関係する団体を会に参画させ、決起集会を何回かつくるまでにさせていた。

当選一回議員ら四十六人の集会が、平成十年一月十四日、東京・千代田区のホテルニューオータニで開かれた。集会には、小泉厚生大臣、武藤嘉文《むとうかぶん》党行政改革推進本部長らも出席。業界団体の代表ら約二千人が詰め掛けた。「専門家の意見を踏まえ、今回の行政改革の趣旨にふさわしい簡明な名称に改めるよう強く要望する」ことを決議した。

そんななか、小泉は、平成十年一月二十二日、行政改革担当の小里貞利《おざとさだとし》総務庁長官と会談し、「労働福祉省」の名前について、強く要請した。

「二文字で、国民にわかりやすいものに変更するように。名前が変わらない場合は、法案の閣議決定に必要な署名を拒否する」

省名議論の当初、厚生省内では「厚生省でいい」という意見が主流だった。平成十九年の厚生労働事務次官となる辻哲夫も、当時は「厚生省」論者だった。省名案のなかには、「民生省」「社会省」「労働福祉省」「社会省」などもあった。いっぽう、厚生省と合併する労働省側は、「労働」という文字をなんとしても新しい省名に残したかった。いまにして思えば、小さな省益にこだわっているように見えるが、当時は労働省は必死だった。

飯島は、厚生省各局の香取照幸くらいの若手課長クラスを集めて、新たに指示を出した。

「それぞれ自分のところの所管団体に、情報提供しろ。今こんなことになっているぞと。

かならずみんな動き出すはずだ」

新しい省名を決めるにあたって、所管団体がみずからの役割に照らして「わけのわからない名前にならないようにしてくれ」とそれぞれ狼煙《のろし》を上げるように焚《た》きつけたのだ。

香取は、このような経験から団体の動かし方や、国会議員との付き合い方を学んだ。いわば、政治潮流のつくり方を体感できたわけだ。体感した結果、香取には大きな自信になる。たかが厚生省、されど厚生省。たかが若手官僚、されど若手官僚。「やろう」と思ったら、これだけ世の中を動かすことができる。省名決定や省庁再編は、あくまでも政治主導だ。官僚が表立って立ち回るわけにはいかない。それでもなお、香取たちは、厚生省の次官や局長にも相談しなかった。ひそかに若手官僚だけで裏で動いた。それは一見、無謀である。が、そこには飯島の後ろ盾があった。

飯島は、香取たちにこう言い切っていた。

「何かあったら、おれが責任を取るからいい。おれがやらせたと言えば、それでいい。それは、次官も官房長も小泉も知らない」

そのような若手官僚と飯島との連係プレーという実験も、結果的にのちの「チーム小泉」の機動力を彷彿《ほうふつ》とさせる。小泉が大方針を提示して、それを飯島と若手官僚が具体的に動かすという行動様式だ。もちろん、当時の飯島も、将来小泉が首相になることを想定して動いていたわけではないだろうが……。

それを受けて香取たち若手官僚は、日本医師会などの厚生関係団体を回った。その結果、たとえば、医師会関係者たちは「医療」を省名に盛り込むように求める動きを見せた。小泉の意向は香取を通じて、厚生省のみならず大蔵省や文部省にもおよんだ。

そのころ香取は、組織再編準備室という厚生省の対行革窓口担当をしていた。小泉の意をくんでいた香取は、おなじように対行革窓口を担当する大蔵省担当と文部省担当に話をした。

「今度、厚生関係団体で省名についての集会をやる。あなたたちも話に乗るか」

すると、ふたりとも快諾した。

砂防会館別館に増築したスペースであるシェーンバッハ・サボーで千人を集めての大集会を開いた。いろんな所管団体が集まった。団体にはあらかじめ、そこの関係議員を登壇させるように求めていた。それは、各団体が持つ政治力を測る指標になった。

たとえば、戦没者遺族会は、国会議員の古賀《こが》誠《まこと》を出して来る。大物政治家を登壇させられる戦没者遺族会はやはり政治力があることがわかった。また、同時に、各団体は、来場した国会議員から署名を集めた。そのような具体的な指示は、飯島から発せられていた。

平成十三年一月六日、中央省庁等改革基本法に基づいて、中央省庁の再編統合に伴う名称変更がなされた。結局、厚生省と労働省を統合した省庁の名前は「厚生労働省」となった。

小泉大臣が強く求めた二文字の夢は、途絶えてしまった。木下は、小泉のそばにいただけに、小泉を思いやった。

〈小泉厚生大臣も、〝なんだ……〟とがっかりだろうな〉

有識者が集まって出した結論には、厚生大臣としても駄目だとは言えなかった。木下も、新名称は二文字になって欲しかった。経済産業省にしても「経済省」にしたかったが、財務省との関係がある。また、産業というキーワードはかぶらざるをえない事情があった。新省庁の名称には、それぞれみんなが苦労した。それでもなお、香取には充実感が残った。

ノンキャリア組への目配り

中央省庁のノンキャリア組の人事は、大臣であろうが、事務次官であろうが、官房長であろうが、誰も手出しできない。各省庁のノンキャリア組の親分が、すべて人事をおこなう。

それゆえ、たとえば、ノンキャリア組の若い女性職員も、眼の前に大臣や事務次官がやって来ても知らん顔をしていられる。自分たちの「線引き」のできない彼らに、ゴマをする必要がない。いっぽう、ノンキャリア組の親分がやってきたら、直立不動で迎える。

大臣や事務次官も、ノンキャリア組に影響力を持つ親分を無視できない。かつて、厚生省のノンキャリア組の親分であった芝山の親が亡くなったときのことである。秩父《ちちぶ》市の実家で営まれたお通夜には、厚生省のＯＢや事務次官をはじめ多くのキャリア組が焼香《しょうこう》に訪れた。

最寄り駅の西武秩父駅に向かう西武池袋線の特急電車「レッドアロー号」の全車両ばかりか、その夜、秩父駅前の居酒屋や喫茶店も、すべて黒服で埋まったと言われている。

政治家や秘書は、キャリア官僚ばかりに眼が向く。が、飯島は、ノンキャリア組も大事にし、各省庁のノンキャリア組の親分とも親しくしている。

さらに、飯島は、国会の守衛や運転手も大事にする。じつは、福田赳夫内閣のころから慰安旅行などの接待をしてきた。そのころは、まだ若手であった巡視も、いまは巡視長などをつとめている。いまでも、飯島の顔を見ると、深々とお辞儀をしてくれる。

飯島は、厚生大臣秘書官時代、役人にずいぶん厳しいことを指示した。が、平成十年七月に秘書官を退任するとき、キャリア組、ノンキャリア組の四百人近くが新霞ヶ関ビルのホールで慰労会を開いてくれた。

小泉政権時代、飯島が予算案の相談などで厚生労働省に顔を出せば、旧厚生官僚が百名以上、すぐに集まってきた。国会議員顔負けの人気ぶりだ。いまや旧厚生族議員のリーダ一格となった木村義雄《きむらよしお》や長勢甚遠《ながせじんえん》ら代議士も、飯島には一目置いているようである。

「心に墨を入れた」総裁戦二度目の敗北

小泉は、平成十年七月の自民党総裁選に二度目の立候補をした。なお、このときの小泉の公約づくりは、厚生省の香取照幸も手伝っている。

小泉は、超派閥の多くの議員から支持された。飯島は、このときは手応えを感じた。

〈今回は、間違いなく勝つ〉

飯島は、親しい大蔵官僚のもとに出向き、小泉が総裁になったあとのことについていろいろと相談に乗ってもらったほどである。

ところが、投票日一週間前、雲行きが怪しくなった。三塚派の同志である亀井静香らが謀反《むほん》を起こし、なんと小渕派を離脱して立候補した対立候補の梶山静六《かじやませいろく》を支援していたのである。

飯島は、さすがに思った。

〈ああ、これは駄目だ……〉

なお、YKKの仲間の加藤紘一と山崎拓は、小泉を支援せず、小渕恵三を支援していた。YKKは「友情と打算の二重構造」といわれているが、まさにこのときのふたりは打算そのものであった。

投票日の平成十年七月二十四日午後二時、自民党本部八階の大ホール。両院議員総会で総裁選の投票がおこなわれた。

午後三時十二分、谷川和穂《たにがわかずお》選挙管理委員長が候補者の受けつけ順に投票結果を読み上げた。

「梶山静六君、百二票」

大ホールが、どっと沸いた。戦前の予想では、竹下派を離脱して立った梶山は、三人のうちもっとも厳しいとされていた。それにもかかわらず、三桁《けた》の百票を超えたのである。

谷川選挙管理委員長はつづけた。

「小泉純一郎君、八十四票」

なんと小泉は、梶山に二十票近くも差をつけられていた。その瞬間、大ホールは静まり返った。あまりの少なさに拍手も起こらない。百票を大きく下回り、三塚派の基礎票八十七票にも届いていないのだ。

小泉は、敗北直後、親しい議員にきっぱりといった。

「おれは、心に墨を入れたよ」

祖父又次郎は、全身に刺青を彫り込んだが、純一郎は、この敗北を機に、心に刺青をしたという。小泉は心の底で何を誓ったのか……。

投開票の結果、二百二十五票を獲得した小渕恵三が勝利し、小泉は敗れた。小泉が当選すると信じていた飯島は、恥ずかしくなり、大蔵省には、一年以上も足を運ばなかった。

二章　小泉内閣の船出

一　靖国神社公式参拝を明言

最初の試練、ハンセン病国家賠償訴訟

平成十三年四月二十四日、三度目の挑戦で総理大臣となった小泉は、「チーム小泉」を確立し、官邸主導を強めていくことになる。

五月十一日、熊本地裁でハンセン病国家賠償訴訟の判決が言いわたされた。国の責任を認め原告勝訴の判決を言い渡した。患者を不当に隔離してきた国の責任を認めたものだった。

ハンセン病国家賠償請求訴訟の原告団と支援者ら約三百人が、首相官邸前で抗議集会を開いた。原告の代表六人と弁護団が、小泉首相との直接面談をハンドマイクで要請した。

「門を開けろ！」

「この門は、隔離《かくり》の門か！」

彼らは、一時間ほど座り込みを続けた。

小泉首相は、そのとき、国会に出ていた。そのまま膠着《こうちゃく》状態が続くと、国会から官邸に帰ってくる首相専用車が官邸に入れない。

それに、小泉は、人に言われて動くような人物ではない。それなのに、原告団が官邸に来て控訴しなかった場合、どうなるか。マスコミは、こう報じるにちがいない。

「圧力で、控訴を断念した」

これは、後世に悪しき前例を残すことになるだろう。飯島は、それだけは避けたかった。

このとき、もし、小泉が控訴する可能性のほうが高いと読んでいれば、原告団を丁重に迎え入れ、お茶でも、コーヒーでも、紅茶でも、相手が望む飲み物をふるまったであろう。が、控訴しないかもしれないと肌で感じたので、飯島は、あえて「生意気な秘書官」という悪役を買って出たのである。どんなに罵倒《ばとう》されようが、それができるのは、自分しかいないと自負していた。

飯島は、たとえ何百人が官邸に押しかけてきても、小泉首相に会わせるべきではないと考えていた。

〈患者の苦しみは、痛いほど理解できる。しかし、大動員をかけられたからといって会っ

てしまえば、それが先例として残ってしまう〉

むろん、飯島自身も、政務秘書官としてだれにも会うつもりはなかった。ましてや、小泉首相は、参議院予算委員会に出席している。

〈官邸の主が不在のなか、強引に会わせろというパフォーマンスはいかがなものか〉

また、同じ患者、元患者は、法廷闘争を選択している。それなのに、行政の長である総理大臣に控訴を断念するよう迫るのは、筋が通らないとおもっていた。

それに、五月十一日に熊本地裁が判決を下した原告全面勝訴の内容を見ると、大まかな判決で具体的な各論がない。それゆえ、国が控訴すればかならず勝つ。それがわかっているので、控訴するなという陳情である。

控訴したうえでも、取り下げという手続きがある。もし控訴したことが誤りとおもえば、一二日ずれても、何十年という時間からみればおかしくはない。

同時に、原告六人と弁護団がハンドマイクで小泉との面談を要請してきた。が、ただ会わせろ、取り下げろというだけではなく、そのひとつの選択肢として、会っても会わなくても、裁判に勝っても負けても、これだけは政府としてやってほしいという要望事項をつくり、持ってくる人がいてもおかしくない。小泉首相は、いろいろな可能性の範囲、手当てなどで悩んでいた。そこへ、集団で面談を要請してきたのである。飯島にとって、断じて受け入れることはできなかった。

飯島は、午後四時十五分、上野公成《うえのこうせい》官房副長官とともに官邸の正門前で応対した。

飯島は、面談を拒んだ。

「みなさんの気持ちは十分わかるが、控訴するかどうか検討中で、首相に会わせるわけにはいかない。集団の力で控訴しないように迫ることを、受け入れることができない」

上野も言った。

「気持ちは、よくわかる。しかし、今日は無理です。六人くらいの原告団なら、後日、会わせる方向でお伝えします」

彼らは、ようやく引き上げていった。

その直後、元東京ＨＩＶ訴訟原告の川田龍平《かわたりゅうへい》、その母親川田悦子代議士から秘書官室に電話がかかってきた。

「会って、話をさせてください」

小泉が橋本内閣の厚生大臣であったとき、「薬害エイズの過ちは二度と起こさないようにしよう」という「誓いの碑」を建てることを決めた。飯島は、そのとき、川田親子を間接的に知ったのであった。

飯島は言った。

「総理秘書官として、小泉首相に会わせるわけにはいきません。しかし、今回は特別にわたしが官邸の第一応接室で五分だけお会いしましょう」

飯島は、午後六時、川田親子と話し合った。

飯島は、秘書官としての立場、内閣総理大臣という職務、裁判の事案の内容、法務省としての立場、厚生省に対する対応について話した。さらに、ハンセン病の治療をおこなってきたモンタリー療養所について触れた。

「公務員というのは、法律の範囲内でしかできないわけですよ。今回、裁判では法律の不備を指摘した。ところが、公務員で、法律が不備だということで仕事をしている人は一人もいない。これはハンセン病にかぎらず、国家公務員の仕事は皆そうだ。それが、いまになって法律の不備を地裁で指摘されても、携わった公務員の人たちも、悪いことをしているつもりはなく、そういうところに人事で配置されただけで、そういう道を選んだとしても、けしからんとおもわれたら困る。それ以上の手を差しのべなければいけない。小泉は、厚生大臣のとき、即座に誓いの碑を建てることを決定した。みんなの心が同じなら、すぐに建てることができたのに、一年以上にわたって原告団の中で厚生省の玄関に建てる碑の文言がどうのこうのともめたため、次の厚生大臣のときにようやく決まり、建てた。あのときは、わたしも本当に情けなかった」

飯島は、しんみりした口調でつづけた。

「じつは、わたしも、長野県の貧乏人の家に育ち、政治の光が届かないような状況の中で生活を送ってきました。四人兄弟で、わたし以外の三人が知的障害同然、しかも、わたしの姉は重度の障害者なのに、施設にも入れてくれなかった。そういう境遇で生きてきた、性格もなにもかも違うわたしを、小泉純一郎は秘書にしてくれた。小泉は普通の政治家です」

川田代議士は、泣きながら訴えた。

「控訴しないでください」

「控訴しないいんじゃなくて、どのくらいのことを手厚くやるかというのが政治じゃないんですか。それなら、これだけはしてほしいという要望書をつくって持ってきても、議員としておかしくないんじゃないですか」

約束の五分が、一時間になっていた。飯島は言った。

「川田さんと、こうして一時間会ったことを、総理には伝えます」

飯島は、小泉首相が五時五十八分に官邸に戻ると、自分が原告団ともみ合いになったことと、川田親子と会った話を小泉に伝えた。

官邸の前で飯島と上野官房副長官が原告団ともみ合った様子は、その夜、テレビで放送された。飯島秘書官など官邸側の態度に非難が集まった。が、飯島は悪役になろうと、心に言い聞かせていた。

〈これで、いいんだ……〉

岡田秀一秘書官は、体を張って小泉を守る飯島の姿に打たれた。しかし、マスコミは飯島の態度を批判した。仮にその時に、突進してくる原告団に小泉首相が面会し、その後「控訴せず」となれば、小泉が外圧に折れたことになる。それは、船出直後の小泉政権の出鼻を挫《くじ》く、弱腰のイメージになりかねない。飯島は、それだけは絶対に避けたかったのである。

「控訴せず」は天が決めてくれた

翌二十二日午後、原告団の代表が首相官邸を訪れた。上野官房副長官と面談し、あらためて小泉首相との面会を求めた。

面談後、上野副長官が、秘書官室にやってくると、飯島に伝えた。

「総理に、面会を求めている」

参議院予算委員会では、小泉首相は原告団と会うべきだ、という声が多かった。集団デモもなく、官邸のまわりは静かになっている。

飯島は決断した。

「わかりました。会わせます」

その際、一言つけ加えた。

「ただし、原告団の六名だけというわけにはいきません。全国には、四千二百人近い患者や元患者がいます。提訴していない二、三人の方もいっしょでないと会わせるわけにはいきません」

「それでは、三名くわえて九名にしよう」

「喫煙室で会います。車椅子で来られる方は上げ下げが大変でしょうけども、喫煙室の大きな部屋で会いましょう」

喫煙室は、各国の大統領や元首が訪れたときに使う部屋である。

飯島は、さらにつづけた。

「事務方でも、秘書官でもなく、上野副長官が九名の方を招き入れるかたちでセッティングをしてください。そして、そこに小泉がやってきて話を聞くというかたちにしてください。所要時間は、十分です。前々からの約束で日程がすべて埋まっています。財界人であろうと、大臣だろうと、だいたい五分くらいしか会えません。十分以上会う人は、めったにいない。それは、理解していただきたい」

「十分でいい。よろしく」

飯島は思った。

〈総理は、情にもろい。しかし、情だけで決断してほしくはない〉

五月二十二日朝の八時四十七分、古川貞二郎官房副長官は、小泉首相に意見を述べた。

「熊本地裁の判決は、国会議員の不作為に法的責任を広く認めている。判決が確定すれば、国会議員の活動を過度に制限することになる。これは立法政策との関係がありますから、立法府を非難する判決ですから、これをそのまま受け入れることはできないのです」

その時、小泉は、ふだんは見せない苦渋《くじゅう》の表情を浮かべてこう言った。

「ハンセン訴訟を控訴する理由を、国民にわかりやすく説明できるのか。そこを良く考えておいてくれ」

つまり、その段階では小泉首相も「控訴せず」とまでは明言しなかった。

その後、福田康夫《ふくだやすお》官房長官、古川貞二郎官房副長官、丹呉泰健事務秘書官、香取参事官、そして法務省担当と厚生省担当が、深夜十一時ごろまで侃々諤々《かんかんがくがく》の議論を重ねた。結論は、やはり「控訴すべし」だった。その「控訴すべし」の一線は、法務省が頑として譲らなかったのだ。それを受けて、古川官房副長官は、香取にこう命じた。

「控訴する前提で、とにかく救済措置は考えろ。その場合は、訴えていない原告をふくめて全員救済できる案を考えろ」

香取は、その古川官房副長官の方針に従って、ハンセン病患者救済案を練った。

翌二十三日の朝日新聞の朝刊では、「国が元患者たち五千人に特別年金を支給するという救済政策をまとめた」と報じた。その記事には「控訴を正式発表」との見込みが併記されていた。

その日の午前七時過ぎ、香取のもとに古川官房副長官から連絡があった。

「昨夜、総理から『控訴をしない、その前提で考えろ』との指示があった。その前提で、これから作業をしてくれ。期限は夕方の五時だから。五時までの間にとにかく準備しろ。ただし、『控訴しない』ということは最後までオープンにしないように」

そこから十時間ほどの間に、香取はさまざまな準備に忙殺《ぼうさつ》されることになる。「控訴する」前提で、救済案を練っていた香取に新たな任務が加わった。

いっぽう、五月二十三日、飯島は、小泉首相に原告団らとのやりとりを伝えた。小泉首相はいった。

「会うから、すぐ呼んでくれ」

しかし、日程は立て込んでいる。なんとかやりくりし、ようやく午後四時に設定した。

午後四時三分、小泉首相は、執務室を出て喫煙室に向かった。喫煙室に入るやいなや、ハンセン病国家賠償請求訴訟原告団代表の曽我野一美ら一人ひとりとがっちり握手を交わした。

ハンセン病原告団の弁護士は、薬害HIV訴訟の時と同じ安原幸彦《やすはらゆきひこ》弁護士だった。また原告団には、薬害HIV被害者である川田龍平の母親川田悦子衆議院議員も駆けつけていた。

元患者たちは、小泉首相に訴えた。

「いろいろな国の立場というものもあろうが、われわれがほんとうに暗闇のなかにいたのに、光が見えてきたということなので、ぜひこの光を応援してほしい」

「いま、うかがったことを受け止めて、ほんとうに適切に判断したい」

上野官房副長官の同席のもとでおこなわれた面談は、十分間の予定時間を大幅にオーバーし、約四十五分間にもおよんだ。その後の日程が、大幅に狂ってしまった。

執務室にもどった小泉首相は、いよいよ決断の時を迎えた。

じつは、香取は三つ目の仕事もしていた。首相談話づくりである。談話には、閣議了解がいるので、談話を見せるために法制局にも行かなければいけない。古川官房副長官は、首相談話への気概を香取に伝えていた。

「歴史に残るものだから、歴史的なものにしよう」

そして香取は、首相談話案を古川貞二郎官房副長官に見せたあとに、小泉首相本人に見せることにした。文案を見た小泉はいった。

「よくできている」

そして小泉は、香取にこう命じた。

「ちょっと、読んでみろ」

小泉は香取に音読させたのである。小泉は黙って聴いていた。そして、一ヵ所だけ修正をした。耳で聞いて、すっと馴染《なじ》む文章にした。

午後五時頃、福田官房長官から、坂口力《さかぐちつとむ》厚生労働大臣、森山眞弓《もりやままゆみ》法務大臣に連絡が入った。

「両大臣とともに、総理に会いたい」

午後五時二十六分、坂口厚生労働大臣、森山法務大臣、福田官房長官、安倍晋三《あべしんぞう》、古川両官房副長官が執務室に入った。

飯島らは、ただちに与党の責任者に連絡を入れた。

「大至急、官邸にお越しください」

責任者は、みな意表を衝《つ》かれるかたちで次々と官邸に駆けつけた。彼らはみな、控訴するものだと思っていたにちがいない。

午後五時五十三分、自民党の山崎拓、公明党の冬柴鐵三《ふゆしばてつぞう》、保守党の野田毅《のだたけし》の各党の幹事長、それに、自民党の麻生太郎政調会長が顔をそろえた。その時まで、誰ひとりとして小泉の方針を知らなかった。

そして小泉は、彼らを前にしてこう宣言するのである。

「おれは、控訴しない」

三秒くらい、みんな絶句した。

冬柴幹事長が、静寂を破った。

「よかった！　総理、ご明断です。ほんとうによかった」

冬柴は、顔がくしゃくしゃになっていた。

午後六時九分、小泉首相は、執務室を出て大ホール前でインタビューに応じた。

「極めて異例な判断だが、政府声明を出して控訴をおこなわないことに決めた」

首相談話は、次のようなものだった。

「去る五月十一日の熊本地方裁判所におけるハンセン病国家賠償請求訴訟について、私は、ハンセン病対策の歴史と、患者・元患者の皆さんが強《し》いられてきた幾多の苦痛と苦難に思いを致し、極めて異例の判断ではありますが、あえて控訴を行わない旨の決定をいたしました。

今回の判断に当たって、私は、首相として、また現代に生きる一人の人間として、長い歴史の中で患者・元患者の皆さんが経験してきた様々な苦しみにどのようにこたえていくことができるのか、名誉回復をどのようにして実現できるのか、真剣に考えてまいりました。

わが国においてかつてとられたハンセン病患者に対する施設入所政策が、多くの患者の人権に対する大きな制限、制約となったこと、また、一般社会において極めて厳しい偏見、差別が存在してきた事実を深刻に受け止め、患者・元患者が強いられてきた苦痛と苦難に対し、政府として深く反省し、率直《そっちょく》におわびを申し上げるとともに、多くの苦しみと無念の中で亡くなられた方々に哀悼《あいとう》の念をささげるものです」

新聞各紙は、この日の夕刊でいっせいに「ハンセン病訴訟　今夜控訴を決定」と大きく見出しを打っていた。

だが、小泉首相は、それとはまったく逆の決断をしたのである。

急転の判断は「英断」と賞賛された。

小泉は、控訴断念について、五月二十五日、自民党の一回生議員との懇談会でいった。

「天が決めてくれた気がする。支持率を上げようとか、演出とか、そういうことはまったくない」

青木幹雄と小泉の強い絆

総理総裁は、いわゆる人寄せパンダとして派閥や自民党都道府県連のパーティーや会合に招かれることが多い。歴代の総理総裁は、忙しい日程の合間を縫って駆けつけた。しかし、小泉は、その手のパーティーや会合にはいっさい出席しなかった。それは、参議院のドンである青木幹雄の配慮であった。

首相に就任した直後、自民党本部四階の総裁室に執行部が顔をそろえた。そのとき、参議院自民党幹事長であった青木が、みんなに聞こえるように飯島に言った。

「秘書官、総理総裁たるもの、一政治家の励ます会などの発起人になる必要はないし、出席する必要もない。また、無理して地方選挙の応援に行かなくてもいいからね」

そして、山崎拓幹事長をはじめ党幹部に向かって問いかけた。

「それで、いかがでございましょうか？」

参議院自民党の首領である青木の意向に逆らえる人間は誰もいない。これが、小泉首相の方針となった。それゆえ、統一地方選挙も、国政選挙並みのところは自民党総裁として応援演説に出向いたが、それ以外は、活動しなかった。仮に小泉の出身派閥である森派の議員から頼まれても、飯島は断った。

「青木幹事長の発議で、執行部のみなさんが了承しましたから」

そう言うと、みんな黙ってしまった。

飯島は思った。

〈青木先生は、影の親玉だな〉

小泉政権時代、経世会から平成研になっていた橋本派の大幹部で参議院自民党の首領である青木幹雄は、橋本派と戦っていた小泉とは一番遠い存在のように思われた。が、飯島からすれば、青木には、いつも小泉のすぐ横に座っていると思えるほど以心伝心で支援してもらった。

青木は、かつて竹下登の秘書をつとめ、竹下の側近中の側近であった。が、小泉と青木の関係は、竹下の流れからきたものではなく、政治家青木幹雄との関係として築かれたものであった。政界は、魑魅魍魎《ちみもうりょう》の世界だ。が、小泉と青木の間には、男対男の見えない触れ合いがあるように飯島には感じられた。

森元首相によると、小泉が参議院自民党の実力者の青木幹雄と親しくなったのは、森が首相に就任し、小泉を派閥の会長に据えたとき、「青木さんと定期的に食事をするように」とアドバイスを送ったからだという。

が、実際は、森内閣が発足する以前からひんぱんに会っていたという。それも、今回、小泉が奢《おご》れば、次回は、青木が奢るというかたちで交互に奢りあってきた。小泉も、青木も、ひどく口が堅い。内緒で会っていることは、だれにも言わなかった。それゆえ、森首相がマスコミに洩らすまでは、二人の関係はだれも知らなかった。

じつは、小泉は、平成研を攻めるのに、衆議院のドン野中広務と参議院のドンの青木の二人のドンを相手にしなかった。参議院の青木は、敵にまわさなかったのである。小泉は戦略家であった。


八月十五日、靖国参拝……

平成十三年七月二十九日、小泉首相は、参議院選挙を乗り切った。自民党は、改選議席数六十一に対して、六十四議席を獲得した。民主も、改選議席数二十二に対し、二十六議席と伸ばした。

小泉首相は、平成十三年四月の自民党総裁選のとき、八月十五日の靖国《やすくに》神社公式参拝を口にしていた。首相に就任してからも、その姿勢は変わらなかった。

それに対して、野党はおろか、与党内部にも反対の声が巻き起こった。マスコミも、その賛否を論じた。中国や韓国への配慮から、参拝を「十五日」ではなく、「十六日」「十七日」と、後ろに日程をずらすのではないかとの憶測も出ていた。

八月十日の金曜日、飯島は、警察庁から来ている小野次郎秘書官とそろって、小泉首相の気持ちを確かめに行った。参拝が、十五日であるならば、本番は翌週である。金曜日の段階で、最終的な手配の確認をしておかなければならなかった。公式発表の文章を詰めることや、神社にはいくら包み、花をどうするか。どの入り口に車をつけ、どこから上がって、マスコミをどこに待たせておくか。参拝後の記者会見はどうするか。すべてのチェック項目を、飯島と小野は、小泉首相に再確認した。

「間違いないですね？」

「間違いない」

そして、その「間違いない」には、「八月十五日で間違いない」もふくまれていた。

飯島は、お盆の前に秘書官を招集し、さらに、受付、マスコミ対応、小泉首相の鞄《かばん》持ちなどの担当を決めた。鞄持ちは、警察庁から出向してきた小野秘書官となった。

首相談話も用意した。小泉首相が原稿用紙四枚ほどにまとめた自分の思いを、小野秘書官がワープロで打った。ぶら下がり取材の際、記者に配布するため大量にコピーし、飯島と小野の二人が保管した。

「当日になって、オープンにしよう」

その日の夕方、小野は、小泉首相から三万円預かった。靖国神社への「献花代」だった。

小野は訊いた。

「プライベート・マネーですね？」

「当たり前だ」

靖国神社の花代は、「供花料」もしくは「玉串料《たまぐし》」と呼ばれてきた。

小泉が、昭和六十三年十二月の竹下改造内閣で厚生大臣として初入閣したとき、飯島は、考えた。

〈厚生大臣は、千鳥ヶ淵《ちどりがふち》戦没者墓苑でおこなわれる無名戦没者の霊を慰める拝礼式、日本武道館でおこなわれる戦没者慰霊祭の主催担当大臣だ。国務大臣小泉純一郎として、限りなく公式参拝に近い状態で靖国神社を参拝するには、どうするべきか。やり方によっては、意に反して法廷闘争になる場合もある〉

飯島は、いろいろな人に、そのやり方について相談した。すると、小泉の地元である神奈川県逗子市出身の知り合いの牧師が四谷《よつや》の教会にいて、飯島に言った。

「クリスチャンは、基本的に献花です」

飯島は膝を打った。

〈なるほど、これだ！〉

飯島は、「献花代」とすることにした。靖国神社は、いずれの場合も祭壇の棚の上にある白磁の壺に榊《さかき》を挿《さ》す。飯島は、靖国神社の花田《はなだ》権総務課長にあるお願いをした。

「祭壇の棚の上でなく、畳の所に大きな花瓶を左右に二つ置いていただき、大きな花瓶に榊ではなく花を飾り、『厚生大臣小泉純一郎』の名で献花したいのですが」

花田総務課長は、理解してくれた。

超党派の議員連盟「みんなで靖国神社に参拝する国会議員の会」は、毎年、八月十五日に靖国神社を参拝している。小泉は、この会には参加していないが、年に二、三回は、個人的にその方式で靖国神社を参拝しつづけてきた。

さて、十日の夜、山崎拓自民党幹事長、冬柴鐵三公明党幹事長、二階俊博《にかいとしひろ》保守党幹事長がそろって首相公邸を訪れ、小泉に近隣諸国に配慮して慎重な対応をとるように求めたという。

いっぽう、飯島は、神社側に指示した。

「総理の参拝する時間が決定してから連絡しますから、そのときに花を供えてください」

飯島は、すべての準備を整え、小野に言った。

「それでは、八月十五日の早朝、お会いしましょう」

飯島は、地元の長野県辰野町にもどった。

ところが、突然、飯島に内閣記者会の複数の記者から、総理公邸での異変の連絡が入ってきた。刻々と入る内容は、次のようなものであった。

八月十一日の午後六時三十二分、ＹＫＫの仲間である山崎拓幹事長と加藤紘一が首相公邸を訪れた。様々なケースで想定されるプラスマイナスをあげながら、十五日参拝を避けるよう進言した。

八月十二日、山崎幹事長、福田官房長官らが首相公邸で小泉首相に十五日の参拝を自重するよう働きかけた。山崎幹事長などは、この夜、首相公邸に裏からひそかに入り、小泉首相を懸命に説得した。

「なんとか、八月はやめてくれ。十月以降、秋の大祭まで行くべきではない」

小泉首相は、突っぱねた。

「それは、駄目だ」

結局、この日の説得は失敗に終わったという。

山崎らは、「十月以降は駄目だ」と諦めたのであろう。となると、選択肢は、日にちの前倒ししかない。

八月十三日の早朝、山崎らは、ふたたび説得をはじめた。その間、古川官房副長官や外務省アジア局長などが、官房長官室と首相公邸を慌ただしく行ったり来たりした。

そのころ、長野県辰野町にいた飯島のもとに経済産業省から出向している岡田秀一秘書官から電話が入った。岡田は、この日の首相官邸の当番であった。

「どうも、雰囲気がおかしい。相当、焦げ臭《こ》くなっています」

飯島は、内閣記者会だけでなく、当番秘書官の岡田からの電話に、瞬間的に思った。

〈これは、やばいぞ……〉

岡田秘書官は、参拝問題はノータッチだった。あくまでも、飯島と小野だけで動いていた。しかし、それまで小泉首相も公然と「十五日参拝」を明言していたので、岡田の頭にも「十五日、あるいはそれ以降」という認識はあっただろう。十三日はありえなかった。

飯島は、すぐさま友人の唐沢利幸に電話を入れた。

「東京に急用ができた。悪いが、いまから東京まで送ってくれないか」

唐沢は、ただ事ではない雰囲気を感じ取ったのであろう。白のワゴン車を借り、着の身着のままで飯島の家に駆けつけた。上着は、流行中の小泉の顔がプリントされた「純ちゃんTシャツ」であった。

「中央高速をすっ飛ばし、首相官邸に向かってくれ」

その車中で、飯島は、父親の生家山梨県に帰省していた小野秘書官に電話を入れ、事情を説明した。

「大至急、官邸に行ってほしい。わたしは、いま中央高速で官邸に向かっている」

結局、ふたりとも車だと間に合わない可能性もあるので、危機管理上、小野は、電車で行くことにした。

秘書官チームを結束させた「悔しさ」

飯島を乗せた車は、首都高速道路で渋滞にはまった。高井戸《たかいど》の手前から永福《えいふく》までノロノロ運転を余儀《よぎ》なくされた。飯島は、さすがに焦った。

〈頼むから、早く動いてくれ……〉

午後一時十九分、山崎幹事長が首相公邸に入り、福田康夫官房長官が加わった。福田官房長官が、小泉首相にこう切り出した。

「ここは中国に配慮して参拝を十六日以降にずらしてはどうかという人もいるが、どうか」

しかし、山崎拓は、これに反対した。

「それでは、中国に屈服したと反発される。小泉政権が保《も》たない」

それまでも中国側が、参拝を十六日以降にずらすよう非公式に求めてきていた。山崎は、福田案では「外圧に屈した」という形になることを恐れた。

三人が二十分ほどやりとりした後、小泉首相は決断した。

「今日、行きます」

小泉が、自民党総裁選の時から標榜していた「八月十五日参拝」をあきらめた瞬間だった。

飯島が官邸に到着したのは、小泉首相がこの日の参拝を決断してから十五分後であった。

飯島は、古川官房副長官ら数人に事情を訊いた。彼らはこう言った。

「未確認ですが、（中国の）唐家璇《とうかせん》外相から福田官房長官に国際電話が入り、『今日、参拝するなら問題にしない』という趣旨だったようです」

飯島は、半信半疑であった。

〈本当だろうか……〉

飯島は、小泉首相に会い、説得を試みた。

「総理、今日の参拝はやめてください。いろいろなひとから話を聞き、わたしなりに分析してみたところ、唐外相と福田官房長官のやりとりは、どうもおかしい。十五日にしてください」

断腸《だんちょう》の思いだったのであろう。小泉首相は、残念そうに言った。

「飯島君、おれはもう、四時に参拝すると言ってしまった。だから、あとは頼むよ」

飯島は観念した。

〈総理がそう決めたのなら、やむをえない〉

飯島は、首相官邸の秘書官室に戻った。三人の事務秘書官も、ほぼ揃っていた。

飯島は、彼らに指示した。

「小野秘書官は、総理の鞄《かばん》持ちをやってください。あとのみなさんは、いまからわたしといっしょに靖国神社に行き、いろいろと手続きをお願いします」

飯島は、小野らより先に靖国神社に向かった。小泉首相は靖国神社でぶら下がり取材をすることにし、飯島は、事前に用意していた小泉首相の談話のペーパーを記者たちに配布した。

すると、飯島に首相官邸の上層部から通達が入った。

「小泉総理の作成した総理談話のペーパーを、ただちに回収するように。福田官房長官が、記者会見ですべてやるから」

だが、福田官房長官はなぜ回収するのか明らかにしなかった。飯島は、釈然としない思いでペーパーを回収した。

小泉首相は、参集所で「内閣総理大臣小泉純一郎」と記帳。神社拝殿で身を清める「お祓《はら》い」を受け、本殿に昇殿して祭壇に黙禱《もくとう》した後、神道《しんとう》式によらない一礼方式で参拝をおこなった。

この後、テレビの報道番組は、小泉首相の靖国神社参拝をトップニュースで報じた。福田官房長官は、小泉首相の談話を読み上げた。飯島は、初めてその文面を知り、唖然《あぜん》とした。

〈なんだ、これは……〉

飯島らが預かった小泉首相の談話には、「不幸な出来事ではあったけれども、二度と戦争はしない」という「不戦の誓い」や、国の最高指揮官である総理大臣が参拝する意味や思いが綴《つづ》られていた。ところが、福田官房長官が発表した首相談話は、それとは乖離《かいり》し、なぜか海部内閣時代の文書をデフォルメし、しかも、最後の部分に今後の課題として追悼《ついとう》施設に関する文言が入れられていた。小泉首相は、これまでそのような指示をしたことは一度もなかった。

さらに、この日参拝したにもかかわらず、「同日の参拝は差し控え、日を選んで参拝を果たしたいと思っています」というおかしな一文もあった。

飯島は、不思議でならなかった。

〈福田官房長官とアジア局長らが、総理の知らないところで、この文書をひそかに用意していたのではないだろうか〉

小泉首相は、靖国神社参拝後、午後五時十三分に首相官邸にもどり、約三十分間、首相執務室にこもった。

　その日のうちに、中国外務省の王毅《おうき》外務次官は、阿南惟茂《あなみこれしげ》駐中国大使を呼び寄せて抗議した。

「強烈な憤慨《ふんがい》を、表明する」

　水面下で中国の武大偉《ぶだいい》・駐日中国大使が「参拝日を十六日以降にずらせば中国政府は問題を大きくしない」との事前通知があったというが、中国はそれなのに憤慨した。「日をずらせば、オッケー」の真意は不明である。

　これについては、福田官房長官も、外務省も知らん顔であった。

　飯島は憮然となった。

〈これでは、中国の言いなりではないか。これなら、むしろ十五日に行ったほうがよかった〉

　福田官房長官と古川官房副長官が首相執務室を出たあと、飯島は、首相執務室に入った。小泉は、応接セットのソファーに腰をうずめ、自問自答しているのか、床をじっと見つめていた。飯島は思った。

〈アドバイス通り十三日に参拝したにもかかわらず、中国側は烈火のごとく怒り、とんでもないクレームがついた。寂しく、やるせない気持ちでいるのだろう〉

　飯島は、小泉に声をかけた。

「あまりにも情けない。ですから、わたしは、十五日に行ってもらいたかった……」

小泉は、その夜、官邸から公邸にもどるとき、秘書官室にいた飯島ら秘書官に、一言いった。

「すまなかったなぁ。今日は、ありがとう……」

その夜、飯島以外の秘書官四人は居酒屋に行った。その席に、飯島はいなかった。というのも、飯島のショックは大きかった。弱音も漏らしていた。

「おれは、もう辞めてぇよ……」

飯島の気持ちは察してあまりある。小泉に三十年以上も仕えてきたのだ。たった四ヵ月のつき合いである四秘書官とは年季が違う。だからこそ、飯島の失望はいっそう大きかった。「おれも、考えることがある…」との言葉を残し、飯島はスーッと四人の前から姿を消した。

その一件で、飯島率いる秘書官チームの五人は悔しさを共有した。そして、結束は固まった。他のどの省庁から何を言われようとも、政治家が何を言ってきても、総理第一主義でまとまるという気持ちになった。

「ぼくたちが守らなければ、直接総理がいろんな圧力を受けてしまう。それは、絶対に避けなければいけない」

その後の道路公団改革や郵政民営化においても、抵抗勢力の猛攻にも抗《あらが》えたのは、この原体験があってこそだった。

なお、小泉は、その後も、参拝を毎年続行する。平成十四年は四月二十一日、平成十五年は一月十四日、平成十六年は一月一日、平成十七年は十月十七日、首相として最後の参拝となった平成十八年は、現職総理としては昭和六十年の中曽根康弘以来二十一年ぶりに八月十五日に参拝するが、事務秘書官もふくめて飯島以外には、いつ参拝するかを口にしなくなった。いつも、突然、飯島に命じた。

「×月×日に参拝する。段取りを頼む」

飯島は思った。

〈事前にああだこうだ言うのではなく、自分の意思で行く、と決めたのだろう〉

飯島は、総理のときには行かず、総理でないときに行くというのはおかしいと思う。国の指導者は、国民に向かって、不戦の誓いで靖国に行くべきである。総理だからこそ行く義務がある。飯島は、マスコミもジャーナリストも、みんな勘違いしていると思う。

小泉は、五年五ヵ月の小泉政権時代、五十一回、海外出張した。その際、すべての国の戦没者慰霊施設に献花した。

田中真紀子外相を一喝した飯島

平成十三年七月、田中真紀子外相と事務方のトラブルが続く外務省で柳井《やない》俊二《しゅんじ》駐米大使、川島裕《かわしまゆたか》事務次官をはじめ歴代四人の事務次官・事務次官経験者の人事をめぐる問題が起こった。局長級以上の省庁幹部の人事については、官邸の了解が必要である。が、田中外相と小泉首相の考えには、大きな隔《へだ》たりがあった。このままでは、人事検討会議を開くことができない。

杉浦正健《すぎうらせいけん》副大臣や古川貞二郎官房副長官らが事態の収拾をはかったが、田中外相は自説を曲げなかった。福田官房長官が心配して田中大臣に電話で忠告した。が、田中大臣はそれでも頑として耳を貸そうとせず、一方的に電話を切ってしまった。

飯島は腹を決めた。

〈誰かが悪者になるしかない。だれも田中大臣に総理の真意を理解させることができないのであれば、首席秘書官であるわたしが直接、お話し申し上げるしかない〉

飯島は、小泉首相の了解を得たうえで、柴田雅人《しばたまさと》内閣審議官に指示した。

「官邸における人事案件手続きのフローチャートを、作成してほしい」

それを持って、八月二日夕方、外務省に出向いた。が、田中大臣はいなかった。

小泉首相は、第一次小泉内閣で自民党総裁選での功労者であった田中真紀子を外務大臣に起用していた。そのとき、田中真紀子と親しい平沢勝栄《ひらさわかつえい》を防衛大臣政務官、田中真紀子の夫の田中直紀《なおき》を農林水産副大臣、やはり田中と親しい中谷元を、防衛庁長官に据えた。

飯島が思うに、小泉は、彼らが田中真紀子を抑えてくれれば、小泉内閣のお姫様でいられると考えたのではないか。しかし、彼らの抑えこみは、まったく効かなかった。鉄の檻《おり》ではなく、ゴムの檻のようになってしまった。

飯島が、このとき外務省の幹部人事で外務省に乗り込んだときも、まったく彼らは機能しなかった。田中直紀にも電話したが、田中真紀子を説得することができなかった。結局、彼らの影響力はゼロであった。

飯島が外務省から官邸にもどり、ほどなくして田中外相が官邸に現れ、福田官房長官に面会した。面会後、田中大臣は、ぶら下がり取材で述べた。

「四人の次官の処遇は、総理のご指示通りにします」

飯島は、胸を撫で下ろした。

〈これで、一件落着だな……〉

ところがその直後、飯島は、福田官房長官に呼ばれた。福田官房長官は、飯島に言った。

「四人の事務次官・事務次官経験者の人事については総理の言うとおりにするが、後任人事については、自分のやりたいようにさせてほしいと言い出した。だから、それではこの案は受け取ることはできない、と言って差し戻した」

飯島は苦りきった。

〈困ったものだ……〉

翌八月三日午前十時前、飯島は、ふたたび外務省に出向いた。外務省に到着し、午前十時に植竹繁雄副大臣といっしょに大臣室に入った。ところが、田中大臣は「人事の希望が通らない」と登庁を拒否しているという。省内では、副大臣、事務次官、外務審議官、関係局長など外務省幹部が一堂に会し、田中外相の登庁を待っていた。

飯島は言った。

「ちょっと、食事をしてきます」

飯島は、外務省の植竹副大臣の部屋でカレーライスを注文した。この日は、小泉内閣が発足《ほっそく》してちょうど百日目にあたっていた。首相官邸では、食堂にスタッフを集め、そのお祝いとしてシャンパンで乾杯するという。飯島は、ため息をついた。

〈あっちは、みんなでシャンパンを飲み、こっちは、一人でカレーライスか……〉

食事を終えた飯島は、田中外相の登庁を待った。それからまもない午後一時半、田中外相がようやく大臣室に姿を現した。

田中は、のち平成十四年二月二十日の参考人質疑で、この日のことをこう述べている。

「八月三日午後一時ごろ、大臣室で局長と政策の勉強会をしているところに飯島秘書官が飛び込んできた。次官人事について『これが官邸の意思だ』と紙を差し出した。政務秘書官とは、そんなに偉いのかと思った」

飯島によると、これは、まったくの嘘だという。飯島は、勉強会に乗り込んでもいないし、人事を記したこともないという。

飯島は、外務省改革に取り組む田中外相を小泉首相が支持していることを述べたうえで、あらためて一連の人事案件について小泉首相の意向を伝えた。そして、一つひとつについて、七人くらいいる外務省幹部の一人ひとりの考えを述べてもらい、ポストを埋めていった。

その途中、ある人事について、どうしても埒《らち》が明かない状況となった。飯島は、椅子から立ち上がり、啖呵《たんか》を切った。

「何を考えているのか！　わたしが官邸にもどったら、あなたは終わりですからね」

飯島のあまりの迫力に圧倒されたのだろう。田中外相は、真っ青な顔で飯島を引き止めた。

「ちょっと、待ってください」

その後、田中外相は、すべての人事について了解した。

飯島は、田中外相に要請した。

「大臣自身が、この案をもってあらためて官邸に出向いていただきたい」

飯島は、大臣室を後にし、首相官邸にもどった。

この日の夕方、田中大臣は、昼間の内容を自筆でしたためた人事案を持って首相官邸に来た。こうして、野上義二《のがみよしじ》事務次官、加藤良三《かとうりようぞう》駐米大使、高野紀元《たかのとしゆき》外務審議官という新しい体制が固まった。

なお、父親の田中角栄元首相いわく「勝手なことばかりするジャジャ馬娘だ」と評された田中外相は、父親以外の人間から面と向かって怒鳴《どな》られたのは、これがはじめてのことだったらしい。

のちに、国会でこう答弁した。

「官邸は、怖い。行きたくない」


平成十三年八月三十日、小泉は、都市政策担当の首相補佐官に、牧野徹《まきのとおる》を起用することを公表した。小泉内閣での初の首相補佐官となった牧野は、九月三日、官邸で、小泉から辞令を交付された。

小泉は、報道陣に向かって、牧野にも聞こえるようにはっきりとした口調で語った。

「おもしろい人事でしょう。いわゆる最大抵抗勢力と思われていた組織の大親分が、改革推進勢力の旗振りをしてくれるっていうんですからね」

牧野は自分の人事が意外性を孕《はら》むものであることは意識していたが、報道陣の面前でそういう言われ方をされるとは思っていなかったので、思わず面食らった。

牧野は、平成二年に旧建設省の事務次官に就任。平成七年、住宅・都市整備公団総裁に就任し、平成十一年からは改組後の都市基盤整備公団総裁を務めた。

辞令交付式のあと、小泉と牧野は、総理執務室に入った。報道陣がいないことを確認すると、牧野は、思い切って、ありのままの本音を、小泉に告げた。

「総理、念のため申し上げますが、わたしは、思ったことを、進言しますよ。何事も率《そっ》直《ちょく》に話します。また、わたしは性分として、かなり激しい言葉使いをすることもあります。しかし、それをどう受け止められるか、それは、総理、あなたの責任ですから。それでよろしいですか？」

小泉は、一言、「それでいいんだ！」と答えた。

これが牧野と小泉が交わした最初の本音の会話だった。この瞬間、牧野は補佐官を務めていく確信が持てた。

官邸を出ると、牧野は、いっせいに記者に取り囲まれた。記者から訊かれた。

「〝抵抗勢力の大親分〟と言われて、感想はどうですか？」

牧野は記者の質問をかわすかのように応えた。

「それは、総理のわたしに対する期待感の表れでしょう」

いっぽう、牧野が小泉にレクチャーするとき、飯島は、一度も立ち会うことはなかった。牧野は、飯島が補佐官の立場を尊重して、あえて立ち会わないようにしていたのだと考えている。

ただし、牧野が重要だと思ったことは、すべて飯島に伝えた。飯島からレクチャーの内容についてて尋ねられることはなかったが、牧野が自ら飯島に報告するようにしていた。そうでなくては、緊急の事態に、官邸が一つになって行動することができないと考えていた。

二　9・11同時多発テロへの対応

総理大臣旗を新調

飯島は、官邸内の細かいことにも気を配った。自衛隊の最高指揮官は総理だ。総理は日本のシビリアン・コントロールの要《かなめ》である。そして、自衛隊の指揮官にはそれぞれの旗がある。総理大臣旗は、紫色の地に五つの金の桜花があしらわれている。

飯島は、この旗をシビリアン・コントロールの象徴として総理執務室に飾ろうとした。ところが、飯島が、大塚和子《おおつかかずこ》秘書主任に調べてもらうと、官邸には、錆《さ》びついた金具のついたやけに古びた総理大臣旗しか保管されていないことがわかった。

これを知った飯島は、ただちに防衛庁の佐藤謙《さとうけん》事務次官と守屋武昌《もりやたけまさ》官房長を呼び、趣旨を話して旗を新調させた。

また、本来総理大臣旗は、総理が観閲式《かんえつしき》などで自衛隊の部隊を訪れる時には必ず掲《かか》げられるべきものであるのに、この古い旗は、最近まったく使われた形跡がなかった。実は、防衛庁では、行事などの際に、いちいち官邸の旗を使うのではなく、本庁に保有していた予備の旗を掲げていたのである。

飯島はこの慣行をやめさせた。このため、それ以後、総理が部隊を訪れる際には、前日に防衛庁職員が新調された「本物の」総理大臣旗を官邸に借り受けに来るようになった。

飯島が当初意図していた総理執務室への掲揚《けいよう》は、政府高官の反対で実現しなかったが、官邸で総理が自衛官の幹部と会うような時には、必ずその部屋に総理大臣旗が飾られることになった。飯島は、このような総理大臣旗の使い方こそ、シビリアン・コントロールの表れだと考えている。

小泉政権以前は、日本国政府を象徴するマークが無かった。たとえば国内外のホテルで首相がスピーチをする演台には、ホテルのマークが剝き出しになっていた。それに疑問を感じた飯島は、官邸チームにこういった。

「やっぱり、おかしいだろう。一国の総理がやっているのに、マークが『シェラトンホテル』じゃ」

そこで官邸は、首相演説の演台には「五七桐花紋」を貼るようにした。内閣総理大臣官邸の紋章は「五七桐花紋」なのだ。

日本国の国旗は、いわゆる「日の丸」である。世界には、国旗以外に自国を象徴する国章を持つ国もある。たとえば、英国では「ライオンの紋章」、独国では「鷲《わし》の紋章」、露国では「双頭の鷲紋章」である。日本国では「菊花《きくか》紋章」が準国章にあたる。しかしながら、日本国政府の紋章は、「菊花紋章」ではない。「五七桐花紋」なのだ。つまり、「五七桐花紋」こそが、官邸のマークであり、官邸とは、日本国政府なのだ。演台の「五七桐花紋」は、日本国政府の官邸が、日本国政府を代表する内閣総理大臣に演説してもらうという図式を明確にした。

飯島は、官邸が「五七桐花紋」を掲げて一国の首相を守ろうとした。対外的には、日本国政府のアイデンティティーを明確にした。と同時に、官邸内部に対しても、「チーム小泉」の志気を高めた。

坂本森男《さかもともりお》参事官も「五七桐花紋」を見るにつけ、情熱が掻き立てられた。

〈ああ、日本国のために働くのだな〉

さらに飯島は、鉛筆やメモ帳という消耗《しょうもう》文房具に「内閣総理大臣官邸」という文字と「五七桐花紋」のマークを入れさせた。坂本も大賛成だった。

これまで、日本国では、外国要人来日のさいには、真っ白なメモ帳を置いていた。それはなんとも恥ずかしかった。坂本が、小泉首相の外遊に随行した経験からも、国王謁見や要人面会のおりには、控え室にはその国の国章が印刷されたメモ帳が用意されているものだった。坂本は、そのようなメモ帳を見るにつけ、その国の格の高さがわかった。いっぽう、日本のメモ帳は無印だった。無印で良品ではあったが、格調高いものとはいえなかった。いかに日本国は「首相」や「官邸」というもののブランドイメージをないがしろにしてきたかがよくわかる。

飯島は、マークを刻印する文房具の範囲をさらに一歩広げてみた。ボールペンの試作品を少量だけ作らせたのだ。喜び勇んで飯島が、小泉にボールペンの件を事後報告すると、小泉はきっぱりこういった。

「駄目だ。もらった人間は喜ぶだろうが、もらわなかった人間は悲しむだろう。そういうことをしちゃ駄目なんだ」

それでも試作品を発注してしまった手前、飯島は来訪者にお土産としてそのボールペンを配ったという。が、その後、マーク入りのボールペンを正式に発注することは無かった。

そんな勇み足はあったものの、「五七桐花紋」を官邸印に採用して、官邸の位置づけを明確にした飯島の功績は大きかった。

9・11テロと官邸の危機管理体制

平成十三年九月十一日午後十時少し前、飯島は、官邸を出て友人たちと赤坂のイタリアレストランで懇談し、宿舎に戻った。ところが、知り合いの記者から、携帯に電話が入った。

「ニューヨークの世界貿易センタービルに、飛行機が突っ込んだ。CNNがその映像を流している最中に、もう一機が激突した。何か情報はないか」

飯島は、驚いてテレビをつけた。まさにビルから煙が上がっている映像を流している。

〈これは、とんでもない事態だ〉

飯島は、急いで着替えて公邸の小泉首相のもとへ駆け付けた。

その間にも、国防総省にも飛行機が突っ込んだ、などと刻々と情報が入る。米議会近辺で爆発、という報道もあったが、これは誤報だった。

飯島が総理公邸に入ったときには、できるだけ早く事態を把握して、政府全体としての対処方針を決める必要があると考え、防衛庁から来ている黒江哲郎参事官の携帯電話に連絡を入れた。

「いま、どこにいるんだ?」

「連絡室にいます」

「おお、出てきてるのか。じゃ、すぐ公邸に来てくれ」

そこには、国土交通省から出向している吉田英一参事官も来ていた。ふたりは、公邸に向かった。

飯島は、公邸に総理と生活している秘書の小泉信子に許しを得て、公邸の応接室三つのうち、二つを危機管理ルームとして、秘書官室で押さえた。飯島は、それからまわりに大声で指示を出した。

「テレビを、控え室にどんどん置け。一台では、駄目だ！　役に立たん。どんなテレビでもいいから、持ってこい」

そして、テレビを各部屋に二台ずつ、計四台で報道番組を流し続けた。ＣＮＮやＮＨＫなどだ。それは、危機管理センターなどという仰々《ぎょうぎょう》しいところではない、あくまでも首相のすまいである公邸のなかで作業が進んだ。小泉首相も同席して、テレビを見ていた。

飯島は、秘書官と参事官に各省庁としての職務範囲で打てる対策を検討した。

黒江に対しては、日本から米国側に向けてのレスキュー部隊や医療部隊の緊急輸送を想定して、指示した。

「朝四時までに、政府専用機を二機、千歳《ちとせ》から羽田《はねだ》に前進待機させろ。すぐ用意しろ。これは絶対だ」

日本は、ボーイング七四七を政府専用機として二機保有している。ふだんは皇族や首相の外遊に使われるものだが、いざというときには国際緊急支援活動にも使われるのだ。そして機体は、基本的には航空自衛隊千歳基地に所属している。通常であれば、政府専用機を移動するためには、手続きが煩雑《はんざつ》で時間がかかるものだ。そこで黒江は、当時の佐藤謙防衛事務次官に電話をかけて協力を求めた。

「いろいろな困難や抵抗があるかもしれませんけど、ぜひよろしくお願いします」

佐藤事務次官も力強く応えた。

「わかった」

そのように、米国側のレスキュー部隊要請が来れば、すぐにでも政府専用機を航空自衛隊千歳基地から羽田空港に動かせるようにスタンバイさせた。

そのころ米国は、全米の空港への航空機離発着を全面的に禁じていた。というのも、それは第二、第三の航空機テロを恐れての処置だった。日本政府の国際緊急支援も、米国側の受け入れ体制が整わなければ米国に派遣できない。あくまでも米国側の返答待ちだった。

いっぽう、総務省出身の坂本森男参事官は、タクシーで公邸に向かいつつ、携帯電話で消防庁に電話をしていた。

「たぶん、緊急援助隊を用意する事になるだろうから、すぐに手配して、スタンバイをしてくれ」

坂本の「スタンバイ」という指示には、重層的な意味がある。

消防庁の仕事が長かった坂本にとって、国内外の災害の場数も多く踏んでいた。つまり、被災現場に救援に行っても、かならずしも被災者に喜ばれないケースにも直面していた。指揮系統がはっきりしないままに、米国に救援隊を送っても、かえって足手まといになり、現場を混乱させかねないことも熟知していた。そこで、米国側が必要なものがはっきりしたら、すぐに対応できるようにとりあえず「スタンバイ」させたわけだ。

また、消防組織の制約からも「スタンバイ」という指示しか出せない面があった。そもそも日本の消防組織とは市町村に属している。したがって、国の命令でレスキュー隊が招集できない。そこで、たとえば東京消防庁のレスキュー隊を呼び出すためには、東京都に選抜隊を招集してもらわなければならない。そのために若干《じゃっかん》の時間が掛かる。レスキュー隊を招集するのに時間がかかることを前提に、坂本は早めに準備を整えた。さらに坂本自身による「スタンバイ」の判断は、首相による「レスキュー隊を編成せよ」との正式命令ではないという意味もあった。

そして、坂本のタクシーが公邸に着く。「チーム小泉」全員が、その日の夜の十一時くらいまでには公邸に集結していた。

飯島は、坂本に指示した。

「レスキュー隊の派遣を大至急準備しろ」

坂本は、すでに独自にレスキュー部隊を手配したことを飯島に事後報告した。

「消防のほうも、手配をスタンバイさせましたので、大丈夫です」

「九・一一米国同時テロ事件」での、坂本の「レスキュー隊を編成する」という判断は、的確で瞬時だった。

とはいえ、かつて消防庁担当だった坂本としても、いわば通常業務での自主判断だった。つまり、身体が自然に動いたまでのことであり、特別なことではなかった。

坂本は飯島と話し合い、朝方、レスキュー隊を、可能な限り集められるようにした。東京、横浜、川崎の消防庁からのレスキュー部隊を、第一陣と第二陣の先遣隊としてリストアップした。とりあえず第一陣はすぐに飛び立てる準備を整えた。それに加えて、米国側の空港について受け入れ体制の確認もしたかった。が、ことは米国で起きている。なかなか情報は取れなかった。

もっとも消防庁担当の坂本が勝手に米国側とやり取りするわけにもいかなかった。日本側のレスキュー部隊派遣が、米国側には大きなお世話になりかねない。そもそも、日本側に「何ができて、何ができないか」がはっきりしない状況だった。それと同時に、米国内でも他の地域からも相当な援助の手が差しのべられるだろう。米国内の援助と日本側の援助を交通整理するのも問題になりえる。善意だけでは、援助は成功しない。

そこで、坂本は、米国政府に「必要なものは何か」を十分確認したうえで対応するべきだと思いながら、米国の回答をじりじりと待ち続けていた。

飯島は、厚生労働省出身の香取照幸参事官には、次のように命じていた。

「国際医療センターのドクター・看護婦の緊急救護隊を、すぐ待機させろ」

かつてペルーの日本大使公邸占拠人質事件のとき、緊急救護隊をすでに飛ばしたことがあり、メンバーは常に決まっている。

坂本も、香取には「お医者さんは、どうなっている？」と確認しながら、医療部隊の招集具合が把握できた。

防衛庁出身の黒江には「自衛隊はどうするんだい」と、レスキュー部隊と医療チームの輸送体制を確認することができた。

その時は危機管理センターも立ち上がっていない段階で、公邸には「チーム小泉」が集まって危機管理の初動体制をつくっていた。

レスキュー隊を招集する坂本参事官、医療部隊を編成する香取参事官、輸送に関しては黒江参事官が、それぞれ連携しながら迅速《じんそく》に動いた。

なお、飯島は、財務省から来ている丹呉泰健秘書官に頼んだ。

「明日、東京証券取引所その他を開くべきかどうか。日銀、東証、金融庁などと協議して大至急上げてほしい」

経済産業省出身の岡田秀一秘書官には言った。

「アメリカの空港・港湾が閉鎖された場合、日米の貿易にどんな問題が生じるか。たとえば一日いくらのダメージなのか。大至急調べ上げてほしい」

飯島は、警察庁から来ている小野次郎秘書官に対して指示を出した。

「在日公館、基地、その他国内の重要施設を徹底的に調べてほしい」

そこで、小野は「異状は無いか、不審物が無いか」と、防衛庁、警察庁、消防庁に調べさせた。その結果は、その夜は異状無しだった。

飯島は、外務省出身の別所浩郎秘書官に言った。

「アメリカに日本の閣僚で誰か行っているはずだ。調べて捕捉して、いつでも電話できる体勢を取ってほしい」

結果的には、尾身幸次《おみこうじ》科学技術政策担当大臣が出張中で、ちょうどアメリカにいた。空港はすべて閉鎖されて飛行機でニューヨークに入れなかったので、陸路でニューヨークに入ってもらい、そのまま現地対応の指揮を頼んだ。

飯島は、国土交通省出身の吉田英一参事官に指示した。

「日米の旅客交通や観光はどうなっているか、全部調べて上げろ」

そのとき、文部科学省出身の藤原誠参事官がふと口にした。

「飛行機が落ちなければ、関係ないですね」

飯島は激怒した。

「現地に邦人の学校があるはずだ。今日明日の話ではないかもしれないが、精神的なケアなどはどうしたらいいか、専門家ではないおれにはわからないから、文部科学省としてどう判断すべきか、かならず明朝までに調べろ」

午後十一時半過ぎ、飯島は、首相公邸では福田官房長官、安倍晋三官房副長官らと協議。自民党の麻生太郎政調会長、公明党の神崎武法《かんざきたけのり》代表や田中真紀子外相も加わった。

秘書官たちの危急の課題は、小泉首相の記者会見をどのようなタイミングでおこなうかだった。その時点では、まだ「テロだ」とは断定できなかった。事件と日本との関係も曖《あい》昧《まい》だった。仮に、米国内の反体制テロのたぐいであれば、日本政府が、声高に声明を出す必要は無いかもしれない。

午後十時三十五分、官邸別館にある危機管理センターに「米国世界貿易センタービル航空機突入事件」に関する官邸連絡室を設置した。

官邸チームの飯島にはマスコミから、小野には内閣調査室、防衛庁や警察庁から情報が入り続けた。その情報と状況を吟味していくと、どうやらアラブ系のテロだということが次第に明らかになっていった。アラブ系「テロ」だとすれば、日本も、米国と近い立場である以上、狙われる可能性が出てきた。

午後十一時　小泉首相はブッシュ大統領あてにお見舞いのメッセージを送った。

「テロと見られる行為への怒りを共有する。日本政府と国民を代表して、被害者とその家族にお見舞いを申しあげる」

しかし、これは、まだ全世界に向けた首相声明ではない。

午後十一時三十分には、「米国世界貿易センタービル航空機突入事件」に関する官邸連絡室は、「米国における同時多発テロ事件」に関する官邸対策室に格上げされた。

飯島は、別所、岡田両秘書官に指示した。

「夜中の十二時までに、総理談話を発表させるから、荒削りでもいいから、文章をつくってほしい」

ところが、福田官房長官からストップがかかった。しかし、もうマスコミや閣僚、与党議員が集まりはじめている。一刻を争う。

飯島は、上野公成官房副長官に頼んだ。

「上野副長官、悪いけど、内閣記者会が大勢いる。総理談話を、読み上げてくれませんか！」

日付が変わり、九月十二日午前〇時六分に、上野官房副長官が、小泉首相の談話を読み上げた。

「テロリズムは、決して許されるものではなく、強い憤りを覚える」

他の国のトップは誰もメッセージを出してはいない。しかも、日本政府はアメリカにレスキュー隊を出す用意があると意思表示し、準備をしていたのである。

午前〇時十九分、小泉首相が、官邸対策室に入った。そして、記者団に率直な気持ちを語っている。

「怖いね。予測不能だから」

また、テロ事件の犯行グループについては、こういうにとどめた。

「わからんね。テロだから」

後日、その発言にマスコミが嚙《か》みついた。

「日本は、テロに対する認識が甘い」

しかし、小泉は、ただ一人泰然《たいぜん》としてこう言った。

「事件は、アメリカで起きているんじゃないか。落ち着けよ。記者会見がちょっと遅れたって、かまわないじゃないか」

官邸が落ち着きを取り戻し、情報収集していくなかで、「米国」同時テロは、「世界」同時テロではないということが分かってきた。

午前〇時五十分、第一回目の政府の記者会見は、小泉首相ではなく、福田官房長官がおこなった。

その場で福田は、米国の同時多発テロ事件に関連して、その月の六日には米国から警察庁に、「あらゆる米国の権益をおかすテロ事件が起きるおそれがある」との情報を流していたことを明らかにした。この情報を受けて、警察は米軍関係施設を警戒していたが、異状は無かったという。また、犯行グループについては、「イスラムというように聞いている」とし、パレスチナ問題との関係について「確かな情報じゃないので申し上げるのは不適当だと思うが、情報としてそういうものもあった」と述べた。

また、福田は、邦人たちの安否についてこう語った。

「いまのところ分からないというのが正確だ。世界貿易センタービルには、日本企業三十一社が入っているが、人数は分からない」

そのように日本では、官房長官が、政府としての最初の記者会見をおこなった。

九月十一日の夜は、飯島も基本的には徹夜だった。ただ、飯島は、小泉に事件の状況をとりあえず把握させ、小泉首相が最初の指示を出して公邸に戻った直後には、引き上げた。

その間、「チーム小泉」が、官邸からまったくいなくなるわけにもいかない。そこで九月十一日の夜は、黒江参事官と坂本参事官が当番で残ることになった。

その夜、「九・一一米国テロ事件」に対して、日本政府のその後の対応が議論された。翌朝に、安全保障会議を開くことが決まった。その安全保障会議を準備するのが内閣官房の安全保障危機管理室だ。黒江は、安全保障危機管理室のスタッフとともに動くことになった。

九月十一日の深夜から十二日朝にかけて、官邸の隣にある三階建ての建物の三階に入っていた危機管理センターで、黒江と安全保障危機管理室のスタッフは米国情報の収集と、日本国の安全保障上取るべき次の一手を夜通し考えた。

翌十二日朝九時三十九分、安全保障会議が開かれた。当面の対策として、日本も万全の警戒態勢を取ることを政府方針として決定した。黒江は、さらなる情報収集を続けた。

そのころまでには千歳の政府専用機をいつでも飛び立てるように、スタンバイさせていたものの、結局米国側からは「申し出固辞」の連絡が入った。日本政府による、米国への国際緊急支援はおこなわれなかった。

各国首脳は、日本時間の深夜から未明にかけて自身の言葉でテロ非難声明を相次いで出していた。小泉首相も、零時六分にはペーパーで声明を発表していた。が、肉声での声明は出さずにいた。小泉首相自身が「民主主義への挑戦」とテロを非難する声明を出したのは、事件発生から十二時間後である、十二日午前十時十五分である。とはいえ、そのようなタイミングでの声明だったので、小泉首相の対応が他国に比べて遅いとの批判を招いた。

飯島は反省した。

〈官房長官はいわゆる内閣のスポークスマンだが、ここ一番では、やはり総理自身の言葉が必要になる〉

この事件は、発足から半年を迎えようとしていた小泉政権にとっては、大きな教訓となった。

黒江によると、このような「九・一一米国テロ事件」への官邸の対応をきっかけに、「チーム小泉」の一体感が格段に増した。たしかに、「九・一一」以前にも、「ハンセン病訴訟の控訴問題」のように官邸が直面した危機はあったが、ある意味では、「ハンセン病問題」は厚労省限定という側面もあった。いっぽう「九・一一」では、各省庁に広くまたがる対応策が緊急に求められた。各省庁出身参事官や秘書官が、はじめて真剣にスクラムを組んだ瞬間だった。

「炭疽菌」騒動

平成十三年九月十一日、米国で、同時多発テロ事件が起き、その後、炭疽菌《たんそ》入りの郵便物が送りつけられ死傷者が続出した。そんな中、日本でも、白い粉入りの封書が見つかって大騒動になった。

九月十四日、白い粉入りの封筒が福岡市の郵便局で見つかった。さらに十七日には、白い粉入りの封筒が、首相官邸、外務省、防衛庁、社民党、読売新聞、朝日新聞、毎日新聞、在大阪・神戸米国領事館などに送られてきた。

白い粉が、旧官邸に送られ、粉の正体が判明するまでは、官邸も、てんやわんやの大騒ぎであった。最初の一報は、秘書官室の分室でもある、秘書官付室からであった。総理宛の手紙などは、そこで開封していたのである。付室には四、五人の人間が働いている。その人たちは、白い粉を確認すると、とっさに思った。

〈総理に万が一のことがあってはならない〉

秘書官室にも連絡が入った。

「いま、ここは立ち入り禁止です。警察での検査の結果が出るまで、動かないように」

麹町《こうじまち》警察に連絡を取り、何十人もの人たちが、その白い粉を、ビニール袋に入れて持って行った。白い粉の正体の検査をしている最中であった。ところが、その一報を聞いた飯島は、好奇心旺盛な性格と、働いている人たちを心配する気持ちが重なったのであろう。真っ先に、現場へと向かおうとした。

秘書主任の大塚和子は、つい飯島に大きな声を上げていた。

「万が一、首席秘書官の身に何かあったら、どうするつもりですかッ！　本物だったら、困るじゃないですか。そういうところへ行ってもらっては、困ります！」

その白い粉の入った封筒は、付室で一度、開封されている。万が一、それが本当に炭疽菌であれば、粉が舞っている可能性もある。

飯島は、小泉とは比較的近い距離で仕事をしている。もしも、飯島が感染でもしたら、小泉総理もまた大変なことになる。

「帰って来れなくなるんですよ」

大塚は、それでも出かける飯島に言った。

「結果が出るまでは、もう帰って来ないでください！」

飯島は、事務室に行きかけたが、大塚のいうのももっともで、途中で行くのはやめた。

幸い、結果はすぐに出た。白い粉は、炭疽菌ではなかった。後の調査で、でんぷん粉だと判明した。

「チーム小泉」のメンバーではないが、秘書主任の大塚和子もまた小泉首相と「チーム小泉」のメンバーを陰で支えていた。

丹呉泰健秘書官は、小泉官邸内部を知る者として大塚和子の右に出る者はいないという。大塚は、佐藤栄作内閣から小泉内閣まで三十六年間にわたって官邸を見守り続けてきた女性である。そんな大塚は、「チーム小泉」のことも隅々《すみずみ》まで知っている。客観的かつ、もっとも間近《まぢか》に、首相や秘書官そして参事官の日常を目の当たりにしてきた。

丹呉たち「チーム小泉」にとっても、官邸はもちろん初体験だ。わからないことも多い。官邸流の会議の手配は未知の世界であり、その都度大塚に教えを請《こ》うた。大塚もまた、丹呉たちに懇切《こんせつ》丁寧に教え続けた。

いわば「官邸の生き字引」である大塚によれば、過去の内閣官房では秘書官同士の揉め事も無いではなかったらしい。ところが、こと「チーム小泉」に関しては、それがまったく無かった。飯島を筆頭に、秘書官も参事官も笑いが絶えない官邸だったという。

大塚は、歴代首相にも徹底的に献身してきた。首相の体調にも細かく目配りした。たとえば、大塚がかつて仕えたA首相は、朝が弱い。その場合、A首相の朝食は軽目にしていたという。スケジュールも、朝が弱いA首相の体調を見ながら、随時変更させていたらしい。

丹呉は、小泉官邸での大塚の働きにも脱帽する。

「わたしどもではとてもできないノウハウ。三十六年の知恵と経験だった」

大塚は、じつは、小泉純一郎のことは、福田赳夫総理のときに、福田派の代議士のひとりとして官邸を訪れていた姿を見る程度で、ほとんど会話を交わすこともなかった。飯島についても、「小泉さんの秘書をしている人」という程度の認識しかなかった。

しかし、小泉に対しては、首相になる前から、ある種の親しみを感じていた。それは、以前から、小泉の姉、信子との付き合いがあったからである。信子は、福田総理のときに、外国へ行く結団式など、福田が動く節目、節目で、小泉事務所の女性秘書として、官邸に顔を出していた。女性同士ということもあり、大塚と信子の交流は、深まっていった。信子から、小泉の話はよく聞いていた。小泉と信子は、驚くほど、顔もよく似ている。

小泉首相の日程は、まず四人の事務秘書官がたとえ時間帯がバッティングしていようが、日程表に鉛筆で自由に書き入れた。その日程表に、鉛筆で書き足したり、修正したりする。が、決して消しゴムは使わない。消しゴムで消してしまうと、最初にどこに入れようと思っていたスケジュールか、それをどこに動かしたかがわからなくなってしまう。汚くなってもいいから、後まで残しておくようにした。そして、最後のギリギリの段階でプライオリティーをつけ、フレキシブルに時間帯をちらした。最終的には、大塚がパソコンで打って、日程表を完成させた。

総理の日程が変更になったことを、大塚が大声で「聞きましたか?」と確かめることによって、みんなが「予定が変更になった」という情報を共有できる。覚えていなくてもいいが、耳はダンボのようにしていてほしいということから、大塚はこれを「耳ダンボ」と言っていた。

総理の日程管理においても、大塚は、的確な判断で効率のよい日程を組んでいった。

〈わたしが口出しをしては、いけないいかな〉

そう思うが、状況から見て、こちらの方がいいと思うことは伝えた。旧官邸も新官邸も、かならずしも効率よく動けるような会場が組まれていなかった。総理の日程は、非常にタイトである。たとえば、平成十四年五月七日から移転した新官邸の場合、総理に「三階まで行って、この方に会ってください。それから次は、二階です。その次は、また四階に上がってください」では、小泉首相は多忙な日程の中で、一日に何度も上へ行ったり、下へ行ったり、非効率な動きをしなければならない。

そこで、大塚は、日程と場所のどちらかを調整して、五階が小泉総理の執務室なので、四階の応接室でまず人と会い、次は三階で会い、食事は二階でとる、という無駄のない動線を整えるよう心がけた。

「こんな短時間に、忙しい総理を、五階に上がらせたり、二階に下がらせたりするのは、おかしい。考えてくださいよ」

小泉総理は、どんな地方へ出かけることがあっても、総裁と総理、党と政府の分け方はきちんとしていた。

沖縄へ行ったとしても、小泉総理も飯島秘書官も、沖縄出身の議員の事務所には立ち寄らない。たとえ要請を受けたとしてもである。慰霊祭に行ったら、慰霊祭のみに出席する。総理としての仕事として、防災の日、慰霊祭、原爆式典などへ出席するなら、総理としての仕事しかしない。ついでに、政治活動でマイクをもって演説することなどは、一切やらない。

飯島秘書官も「公務か政務かはっきりさせることが基本」と指摘する。

「総理大臣は総理大臣。総裁は総裁。一個人は私人。公私をわきまえなければならない」

小泉官邸では、その点がはっきりと分けられていた。したがって、事務方や庶務担当にとっては楽だった。小泉総理の出張には、関係省庁の人間が同行すればいい。政治的な場所へ行くときには、緊急連絡用に秘書官も最小限同行はするが、基本的に参事官は一切同行しない。メリハリがしっかりしている。当然、途中で合流したり、離れたりすることもない。折り目正しかった。

飯島は、駄目な内閣の欠点の一つは、「内閣総理大臣　××××」「自由民主党総裁　××××」「政治家　××××」の使い分けが出来ていないことだと思う。

飯島が新聞記者なら、総理の行動に対し、職務の分別がきちんとしていないとき、こう質問するだろう。

「かかった交通費ですが、どこからどこまでが内閣総理大臣で、どこからどこまでが自由民主党総裁で、どこからどこまでが政治家××××として使ったものなのか。その内訳を教えてください」

おそらく、返答に窮するだろう。

また、総理大臣としてでなく、あくまで政治家としてプライベートな部分であろうとするとき、公用車で会場に行ったのか、事務秘書官が同行したのか、政務秘書官が同行したのか、それを訊かれたら答えようがないだろう。

小泉政権では、飯島が日程を組み立てた。総理と自民党総裁を混同することはほとんどなかった。それでも、少し立ち寄りたいところができることがある。大塚和子は、そういうとき、飯島にやさしい口調で文句を言うことがあった。

「飯島秘書官、わたしは、それは反対ですが」

飯島は、大塚の意見に耳を傾けた。

「はい、わかりました。じゃ大塚さん、悪いんですけど、これは、公務でスタートして、ここちょっと行くのに党務で立ち寄ったっていうことで、どう？」

「あっ、立ち寄りはしょうがないですよね。トイレと同じですから」

「すみません」

総理大臣として北海道を視察したときも、空港に向かう途中、札幌《さっぽろ》プリンスホテルにトイレタイムということで立ち寄った。

トイレから出てきた小泉首相は、「ああ、すっきりした」といって喫茶店でコーヒーを飲みながら党関係者と会い、次の会場に出向いた。

このように、札幌プリンスホテルに立ち寄らない日程を発表しているが、トイレタイムという言い訳のできる組み立てをおこなった。

こういう状態でAからBへ行くというところに突然Cに突っ込む。ところが、AからBに行くときに、普通だったら五分で到着なのに、トイレタイムのCが入ったので、B、すなわち空港には、二十五分後の到着となる。その場合、最後のところの空港では、ノリシロとしてＶＩＰルームに立ち寄る時間を入れておく。実際は、ＶＩＰルームに寄らないで、ただちに飛行機に乗ることになる。そういう二重構造の組み立てで、突発的なことを入れるのが政務秘書官の仕事である。

三 「チーム小泉」の結束力

いないことにあった。

秘書官たちの業務区分

「官邸主導の小泉内閣」といわれるが、当初はちぐはぐなこともないではなかった。その遠因は、平成十三年一月六日の中央省庁再編後も、四事務秘書官の業務区分が再編されていないことにあった。

たとえば、新しい総務省は「旧総務庁」「旧自治省」「旧郵政省」と内閣府の一部が合併してできたものだ。しかしながら、四人の秘書官のなかで誰を総務省担当にするかが決まっていなかった。警察庁出身である小野次郎秘書官に全面的に任せたかというと、そうはならなかった。総務省の抱える財政問題については、財務省出身の丹呉泰健秘書官が担当した。また、通信問題の一部は経産省出身の岡田秀一秘書官が動いた。そのように秘書官だけでは、こと総務省ひとつ相手にする場合でも、バラバラな動きになりがちだった。

ところが、総務省出身である坂本森男参事官が本格的に「総務省」との連絡調整役を務めることになって以降、「官邸」と「総務省」との間の話がスムーズになったという。「チーム小泉」は、四人の秘書官のみならず、五人の参事官も組み合わせたことによって、ほぼ全省庁の情報がおのずと把握できるようになっていた。と同時に、官邸というものは、発生した問題に対して「何ができるか」を探ることもできた。「チーム小泉」は、ほぼ全省庁の「何ができるか」が集約できていたともいえるだろう。

「チーム小泉」で全省庁をカバーしているのは、財務省から出向している丹呉泰健秘書官である。最終的な集中は丹呉だが、飯島は、ある問題が起こったとき、まったく関係のない秘書官と参事官にも手分けさせて作業させた。

テーマによっては、外務省、経済産業省、農水省、厚生労働省にまたがることもある。たとえば、食肉は、食品委員会が担当するが、経済産業省、農水省、厚労省、外務省などそれぞれ意見が違う。そのすべての省から秘書官が出向しているわけではない。このようなときは、秘書官と参事官に分散して事に当たらせる。そもそも丹呉一人ですべてできるわけがない。

飯島は、「チーム小泉」のメンバーにいう。

「みんなで手分けをして、関連省庁から情報を集めろ。十分以内だ。それを全員で協議し、まとめろ」

「チーム小泉」は、メンバーそれぞれの出身省庁の出先機関ではない。全員が一丸となって十三省庁すべての仕事にあたる。

あるいは、大きな人事を前に首相官邸に来られたら、人事の決定前に漏れてしまう。そこで、飯島は、「チーム小泉」のメンバーを駐車場などに配置した。

「人の動きは、すべておれに教えろ」

そのように、ときには、探偵の真似をさせることもあった。

飯島は、情報を摑むと、訪ねてきた人に官邸に入らないで引き上げてもらうこともあった。

最強のチーム意識を持つ「チーム小泉」の11人《イレブン》

「チーム小泉」の一体感は、強固だった。そこには、「仕事は、チームでするものだ」という飯島思想が染み込んでいた。厚生労働省から出向してきた香取照幸参事官によれば、それは野球のチームというよりは、サッカーのチームに似ているという。

サッカーといえども、一人一人のポジションは初めから決まっているものだ。守備の「ディフェンダー」だったり、攻撃の「フォワード」だったりする。そのように一定の役割こそあるものの、ゲームの局面に応じては攻撃役のフォワードが守備に回ることもある。パスを出されれば、守備役といえども、ディフェンダーがゴールさえも狙う。局面に応じて、既定のポジション以外の役割に替わることもある。

また、サッカーのチームは、よく「イレブン」と呼ばれる。十一人がひとつのチームだからだ。偶然ではあるが、「チーム小泉」も十一人だ。九人の秘書官と参事官、それに飯島と小泉を合わせればちょうど十一人である。

小泉は、ゴールキーパーのように、自陣のゴールで仁王立ちしている。フィールドプレーヤーではないので、走り回ることはない。が、残りの十人が縦横無尽に、時々の状況に応じて、変幻自在に役割を代わりながら、チームとして「小泉改革」というゴールを目指した。そのような「チーム小泉」のなかでは、「これはあいつの仕事だから、おれは知らないよ」という縄張り意識は皆無だった。

そのようなチームの意識づくりには、基本的には意志が明確な小泉が中心にいることが大きい。それに加えて、飯島の的確な指示があった。

丹呉秘書官は、日頃から「チーム小泉」の仲間にこう声をかけていた。

「われわれは別に財務省の人間でもないし、何よりもまず国家公務員であり、小泉総理を支えているんだ」

そのようなチーム意識で、丹呉秘書官自身も、ときには親元の財務省と喧嘩をした。警察庁出身の小野秘書官は、警察庁とぶつかった。外務省出身の別所秘書官も、外務省と衝突。厚労省出身の「特命チーム」の香取参事官も、「そんなんじゃ、保《も》たない！」と厚労省を叱咤《しった》した。

「チーム小泉」の官僚が、各親元省庁とやりあった結果を、飯島に報告し、そこで、まとめた最善策を小泉首相に上げていた。そういう流れが「チーム」に戦友意識を生んでいた。

それと同時に、丹呉は、小泉首相自身にとっても「チーム小泉」が官邸には不可欠だったと見ている。「必要は発明の母」という言葉があるが、まさに一匹狼の政治家小泉純一郎は「チーム小泉」を発明したともいえる。なぜならば、抵抗勢力に伍するため、いや御すためにも、それは絶対必要な装置だった。丹呉は、それこそが小泉首相に官邸中心主義を貫かせた秘訣《ひけつ》だと見ている。

その「チーム小泉」の中核には、飯島がいた。それをまた、秘書官、参事官、官房副長官、総理補佐官などが全体で必死に支えた。チームのなかでは、あらゆる考えを忌憚《きたん》無く、隠し立てせずに団結した。

丹呉は、団結力の源泉を「当番参事官制度」「夜中に交わす盃」「首相との会食」「秘書官室の机の密着度」にあったと見る。

飯島によって「当番参事官制度」が実行に移されたのは、「特命チーム」発足から五ヵ月後の平成十三年十月であった。

それまであった首相秘書官室の外務省専用ポストであった「副報道官」の席に、「特命チーム」参事官が週替わりで座るようにしたのだ。

「当番参事官制度」は、黒江参事官にとっては緊張の連続だった。それまで仕事をしていた参事官室には、自身と同じ立場の仲間しかいない。ある程度、誰の目を気にすることもなく仕事ができていた。が、当番週は、秘書官室で飯島の眼に終始さらされることになる。黒江は、ひどく緊張した。と同時に、飯島の思考や仕事のパターンがわかるという醍《だい》醐《ご》味《み》もあった。

旧官邸時代、秘書官室は、中二階にあった。その真下の一階には参事官室があった。参事官室から、中二階の秘書官室へはほんの十五秒で駆け昇ることができる近さにある。参が、その十五秒が膨大な情報格差であった。しかし、「当番参事官制度」によって、秘書官室に当番参事官がかならずひとり常駐した。

国土交通省から出向している吉田英一参事官によると、このことで「チーム小泉」としての仕事のやり方にも変化が訪れるようになっていた。当番の参事官は、飯島秘書官の一番近くに座っているため、飯島秘書官が話している内容が伝わってくる。何かチラッと情報が入ってきたことが、当番の参事官のアンテナを震わす。少しでも気になったことが話題にあがれば、他の四人の参事官のいる部屋に連絡を入れる。

「いま、上ではこんな話があったぞ」

下の参事官室では、

「当番から、こういう話が伝わってきたぞ」

と秘書官室と情報が共有できる。

お互いが情報を共有し、それに対して、「僕らは何ができる」、「何をやっていこうか」

と、それぞれ考えながら行動した。場合によっては、飯島秘書官や事務の秘書官を入れて、会議や打ち合わせをすることもあった。

また「当番参事官制度」では、飯島の細やかな配慮があった。飯島は、秘書官室にいる当番参事官に、あえて最新情報のコピー作業をさせていた。それによって当番参事官は、官邸の詳細な動きがわかった。飯島のいう「コピーを取ってこい」とは、つまり「ざっと、おまえも把握しておけ」という飯島流の配慮だった。

夜になれば、詳細情報をつかんだ当番参事官が、階下の参事官室に戻って参事官全員と情報を共有する。そのような「当番参事官制度」によって、最深部の情報を迅速に「チーム小泉」全体が共有できるようになったのだ。そこで、参事官自身のミッションもおのずと見えてくるようになった。

交代でやってくる秘書官室当番の一週間は、参事官にとって、普段よりも緊張する一週間になる。もちろん、総理より早く出勤しなければならず、遅刻は許されない。しかも、秘書室にいる参事官は、一人だ。秘書官室の電話が鳴れば他のひとがいない場合、電話を取る。参事官がいる連絡室にかかってくる電話は、ほとんど役人からの電話だが、秘書官室の電話は誰からかかってくるかわからないので緊張する。訪ねて来る客も、総理に会いに来る客だ。それも役人だったりそうでなかったり、いろんな客が来る。もし誰もいなければ、その客を相手しなければいけない。やはり緊張を強いられる。そういう緊張感を強いられるうちに、参事官たちの気持ちにも、変化が訪れていた。仕事という感覚ではなく、使命感みたいなものを非常に強く感じはじめた。

さらに、飯島秘書官の脇に座ることで、これまで与えられていた仕事の精度以上のものが求められるようにもなった。極端に言えば、飯島秘書官と同じことを参事官たちも要求されているんだと感じるようになった。

飯島は、参事官たちに背中でこう語っているようであった。

「おれは、小泉総理の秘書ではあるが、総理秘書官として総理大臣を、日本を支える。そのためだったら、自分でできることは何でもやる。だから、きみらも小泉総理を支えるチームの一員になってくれ」

参事官たちは、その目的意識、その厳しさを非常に感じた。飯島の言葉ではなく態度で、参事官たちの心も、自然に「チーム小泉」の色に染まり、飯島の気概が植え付けられていった。

夜は夜で、各省の優秀な人材が一堂に会して酒でも飲めば、裃《かみしも》脱いで無礼講で喧々《けんけん》囂々《ごうごう》となった。そうなれば、丹呉によると、若手の参事官も歴戦の秘書官も、おのずとモノの見方が変わってきたという。

たとえば、財務省の財政再建論でいえば、「とにかく、消費税を上げるべし」と言いがちだ。が、「チーム小泉」では「その前に無駄を減らすのが先だろう」との声が上がる。

また、道路公団改革の話でも、国交省出身者自身が「やはり親元官庁の案では、とても国民に説明できませんよね」と、しんみり心情を吐露《とろ》するといった具合だ。そのように、メンバーは自身の本心を隠し立てしなかった。「フォー・ザ・チーム」精神の一端は、「夜中に交わす盃」も担っていた。

また、昼は昼で、秘書官室のレイアウトがチーム一体化の味噌だった。大塚和子秘書主任と若い女性事務員、そして五人の秘書官とひとりの参事官の席があった。各々の机同士が密着しており、丹呉と飯島は、横を向けば、いつもそこにきみがいるという状態だった。電話の通話内容から、第三者同士の会話まで、秘書官室は各々みんながツーカーだった。もちろん当番参事官も、ツーカーだ。小泉首相や秘書官のスケジュール情報も共有していた。さらに、秘書官も参事官もそろって、小泉首相を囲んだ会食に参加していた。丹呉にとっては、秘書官と参事官が協力した官邸生活は、まったく非の打ち所がない充実した日々だったという。

霞ヶ関とは、とかく「縦割りだ」「タコ壺《つぼ》だ」と批判される。一部には、その弊害《へいがい》を除去するためには、「官庁に民間人を任用すべし」との声もある。しかし丹呉は、かならずしもそうは思わない。官僚自身に弊害を打ち破る力があるはずだと確信している。どこぞの省庁に属する官僚である以前に、そもそも自分たちは「国家」公務員だという矜持を持つべきだと思っている。「チーム小泉」は、まさにその実験場だった。

官邸のようなゴッタ煮を味わわなければ、わからないものだ。各省庁の前例や、先輩たちが用意する定食の味しかわからないものだ。たしかに「焼鮭定食」は安心できる味覚である。が、新潟名物「のっぺい汁」の鮭は格別である。貝柱やキノコ、イクラなどのダシが出ているからだ。

とはいえ、各省庁には、「焼鮭定食」という暗黙の決まり事を無闇に壊せない雰囲気もないではない。それでもなお、省益から一歩離れて、親元を客観的に眺めてみれば「やっぱり、それでいいのか？」との疑問も湧いてくるものだ。問題の先送りでは、解決しないどころか、傷口をさらに広げかねない。いますぐできる手術があれば、やってしまうほうが得策。それこそが、小泉官邸独特の風味だった。逆にいえば、「チーム小泉」が、参事官たちに「国家」公務員意識を焚きつけたともいえなくもない。

香取参事官によると、「チーム小泉」は、非生産的な悪口は封印され、生産的な議論ができる風通しの良さがあった。

香取が、なにか、おかしいと思ったことには、相手が秘書官であろうと飯島であろうと、だれかれ構わず「おかしい」と口にした。それは、香取のみならず、全員が全員に対して躊躇《ちゅうちょ》なく「おかしい」を口にできた。

たとえば、田中真紀子外相の辞任直前の外務省の混乱ぶりは、香取の目から見てもおかしな部分が多々あった。香取は、飯島に相談した。

「飯島さん、ちょっとおかしいですよ。この外務省の判断は、絶対おかしいような気がしますけど」

また、ほかのメンバーも、飯島にこう漏らす。

「今日のODA（政府開発援助）の問題の時に、外務省はこういうふうに言ったけれど。ちょっとおかしいと思う」

そこで飯島は、外務省出身の別所秘書官に確認する。

「別所さん、そこは、どうなっているの？」

「うーん。そこはさっき外務省から、こういう話があったのですが……」

それをそばで聞いていた香取たちは「そうなると、やはりちょっと変だよね」となる。ますます外務省の「おかしい」部分が濃厚になった。

そこで、八人の秘書官や参事官たちは、それぞれ独自の情報ルートを使って裏取りに走る。そこで仕入れた情報を持ち寄って、次の段取りを考えた。

率直な問題意識は、財務省に対しても同様に向けられていた。香取は、財務省が出す予定の金利政策の答弁案について疑問を持った。

財務省出身の丹呉秘書官に、迫った。

「この答弁は、おかしい。こういうふうに答えたら、次はこうなると思いませんか」

厚生省の香取にとっては、いわば畑違いではあるが、外務省の問題でも財務省の問題でも、おかまいなしに問題点をズバズバ指摘した。

そのように、「チーム小泉」のなかでだれかれ構わず政策論で丁々発止《ちょうちょうはっし》とやりあっていた。が、ただひとり飯島だけは、その種の政策議論に口を挟むことは無かった。日々の政策判断では、飯島は一貫して聞き手に回っていた。は、一貫して聞き手に回っていた。飯島は、そのようにチームのなかでの自身の役割を割り切っていたようだ。

香取は、飯島が「人を動かし、組織を使う」ことに集中していたと感じている。飯島が、あえて政策の細部に口をはさまないのは、「餅は餅屋」という気持ちだったのかもしれない。飯島は、法律の専門家ではない。方略の専門家なのだ。

しかし、飯島はいつも静かに聞いているだけでもない。めったに怒鳴らない飯島も、田中真紀子外相のすったもんだのときには、例外的に外務省幹部を怒鳴りつけた。とはいえ、五年五ヵ月で目立ったものはその程度だというのだから、やはり飯島は「チーム小泉」のメンバーを面罵することはほとんど無かったわけである。

絆を深める昼食会

「チーム小泉」のメンバーは、昼食をいっしょにとることが慣わしだった。丹呉のいう「首相との昼食」である。

メンバーは、小泉、飯島、四人の秘書官、それから参事官五人の総勢十一名を基本として一つのテーブルを囲む。

この昼食は、来訪者がある場合や外出しなければいけないことがない以上、基本的に毎日全員いっしょにとった。旧官邸時代は小食堂で、新官邸になってからは、総理のフロアの一室に集まる。この習慣は、小泉総理時代だけのもので、他の総理大臣はやっていない。まさに、「チーム小泉」の全体打ち合わせ時間だ。十二時十分からはじまり、三十分間くらいのわずかな時間が一体感をもたらす役割を果たした。

NHKのお昼のニュースを見ながら、ざっくばらんな情報交換がはじまる。流れているニュースで、世の中がどのように小泉内閣を捉えているのかをチェックし、もしも間違った報道がされているようならば、すぐ訂正の指示が出されたりする。

気になることがあれば、小泉総理から質問が出されたり、飯島秘書官から質問が出されたりもする。当然、担当参事官は、すぐ答えられなければいけない。早く食べ終える小泉総理は、NHKのニュースを見ながら、関心があることが流れれば、質問で攻めてくる。そうすると、誰かが答える。もしも誰も答えられないとなると、チーム小泉としてフォロー不足となってしまう。そうならないために、どんな質問が出されても答えられるように一生懸命準備をした。

参事官にとっては、のんびりした食事時間などではない。テレビのニュースで問題がなかったとしても、何か飯島秘書官から話が出れば、そのときは答えなければならない。これでチーム小泉の意思疎通《いしそつう》は図れる。

ときには、昼食時間を使って、国会の打ち合わせがもたれたりすることもある。

大塚和子秘書主任は、食事をいっしょにするということは、とても貴重な時間だったのではないかと感じている。いわゆる「同じ釜の飯を食う」ことで、仕事だけでなく、仲間意識が高まり、絆が深まる。素顔の小泉を知ることで、ファミリーのような親密度が湧いてくる。

大塚は言う。

「官邸の邸って、やしきって読みます。屋敷と同じなんです」

大塚の他にも、官邸内の部署に「会議係」という人たちがいる。その昔、「ボーイさん」と呼ばれていた人たちで、食事の世話や、お茶出し、会議のセットなどの世話をする。

たとえば、総理の、その日の食事メニューを決める場合、大塚は、そのトップに訊く。

「今日は、何にする？」

「今日は、和食を考えています」

「うん。それでいいわよ」とか「昨日がちょっと重たかったから、おそばがいいって言ってるのよ」

「じゃ、それにしますか？」

そのように、連携をとりながらメニューを決めていた。

もちろん、総理が「今日はこれにしてください」というときには、大塚が、総理の希望を会議係に伝えた。

また、季節によっては、ラーメンではなく、「そろそろ冷やしそばがいいんじゃない?」と、大塚から提案をすることもあった。が、基本的には、その担当部署の会議係が献立を考え、大塚たちは、それに口添えをした。

大塚は、小泉首相の体調を考え、昼食の献立をチェックした。

「昨日は、カレーライスだったので、今日は、ラーメンにしましょう」

「明日の昼間は時間がないので、おにぎりにしましょう」

男性は、総じて目の前に出てきたものを食べてしまう。その意味では、飯島には、大塚の気配りはありがたかった。

時の総理の中には、「コーヒーは飲まない」「紅茶のほうが好き」「ほうじ茶がいい」と、それぞれ好みも千差万別であった。ゆえに、大塚たちは、最初に、総理の好みを聞いていた。

小泉総理の場合、そば、スパゲティーなどの麺類、いわゆる「長モノ」が好きであった。

しかし、いくら好みだからといって、毎日麺類というわけにもいかない。それは、日々、小泉の好みを聞いていくうちに、ほどなくわかってくる。小泉は、麵類だけでなく、おにぎりも好んだ。比較的短時間で食べることができるせいでもある。心構えとしては、戦場へ行った武士のようでもある。

小泉の苦手なものは、漬物だという。酒好きの人には珍しい。小泉は、比較的、イタリア料理が好きである。料理する側は、「洋食が一番難しい」と大塚はいう。官邸では、味付けなども含めて、小泉の得意分野の洋食があまり出なかったようである。

調理は、会議係からメニューを決めてもらい、官邸の調理場にお願いして、出してもらっていた。調理場にはプロの調理師が入っている。国賓などのＶＩＰが来る場合は、外務省の管轄になる。外注の持ち回りで偏《かたよ》りのないようにしていた。国内の場合は、大塚たちが、相手の好みを聞いて対応していた。

飯島秘書官は、体が大きいせいか、食欲も旺盛だった。それゆえ、うどんだけという日でも、飯島だけは、そこに、白いご飯やチャーハンなどご飯物が付いていた。飯島が自ら「どうしてもご飯が食べたい」と言うときもあったが、大塚は言わなくても、暗黙の了解で飯島にはご飯類を付け足していた。

小泉首相は、麵類は何でも好んだが、飯島は、あまり蕎麦《そば》は好きではなかった。そこで、大塚は、小泉首相は、蕎麦、飯島は、そうめんと勝手に気配りした。

また、「飯島秘書官は、ラーメンだけでは物足りないのでは」と考え、ごはんを一膳足してくれた。飯島は、蕎麦だけでなく、うどんもあまり好きではなかった。そんなときは、冷やしうどんにしてくれた。あるいは、みんなでラーメンと餃子《ギョーザ》を注文したとき、みんなは餃子が四個なのに、飯島の皿だけ六個乗っかっていることもあった。

飯島は思った。

〈大塚さんなりの情報の蓄積で、総理のことを気遣いながら、いっぽうでわたしの好みもきちんと分かってくれている〉

小泉首相は、事務秘書官や参事官と昼食をともにするだけでなく、夕食をいっしょにとることもあった。場所は、赤坂プリンスホテル新館三階のコーヒーハウス「ポトマック」、キャピトル東急ホテル地下の中華料理店などだ。特に「ポトマック」は小泉も好きだった。特別に、個室を用意させるわけでもなく、あの天下の小泉純一郎が一般客と同じテーブル席にいるのだ。それには、客もびっくりしていた。「写真とらせてください」とせがまれることもたびたびあった。

小泉は、そういった状態から流れてくる「チーム小泉」のメンバーからの情報を聞く。いっぽう、「チーム小泉」のメンバーも、いっしょに食事をすることになる。小泉首相の感覚、考え方、手法が分かってくる。飯島に言わせれば、「チーム小泉」のわずか十名のメンバーが、三万人もの霞ケ関の職員と同じような機能を発揮して働いてくれた。

チームの鍵を握る飯島の情報捕捉の速さ

　平成十四年五月七日、旧官邸から新官邸に引っ越した。ふつう、官僚の机の配置には暗黙の決め事がある。課長補佐ぐらいになると、すべからく窓際を背にして座る。秘書官は、当然課長クラス以上であり、審議官や局長クラスもいる。ふつうならば、みんな窓を背に横一列に四人が並ぶ。飯島秘書官も含めて五人並ぶ案もあった。が、飯島は、こう指示を出した。

「四人を、二人ずつ向かい合わせにしろ」

旧官邸だと秘書官室は狭かったので、秘書官同士の話は、全員の耳に入った。が、新官邸の秘書官室は広い。結局、窓側を背に丹呉泰健、岡田秀一、向かい合わせに別所浩郎、小野次郎が座った。丹呉のいうところの「秘書官室の机の密着度」である。

単純な話だが、机が向かい合っていれば、広い部屋でも、ひとりの秘書官が電話で話す内容も、ほかの四人の秘書官に筒抜けなのだ。したがって、いま、どこで、何が起こっているかという情報が、即座に五人で共有されていた。いちいち説明せずとも、だいたいわかる。旧官邸では、それをかつては大塚和子いうところの「耳ダンボ」と呼んでいたが、新官邸に移ってからは、「傍受《ぼうじゅ》了解」と呼ぶようになった。それは、あたかも無線での会話に似ている。無線は一対一で話しているようで、不特定多数に会話が傍受されているものだ。知らぬうちに、会話が傍受されるのは困るが、意図的に傍受しあえるようにしたのだ。

たとえば、「今度、○月○日にお会いしましょう。そこには、A秘書官を同席させます」という電話の会話も、受話器を置いた瞬間、そばにいるA秘書官に「というわけだから」といえば、もう「傍受了解」となる。説明不要で情報共有できているのだ。そのように秘書官チームは、各々の情報はすべからく傍受了解状態になっていた。それは、その事務秘書官の四人に限らず、さらに当番制で一週間おきに来ている特命チームの参事官も同様だった。すべて傍受了解とはいえ、そこには大人のマナーもあった。漏れ聞いたX省の機密情報を、自身の出身省庁であるYに内通することはなかった。

いわゆる「傍受了解」状態は、事ここに極まれりという瞬間にさらに効果を発揮する。ある秘書官が、口を開く。

「もう、これで行くしかないので、これから全省庁に伝えたいと思いますから、お願いします」

その時には、すでに全員了解済みなので、「はい、はい。それならば、こうしたらどうでしょう」と、さらにその一歩先の提案をほかの秘書官が準備しているという用意周到ぶりだった。

この四人の秘書官と首相の執務室の間の机に、窓側に飯島、右側に大塚和子、若い女性、左側に参事官の一人が一週間おきに当番制で座った。なお、飯島の位置からは、首相執務室のドアが開いていれば、首相と言葉を交わさなくても、眼と眼で話ができた。小泉首相が手招きすれば、飯島がすぐ執務室に入ることができた。

秘書官室で飯島は、野球でいえば監督兼捕手であった。いつも球場全体を見渡し、捕球する野手、つまり秘書官を指示する。秘書官チームが全員野球をできたのは、飯島の采配《さいはい》があったからこそだと岡田秘書官は思う。

岡田は、秘書官チーム成功の鍵は、飯島秘書官だったという。飯島は、あらゆる面で情報の捕捉が早かった。岡田は、飯島が事件事故の第一報を入手するスピードにつくづく感心する。

たとえば、どこかの工場で大火災が発生する。火災だったら消防庁に第一報が入る。消防庁ならば、警察庁出身の小野次郎秘書官の持ち場だ。また、火災が工場ならば、製造業を管轄する経産省の分野でもある。にもかかわらず、「火災発生」の第一報は誰よりも早く、飯島の携帯電話に入っていた。秘書官室は、いわゆる「傍受了解」状態なので、ほかの秘書官もそれで、「火災発生」を知るのである。従って、工場の火災ならば、飯島→小野→岡田の順番で情報が入るのだ。後者になるほど、状況の詳細が綿密になっていく。が、とにかく飯島にまずは第一報が入るのである。国内外で大事件、大事故が発生すれば、どの政治家よりも早く小泉の耳に入っていたともいえる。

それは、ほかの秘書官にとってもありがたかった。岡田たち秘書官は、飯島を見ていれば、次の心構えができるのだ。

「ああ、何か起こっているな」

そこに飯島がやって来て、「いま、こう決めたから。頼むね」というやいなや、秘書官側も、待ってましたとばかりに「そういうこともあろうかと思って用意しておりました」と書類を差し出す。飯島と秘書官チームの良好なサイクルが生まれていた。

牧野首相補佐官は、事務秘書官や内閣参事官のいわゆる「チーム小泉」のメンバーとも連絡と調整を取り合う機会があった。なかでもとくに密接に連携したのは、内政担当の丹呉泰健秘書官だった。特殊法人改革となると予算の問題が絡むが、財務省出身の丹呉は、財務省との調整をスムーズに進めた。牧野は、丹呉が人の意見をよく聞き、常に冷静沈着であるところが印象的に感じられた。牧野は補佐官としての仕事を丹呉に助けてもらったと思っている。

飯島は、事務秘書官と参事官の能力を最大限に発揮させるように動いた、と牧野は見ている。飯島は、事務秘書官に対しては、あえて自分自身の考えを前面に押し出すようなことはせず、秘書官にそれぞれのアイデアを出してもらうようにした。

いっぽう、事務秘書官より年齢が一回り若い参事官に対しては、飯島が司令塔となり、各省庁との連絡調整に当たらせた。この飯島を要《かなめ》とするチーム小泉の体制が上手く機能した、と牧野は見ている。

牧野は、飯島は想像を絶する才能の持ち主だと感じている。ありとあらゆる情報を、どこで手に入れ、どのように頭の中で整理しているのか、不思議に思うことがある。

牧野から見て、小泉は飯島がもたらす情報に最大の信頼を寄せていた。小泉と飯島のやり取りからは、何十年来のつき合いからくる一体感が感じられた。最終的に判断を下すのは小泉だが、小泉が飯島の話を最大限の重みをもって受けとめているのはわかった。飯島が常に情報収集と整理をおこない、小泉に随時報告していたからこそ、小泉は総理の職務に専念することができた、と牧野は見ている。

参事官の外遊同行で外務省と摩擦

もうひとつの「チーム小泉」一体化戦略は、参事官を小泉首相の外遊に随行させたことである。歴代内閣では、もちろん無いことであった。首相外遊の随行は、米国同時多発テロ事件の関係で、平成十三年九月二十四日から二十六日まで防衛庁出身の黒江哲郎参事官が随行したのが最初だった。

外務省は、首相の外遊の際、随行者をなるべく排除し、自分たちが首相をコントロールしようという思いがある。それゆえ、外務省以外の随行者が増えるのを嫌うのだ。

平成十三年九月二十四日、小泉首相は「九・一一同時テロ事件」を受けて訪米した。そのような首相外遊は、外務省仕切の「外国訪問業務」に従ってスケジュールが作成される。それは「星取表《ほしとり》」とも呼ばれる。いわば、イベント工程表だ。

黒江が随行した小泉訪米「星取表」のX軸には、各種イベントが並び、Y軸には、参加者名が並んでいた。参加者名簿には、小泉首相や首相秘書官、そして黒江の名前もあった。が、名前があるものの、X軸のイベント欄と交差するマスには丸印がほとんどついていなかった。外務省としては、「黒江参事官？　どこの馬の骨？」という感じだったのだろう。「特命チーム」参事官の扱い方もわからなかったようだ。

が、それに対して、飯島は激怒した。外務省職員を呼び出して、こう言い渡した。

「官邸から来たチームの一員なのだから、いっしょに行かせろ」

その結果、黒江参事官は、ニューヨークの貿易センタービル跡地や国防総省のテロの現場にも同行できるようになった。

参事官の外遊第一号ということは、外務省との摩擦を、黒江が最初に経験するということでもあった。黒江は、外遊経験で目から鱗《うろこ》が落ちる経験もした。それまでは、いわゆる「外交」とは下から事務的に積み上げるような格式ばったものだと思い込んでいた。が、そうではなかった。実際は、首脳同士の人間関係や率直な意見交換が、大きな部分を占めていた。

黒江は、小泉首相がブッシュ米大統領に対し率直に語る姿を、目の当たりにした。

「日本はこうする。アメリカといっしょになって、テロとの戦いに参加する」

そんなストレートな物言いは、ブッシュ大統領の心の琴線《きんせん》に触れたようだ。ブッシュ大統領の表情には、事務方があらかじめ準備した草稿では決して生じ得ないだろう心の動きが読みとれたという。小泉・ブッシュの関係には、五年五ヵ月終始そのような心と心のやりとりがあったという。

なお、サミット（主要国首脳会議）には、各省庁の局長が随行するが、小泉内閣以前は、彼らは首相のもとには絶対に近づけなかった。「何かあったら連絡する」という指示で待機していた。

各省庁の関係する部分だけを昔の電報用紙のような薄い紙にポンと貼って渡す。したがって、どのようなやりとりがあったのか、どのようなQ&Aがおこなわれたのか、なぜ結果的にOKになったか、その経緯がまったくわからず、各省庁は、ひどくイライラしていた。

飯島は、その現状を可哀想に思い、それを解除した。関係省庁の局長は、飛行機での移動中をふくめて小泉首相と会話できるようにした。

〈直接会話することで、書類を読むだけでは把握できないような細かなことも理解できる〉

のだ。

参事官、異国の地で疾駆

参事官の外遊第二号は、坂本森男参事官であった。平成十三年十月二十日、上海で開かれたアジア太平洋経済協力であるＡＰＥＣに出席する小泉首相に、坂本参事官が随行した。それが坂本にとっては、なんともありがたかった。外交において法律ともいえるマニュアルに載ってない新設の「特命チーム」である参事官を、首相外遊に随行させてくれたのだ。

小泉政権発足当初は、外遊に随行する参事官はひとりだった。坂本は、「ありがたい」と思う反面、しかしとまどいもあった。外遊に単身参加して、どの程度の役割を担えるのかが見えなかった。自身は、総務省という内政官庁出身であり、外交の場に嘴《くちばし》を挟むことには若干の躊躇もあった。そこで、飯島勲首席秘書官のサポートに純粋に徹して、電話やＦＡＸなどの連絡調整役をしようと漠然と考えていた。

いっぽう、外国訪問業務を司《つかさど》る外務省は、前例を踏襲して外遊人員を計画していた。その結果、前例に無い参事官が、現地での首相の行動計画に随行すべき人員として組み込まれていなかった。結果、参事官である坂本が随行予定者一覧から外されていたという。そんな外務省は、上海での小泉首相との内輪の朝食の席に坂本を入れなかった。

飯島は、それに激怒した。

「外務省は、何をやっているんだ！」

が、外務省は相変わらずだった。坂本は、外国要人を訪ねる先々で移動する車列の最後尾車両に乗るはめになった。外交ルールでは、最後尾の車とはサポート担当を意味していた。サポート担当は、会場のなかには入らないのが、これまたルールだった。

そして、会場に到着する小泉首相や官房副長官、秘書官の車列までは、現地中国側の警備も日本の要人として認識していた。いっぽう、最後尾の車両に乗車していた坂本は、ぼやぼやしていると、現地のガードマンが、VIP以外の人間を館内に入れまいとしてストップをかけかねない。そこで、坂本は車両を飛び降りるや、先頭車両へ向かって猛然とダッシュした。「VIP」と「VIP以外」の距離を埋めるために疾駆したのだ。

走らなければ、建物の中に入れない。入れなければ、その後の坂本自身のスケジュールもすべて狂ってくる。さらに、そこは中国上海である。下手をすれば、坂本が身元がわからない不審者として扱われかねない。不審者は、ホテルにも帰れないのだ。坂本は、ひたすら走った。

しかしながら、そのような坂本による度重なるダッシュと、飯島による外務省への抗議の結果、外務省側も「参事官」に対する認識を徐々にあらためていった。その結果、参事官も、外遊先での内輪の朝食会や昼食会に、かならず同席するようになった。

そこでの坂本の役割は、国内情勢を小泉首相に報告することだった。マスコミ報道のファックスなどを持参することもあった。そのようなことで、坂本としても外遊中の小泉首相の詳細な動きもわかるようになった。

小泉政権当初の坂本への外務省の冷遇を見ても、外務省は参事官による首相外遊随行に不満を持っていた。外務省の側からいえば、「内政担当の参事官が外交を知る必要がない」と決めつけていたフシもある。しかし、それでも飯島はなんとか、「特命チーム」の参事官を外交に参加させようと努めた。

その結果、外遊先で首相がおこなう演説草稿の作成現場に参事官である坂本も加わるようになったのだ。それまでは、草稿は外務省職員だけで作成していた。草稿の資料すら、外務省から参事官には渡されなかった。それに対して、飯島が動いた。

飯島は、外務省の草稿を作成している部屋に入っていくや、その直後部屋から出てきて坂本にこういった。

「おっ、あとで報告してくれ」

資料すらもらえていなかった坂本には、「飯島秘書官に草稿を報告すべし」という新たな任務が生まれたわけである。そこで、外務省も草稿資料を坂本に渡すようになった。飯島の知略であった。

その資料を見た飯島は、坂本に対して「どうだった?」と訊くのが常だった。紙の資料よりも、「特命チーム」の坂本がそれをどう認識したかを把握したかったようだ。

坂本は、草稿づくりに立ち会った経験から、しみじみ感じたことがある。

〈一国の宰相は、別に、「理由」を述べる必要はないんだな〉

それまでの外務省が書く草稿では、政策を打ち出すためにもっともらしい「理由」を述べていた。たとえば、「国際情勢をこう認識している。したがって、この政策を打ち出す準備がある」という具合だ。しかし、冷静に考えてみれば、政策を決断する「理由」などひとつとおりであるわけがない。総合的に判断するものだ。あるいは、もっともらしい口上こそ見つからないものの、政治家としては、なにがなんでもやらねばならないこともある。

また、外務省が自身で想定した「理由」と、小泉首相がほんとうに決断した「理由」とが違う場合もある。外務省も、小泉首相の真意をわからないまま、勝手にいわゆる「コンニャク問答」をつくっている場合だ。外務省が勝手に想定していた「理由」を、小泉首相が不要だと判断すれば、その場で削っていた。

一国の首相が国際社会に対して、政策を打ち出すために、無理矢理取ってつけたような「理由」をくっつける必要は無い。ほんとうに「理由」があるのならば、そこは丁寧に説明すべきであろう。実際、小泉は外交の舞台で説明すべきことは徹底的に説明した。

国内国外問わず、小泉首相が要人と会談すれば、その直後にぶら下がり取材がある。飯島は、ぶら下がり取材に参事官を同席させていた。あとで、その参事官に取材内容を報告させていた。飯島自身がぶら下がりの場所にいればすむ話だが、官邸広報は岡田秀一秘書官と決めている。そこには厳格なけじめがあった。官邸広報に、飯島が姿を現すことは厳に戒《いまし》めていたようだ。その意味でも、飯島は黒子のなかの黒子に徹していた。

坂本は、飯島に有象無象の些事《さじ》に至るまで逐一報告するわけではない。「要するにこんな話でした」という要約を報告した。飯島には、それで十分だった。さらに詳細を知りたければ、飯島にはいろいろな情報ルートがあるのだ。

第一回目の外遊に同行した黒江参事官や、二回目の坂本参事官のころは、外遊に随行する参事官はひとりきりだった。ひとりきりでは、どぎまぎする場面も多かった。参事官は、未知なる土地で、純粋な意味での仲間もいないような孤独な状況に置かれていた。外務省も、参事官を歓迎していたわけではない。が、五人の参事官が外遊随行で一巡するころ、随行参事官がふたり一組に変わった。そのころから、参事官たちも外遊随行の負担が減った。坂本は、あらためて思った。

〈チームというものは、ありがたいものだ〉

四　農水省BSE・牛肉疑装問題

依怙贔屓を嫌う小泉

坂本参事官は、小泉首相の清廉《せいれん》な姿勢におどろいた。とにかく、小泉自身が得をする話が大嫌いだった。

総務省は、平成十四年正月の横須賀市における出初《でぞ》め式に出席すべき来賓を消防庁からひとり出すように求められていた。平成十三年正月には、坂本自身が消防庁予防課長として出席していた。つまり、横須賀市の出初め式には消防庁関係の課長クラスが顔を出すということが習わしだったのだ。

当初、平成十四年正月の消防庁長官のスケジュールは、「東京都の出初め式に出席」となっていた。が、急遽、片山虎之助《かたやまとらのすけ》総務相が東京都の出初め式に出席することになった。要人ふたりの出席は、いかにももったいない。そこで、消防庁長官が東京都をキャンセルした。

結果、スケジュールが空いた。そこで、消防庁長官は横須賀市の出初め式に出席できるという話になった。坂本は、小泉首相を慮《おもんぱか》って、それは、ありがたいと思った。横須賀は小泉純一郎議員の選挙区である。横須賀の消防関係者も喜んだ。しかし、そこで飯島は、坂本に一言いった。

「しかし、総理に確認しなければいけないぞ」

その指示を受けた坂本は、さっそく小泉首相に横須賀市出初め式への消防庁長官出席の件の確認をした。

すると、思いもよらない答えが返ってきた。

「駄目だ。よすぎる。いままで、誰が行っていたんだ?」

「去年、わたしが行きました。予防課長として」

「うん。いいよ、課長とかでいいよ。総理になったからって、横須賀に長官が来るといったら、ほかのところが羨ましがるだろう。そんなことをしちゃ、駄目だ」

本来であれば、出初め式レベルの話を一国の総理大臣に確認を得る必要はなかったのかもしれない。しかしながら、飯島はあえて坂本に確認させた。というのも、小泉がその種の依怙贔屓《えこひいき》のようなものを嫌がるだろうことを知っていたからだ。小泉は、「ずるい」と感じることは一切やりたくない男だった。

結局、消防庁長官は横須賀には行かず、例年通り消防庁予防課長が出席した。

坂本は、小泉の清廉な姿が新鮮だった。ふつうならば、権勢を地元選挙区に見せつけるものだ。が、そうではなかった。そこで、坂本は、高潔な小泉首相をますます信頼するようになった。

田中真紀子外相更迭

平成十四年一月二十九日、小泉首相は、田中外相を更迭《こうてつ》した。小泉首相は、田中外相にさまざまな問題があっても、一貫して改革姿勢を支持し、ギリギリまで守ってきた。だが、アフガニスタン会議の事件が表沙汰となり、田中外相と野上外務事務次官の処分をおこなうことを決断した。

ただし、飯島によると、小泉首相は、田中外相を切って捨てるつもりはなかったという。古川官房副長官らと相談し、たとえばグアテマラの大統領就任式に政府特使として派遣するなど、その恩に報いようとしていた。実際、飯島は、小泉首相の指示を受け、七件ほど政府特使としての案件をまとめた。政府特使は、総理大臣の代わりに世界を飛び回る。ある意味では、外相よりも地位が上であった。

ところが、田中は、二月二十日午前の衆院予算委員会での参考人質疑で、小泉首相を批判した。

「自由にやれというから動こうとすると、スカートを誰かが踏んづけているようで前に出られない。誰が踏んでいるのか見てみると、言っている本人（小泉首相）ではないかという気がずっとしていた」

飯島は、そんな発言がなければ、小泉首相は、淡々《たんたん》と田中を政府特使として使っていたであろうという。

ブッシュ大統領との流鏑馬見物

平成十四年二月十八日、小泉首相は、前日来日したブッシュ米大統領とともに明治神宮《めいじじんぐう》において流鏑馬《やぶさめ》を観賞した。流鏑馬は、鎌倉時代にはやったという走る馬の上から鏑矢《かぶらや》で的を射る儀式である。

ブッシュ大統領がテキサス州の知事選に立候補したとき、あるアメリカの会社の副社長が明治神宮の「祈必勝」のお札を当選祈願で贈った。その副社長が日本にいて選挙のとき当選祈願にそうする習わしを知っていたのだ。まわりもマスコミも誰一人勝てると言わなかったのに、当選した。それ以来、ブッシュ大統領は日本のお札を大切にして、ホワイトハウスの自室に飾っていたほどである。

飯島は、外務省ルートでなく、飯島個人で調べてその事実を知った。そこで、飯島は、ブッシュ大統領に明治神宮で流鏑馬を鑑賞するアイデアを思いついたのである。

小泉は、飯島からその情報を聞くや、ブッシュ大統領に会うたびに、流鏑馬に使う本物の弓と鏑矢をプレゼントしていった。その木箱には老子の言葉である「天長地久」と揮毫《きごう》した。ブッシュ大統領はよろこんだ。カウボーイの本場のテキサス男であるブッシュ大統領は、馬も好きである。

明治神宮は、毎年、明治天皇の誕生日である十一月三日の文化の日に流鏑馬行事をおこなっている。が、飯島は、武田流三十五代司家で流鏑馬会長の金子家教に頼み、特別に流鏑馬を披露してもらったのだ。飯島は、三十五年間、武田流流鏑馬にいろいろなアドバイスをし、相談役のような立場であった。

ただし、小泉が明治神宮の拝殿近くに行くと、また政教分離の問題で騒がれかねない。飯島は、神経を使った。ブッシュ大統領が流鏑馬の会場に到着するころを見計らってさっと行き、見終わると素早く引き上げるように工夫をした。ブッシュ大統領は、流鏑馬をよろこんで見た。小泉は、ブッシュ大統領に明治神宮のお札をお土産に持たせた。

相次ぐ農水相批判と武部大臣への集中砲火

小泉内閣が発足したときには、参事官には農水省出身者はいなかった。発足まもなく、農水省総合食料局食品環境対策室長の末松広行《すえまつひろゆき》は、生物資源の利活用の可能性を模索していた。

「これからは、日本も、動植物から生まれた再生可能な有機性資源の利活用をやらなければいけない。日本も『バイオマス』を」

「バイオマス」とは、農産物や木材に加えて現在はあまり利用されていない木屑、間伐材や稲藁などの農産廃棄物、生ゴミなどをエネルギー用資源や樹脂などの資源として利活用することだ。

末松は、平成十三年八月ごろから、農水省内で「バイオマス・ニッポン総合戦略」という自前の案を持ち歩いていた。それは後々、平成十四年十二月に閣議決定される基本戦略となるものだった。平成十九年のいまでこそ、エタノール車などでバイオ燃料が新エネルギーとして注目されているものの、平成十三年当時は、その提案はきわもの扱いされていた。

そのころは、末松は、農林族議員の中川昭一《なかがわしょういち》自民党広報本部長にもバイオマスの促進について相談しに行くことがしばしばあった。末松が、中川のもとを訪ねると、そこには偶然にも飯島がいた。中国産の農産物輸入が急増したことに対する緊急輸入制限措置、いわゆるセーフガードについて、ふたりは熱っぽく話し込んでいた。末松は、ひょっこり二者会談に同席した。

しかし、二者会談は急迫した雰囲気だったので、末松は飯島と名刺交換もできずにその場は解散となった。が、ふたりの話を聞いていた末松は、初対面の飯島にある強烈な印象を抱いた。

〈これからの政治、これからの官邸のキーパーソンになるんじゃないか〉

平成十四年一月十日、末松は意を決した。持論の「バイオマス・ニッポン総合戦略」を飯島に聞いてもらうことにしたのだ。人生初の飛び込み営業だった。それというのも、あのキーマン飯島の反応をこの眼で確かめたかったのだ。

いざ末松がバイオマスの話をすると、飯島は前向きな反応を示した。

「小泉もこれからは、ゴミゼロ作戦というのを進めていく。それを、もっと深めたい。農水省は、ＢＳＥで揺れているけれど、そういう前向きなことをするべきなんだ。どんどん進めたほうがいい」

さらに飯島は、こうつけ加えた。

「武部勤農水相のほうにも、小泉首相から相談させるから」

ちなみに、末松はそのとき飯島の著作『代議士秘書』を持参しており、それにサインをもらっている。

末松は「小泉首相から、相談」というのは飯島のリップサービスだと思っていた。が、万が一、小泉首相が武部農水相に話をしたときに、武部がバイオマスをわかっていないと武部が困る。さらには、自身の責任問題にもなりかねない。慌てて、武部のもとに飛んで行きバイオマスの説明をした。それに対して武部の反応も前向きだった。

「これから、農政は攻めに変わっていかなければならない。そういうのは、ひとつの柱になるのかな」

その後、武部のもとでオーソライズされたバイオマス戦略は、農政を根本から変えるものになっていく。そのように農水省がついにバイオマス利活用の推進に一歩踏み出すようになったのだ。

平成十四年二月二十四日、末松は、農林族の中川経産相と会食の予定があった。末松は、ワクワクしていた。

〈これから、農水省は、バイオマスで前向きにやるぞ〉

中川にさらなる協力を要請をしようと思っていたのだ。

会食の日の日曜日に、末松に一本の電話がかかってきた。官邸に異動を命じる内示だった。末松は、唖然《あぜん》とした。

〈官邸に行ったら、バイオマスの促進ができなくなる〉

その後の会食では、末松は荒れに荒れた。中川経産相に、食ってかかった。

「せっかくバイオマスをやろうと思ったのに、なんで官邸なんか行かなきゃならないんだ。なんで、止めてくれなかったんですか！」

中川によると、武部農水相が「末松を官邸に出したい。いいか？」と、中川に仁義を切っていたということだった。中川は、官邸行きは末松のためだと思って、「いいよ」と答えたらしい。

それを聞いた末松は、ますます猛り狂った。

「それは、酷《ひど》いじゃないですか！」

平成十四年二月二十六日付けの新聞は、こう伝えた。

「平成十四年二月二十五日、首相を機動的に補佐する『特命チーム』のメンバーである内閣参事官に、農林水産省の末松広行・総合食料局食品環境対策室長を新たに起用することを決めた。発令は三月一日」

第一次小泉内閣発足当初から、特命チームにいた文部科学省の藤原誠を、農水省の末松広行に替えたのは、文部科学省担当の教科書問題に一区切りついたこともあった。

同時に、BSE問題と、それに絡む平成十四年一月二十三日に明らかになった「雪印牛肉偽装問題」が追い打ちをかけ、世論と与党内部からの武部農水相批判が強まり、農水省自身が複雑骨折で瀕死の重体だった。武部農水相も踏ん張ってはいるが、飯島たち官邸はやきもきしていた。飯島は、農水省がマスコミと政府の間をもっと上手く立ち回るべきだと考えていた。

その時、飯島の頭には、ふっとひとりの男が思い浮かんだことだろう。

〈農水のなかに、二ヵ月前に変なことを言いにきたやつがひとりいたな……〉

緊急事態に対する末松人事は、二ヵ月前に提案したバイオマス対策ではなく、農水省自身の生命危機であるバイオハザード対策だったというわけだ。

官邸にやってきた末松に、選任者である飯島は、憎まれ口を叩いた。

「えー？　なんか、見たことがあるやつがきたけれど……。ちぇッ、もうちょっといいやつが良かったのにな」

そんな歓待を受けた末松だが、不思議なことに平成十八年九月の小泉政権の幕が下りるまで勤め上げることになるのだ。

　末松は、ＢＳＥ対策などで首相官邸と武部農水相との連絡役としてのミッションも帯びていた。飯島は、「特命チーム」にやってきた末松を重用した。その後、飯島の考えが、末松経由で武部農水相に伝わり、武部の意見もまた末松経由で飯島に伝わった。

　平成十四年三月五日、野党が提出した武部農水相不信任決議案は、自民、公明、保守の与党三党が反対に回り、反対多数で否決された。

　ところが、否決後、与党内で武部農水相辞任論が広がった。

　千葉県でＢＳＥの疑いのある乳牛が発見されてから、七ヵ月後の平成十四年三月二十二日、「調査検討委員会」は、歯に衣着せぬ報告書を発表することになった。

　三月二十二日、「調査検討委員会」の報告書は、こう断じた。

「危機管理の考え方が欠落。感染源とされる肉骨粉《にくこつぷん》の規制を行政指導で済ませたことは『重大な失政』」

「調査検討委員会」による三月二十二日の報告の前に、武部は、小泉首相に辞任を申し出に行った。小泉は、武部に向かってこういった。

「辞めたきゃ、いつでも辞めさせてやる。だけど早く問題を解決してくれ。問題を解決するのが、きみのつとめだろ！」

　それまで武部は、辞める覚悟だった。が、小泉首相が言外にいわんとする、「問題を解決するのが責任の取り方だ」との考え方に、武部は「おお、凄いな」と痺れてしまった。そこで「ヨシッ」と思い直したわけだ。

その後、武部の辞任を心配していた飯島は、武部に念を押した。

「絶対に辞めないでください。大臣、そんなことはありませんよね？　小泉は、大臣を信頼していますから」

武部は、すでに気分を切り替え前向きになっていた。

「いやいや、そんなことはないよ。ぼくは、この問題を解決しなければ、責任を果たせないと思っているから」

前向きになった武部ではあったが、小泉首相の「武部続投」発言の陰では、飯島の進言が効いていたと考えている。武部は、飯島がこう進言したと推測する。

「武部を辞めさせたら、内閣にひびが入る」

仮に、武部が辞めていれば、辞任理由はＢＳＥ問題だけに、後任大臣がいかなる大物政治家でも及第点を取るのは至難の業だったはずだ。それまでの経緯を知らない危うさもある。最悪の場合には、農水相の責任追及にとどまらず、任命権者である小泉首相の責任問題にもおよびかねない。そのように、飯島は、ＢＳＥ問題は「内閣のピンチ」と読んでいた。飯島の小泉への忠心と、冷徹なまでの政治合理性がうかがえる。

しかし、その後も、与野党から武部に対する辞任要求がおさまることはなかった。

三月二十三日の「重大な失政」という報告書に続き、四月二日には調査検討委員会による最終報告書が提出される予定だった。

最終報告の提出目前である三月二十七日には、四月二日以降に武部農水相は一連の問題への責任を取って辞任するべきだとの声が強まった。四月五日には、武部農水相の辞任を求める問責決議案が国会に提出される予定もあった。

公明党の神崎武法代表は、四月五日を待たずに、武部農水相に自発的に辞任するよう要求した。

「一連の問題では農水省に責任がある。しっかり、きちんとしたけじめをつけてもらいたい」

武部は武部で、自身の責任で辞めるわけではなく、責任をまっとうできない状況から、あらためて農水相辞任を心に決めた。かつて小泉首相から「問題解決したら、辞めさせてやる」といわれて努力しているのに、問題解決するべきその術を失うところまで追いつめられていたのだ。

派閥の領袖である山崎拓も、林幹雄を通じて、武部に辞任を促していた。そこで、武部は、山崎拓に農水相はおろか国会議員も辞める意向を伝えた。山崎は、「ちょっと待て」と動揺しながら、武部の国会議員引退を引き留めた。

また、武部は飯島秘書官にも電話をかけた。飯島も、山崎と同じ反応だった。

「ちょっと、待ってください」

飯島は、その後も、末松に武部への伝言を託した。

「総理は微動だにしないからな。いろんな人がいろんなことをいうけれど、そういうことを聞かなくていい。総理のお考えというものは変わっていないんだ。辞任は、総理の意思じゃないぞ。それは無いぞ」

人間は、直接相手から面と向かって自身の評価を聞くよりも、第三者経由で自身の評価を耳にしたほうが心に沁《し》みるものだ。そのような意味でも、飯島は末松を武部への使者として何度も使った。末松は、政治的な背景はよくわからなかった。とにかく、飯島の指示に従った。

小泉首相と飯島秘書官以外の全国会議員による集中砲火に、武部は憤懣《ふんまん》やるかたなかった。

〈男として、こんな恥さらしはない。だから国会議員を辞める。そうでないと示しがつかない〉

そして飯島は、そのような武部の心境を、そのまま小泉に伝えた。すかさず小泉は、次の一手を打った。

野党が提出した武部農水相問責決議案に関連し、武部辞任を要求していたのは与党公明党だった。そこで、小泉は、四月五日の採決の前に、公明党の神崎代表に迫った。

「武部を辞めさせる。しかし、武部の後、あなたがやってくれるか?」

神崎は、「うーん……」と言葉を詰まらせた。

小泉は、貫禄の違いを見せつけた。その足で、武部に電話をかけた。

「神崎さんが面白かったぞ。飛び上がったよ」

「入れ墨の又次郎」の血なのか、修羅場《しゅらば》における小泉純一郎の凄味である。

そのような経緯もあり、平成十四年四月五日、武部農水相罷免《ひめん》を要求する野党提出の問責決議案は、否決された。かならずしも公明党票は採決を左右するものではなかったが、公明党は欠席したのである。

否決は、ある意味で小泉・神崎会談の結果であり、同時に飯島・武部ホットラインの成果でもあった。強い批判にさらされながらも武部が踏ん張り切れたのは、そのような飯島・武部ラインの賜物だった。

また飯島は、一にも二にも、農水省はBSEのような後ろ向きな議論ではなく、前向きな提案が必要だと考えていた。末松も同感だった。

三章「チーム小泉」かく戦えり

一　衝撃の訪朝と「拉致被害者情報」

飯島、防衛庁に激怒

小泉は北朝鮮に乗り込み、拉致問題に手をつける。いっぽう国内では道路改革に挑む。平成十四年五月二十八日、毎日新聞が、防衛庁内で情報公開を要求した百人あまりの人間をリスト化していたとスクープした。

情報公開法は、平成十三年四月一日に施行されて以来、各省庁には情報公開請求が出されていた。防衛庁は、情報公開法の趣旨に反する行動に出ていたことになる。社会的な批判が防衛庁に集まった。その結果、リストづくりの責任者の処分問題にまで発展した。

そのころ小泉首相と飯島は、一貫して事実解明の手続きをきちんと踏むべきだと指示していた。いつ、誰が、何をしたかという事実関係をまず把握すべしというのだ。拙速《せっそく》な処分で終わらせてはいけない。

小泉は、防衛庁から出向している黒江哲郎参事官に直接こう注意していた。

「誰が何と言おうと、じっくり腰を据えて事実関係を把握する。きっちりやった上で、処分するんだ」

飯島もたえず黒江に「じっくりやれ」と口を酸《す》っぱくして言っていた。

黒江は、ふたりの意をくんで、防衛庁にじっくり事実解明するように指示した。それにもかかわらず、五月二十九日の毎日新聞には、早々に責任者処分の記事が出た。

《防衛庁は二十八日夕、記者会見し、海上自衛隊の三等海佐（四十八歳）がリストを作成していたことを明らかにした。三佐は、海上幕僚監部情報公開室の担当だった昨年四月〜今年三月、公開請求した百四十二人全員の身元リストを作り、関係職員にも渡していた。防衛庁は業務上の注意義務違反にあたるとして、監督責任者を含め三佐らを処分する方針》

その処分の早急さは、防衛庁があくまでも「三佐個人による判断のリスト化」という形で、幕引きを図ったようにも見えないでもなかった。

その記事を目にした飯島は、黒江を呼び出し激怒した。

「なに考えてるんだ！　あれだけじっくりやれよと伝えてるのに、いったいおまえはどういう伝え方をしてるんだ？　かりに役所側にそういう動きがあるのならば、なんでおれにそのことを言わないんだ!」

目から火が出るほどの激昂《げっこう》だった。じつは、黒江自身も親元による「即時処分」の動きは把握できていなかった。とはいえ、飯島が、官邸無視である「防衛庁の拙速処分」に怒り狂うのはもっともだと思った。

飯島は、怒りにまかせてこう言い出す始末だった。

「防衛庁からの人間なんか、いらない。おまえは、すぐ帰れ!」

飯島は、防衛庁を「特命チーム」から外すというのだ。黒江は、愕然とした。とはいえ、黒江にはやるべき仕事も残っていた。

黒江は、その日も深夜まで新官邸で仕事をしていた。夜中一時になって、黒江は、防衛庁処分問題の中間報告をとりあえず飯島に入れておこうと思った。官邸の電話から飯島の携帯電話を鳴らした。首相秘書官に就任して以来、赤坂プリンスホテルを定宿にしていた飯島は、その時間も起きていた。

一般に携帯電話とは、着信時に発信者番号が表示されるものだ。黒江が官邸の電話から、飯島の携帯電話に連絡を入れれば、飯島としては「官邸で仕事をしている人間」からの電話だとすぐにわかる。

〈あぁ、こいつはまだ官邸にいるな〉

そうすると、さっきまで阿修羅のように激怒していた飯島だったが、そこではまずは黒江をまるで仏のように優しくねぎらった。

「いやあ、まだ官邸か。遅くまでご苦労さん」

飯島は、日の当たらないところでコツコツと深夜まで働いている男を、まずねぎらうことを忘れなかった。それは、黒江のみならず、相手がどのような立場の人間であっても、縁の下の力持ちに対するねぎらいの言葉を忘れることはなかったという。

飯島の細やかさは、「防衛庁リスト問題」での激昂のなかにも密かに溶け込んでいた。「防衛庁からの人間なんかいらない」という飯島発言は、その後、実行に移されることはなかったものの、飯島流の真の狙いは徐々に防衛庁本庁に染み込んでいった。飯島は、黒江参事官をこっぴどく叱ることで、防衛庁側に官邸の意向を重視する風土を根付かせようとしていたのだ。

「防衛庁リスト問題」のときには、クビになりかねなかった黒江は、この問題が解決した後に事務次官に就任した守屋武昌に、必死に報告を上げた。

「『防衛庁はいらない』と怒られましたよ。防衛庁も、やり方を変えてください」

その後、防衛庁側も官邸に対する姿勢を変え始めたという。

参事官たちは官邸からのスパイ

飯島の細やかな配慮は、外務省の儀典外国訪問室、通称「儀訪」という事務補助員の裏方部隊にも向けられた。

外遊に同行する儀訪は、首相一行のすべての荷物の面倒を見る、いわば「裏方」だ。外遊が一泊の場合は、現地に夜に到着すれば、すぐに荷ほどきする。首相の仕事が終われば、即座に翌朝には帰国する。その前段で、儀訪は荷造りをすませておかなければならない。ということで、儀訪は、一泊外遊のときには、睡眠時間ゼロなのである。そのような、日の当たらないところでコツコツ働く裏方の人間に対しては、飯島は手厚かった。つねに、ねぎらいの言葉をかけていた。

さらに飯島は、小泉首相と儀訪との集合写真を撮る機会も設けていた。裏方は、喜ぶ。そこまで手厚く扱われれば、士気が上がらぬわけがない。黒江は、そんな飯島の繊細な配慮に舌を巻いていた。

黒江たち参事官が官邸入りしてから、マスコミは、「特命チーム」とは、役所が官邸に送り込んだスパイだと揶揄《やゆ》していた。が、黒江は、まったく逆だという。黒江は官邸に身を置くことによって、小泉首相が考えてることや、小泉政権の目指しているものがよくわかった。わかった部分を、親元の防衛庁に伝える。その限りでは、むしろ官邸から防衛庁に放たれたスパイだというほうが当たりだった。黒江が伝える官邸の方向性に対して、防衛庁側は足並みをそろえてくるようになったのだ。

黒江は、官邸が防衛庁を動かす時のパイプ役だった。黒江としては、マスコミによる心ない「役所のスパイ」説には、切歯扼腕《せっしやくわん》した。

かりに、小泉首相や飯島に魅力が無ければ、黒江たち官僚も自身の出身省庁の利益を代表する「官邸へのスパイ」になり下がっていたかもしれない。しかし、小泉には忠をつくすべき魅力があった。いつしか黒江は、防衛庁を見る時に、「小泉首相のいうことに、どれだけ副《そ》えているのだろうか」という目で見つめるようになっていた。

官邸入り当初の黒江は、飯島の強面《こわもて》ぶりに動物的に緊張していた。が、付き合っていくうちに緊張の質が変わってきた。「いい加減なことはできない」というプロフェッショナルとしての緊張感を覚えるようになった。と同時に、きちんと仕事をやれば、きちんと評価もされることもわかった。

飯島は、人知れず汗をかいている者の労をねぎらうことを忘れない。そういう意味では、人間味あふれる飯島像が、黒江の心のなかにしだいに形づくられていったという。

夏休みに小泉がひきこもった理由

小泉首相は、スタッフにも気を遣った。

小泉首相は、平成十三年八月十一日から二十四日まで、首相就任後、はじめての夏休みをとった。最初は、東京都内におり、十七日からは神奈川県箱根《はこね》町の箱根プリンスホテルに行き、部屋で好きなCDを聞いたり、アメリカから一時帰国した次男の小泉進次郎《しんじろう》とキャッチボールをするなどのんびりと過ごした。

しかし、翌年の平成十四年の夏休みからは、首相公邸か都内のホテルに籠《こ》もるようになった。これには、理由がある。

じつは、小泉首相は、平成十四年も箱根で夏休みを取るつもりでいた。が、そうなると警備のために十日間でのべ千五百人の警察官が動員されることになる。いくら仕事とはいえ、世間と同じ時期に夏休みが取れなければかわいそうだ。公邸や都内のホテルなら警備の人数が少なくてすむ。小泉首相は、そう思い、箱根に行くことをやめた。

また、小泉首相は、夏休みの間、官邸に行くことも極力、控えた。首相が官邸に出ると、スタッフ、警備、清掃員など少なくとも百名以上が出勤することになる。みんないっせいに夏休みを取ることができない。それゆえ、なるべく公邸から出ないようにした。

飯島は思った。

〈まるで籠のなかの鳥で、気の毒だが、総理在任中は、我慢してもらうしかない〉

小泉首相は、在任中、映画や演劇などの鑑賞もできるだけ控えた。なぜなら、小泉首相が鑑賞すれば、当番秘書官や警護など最低でも五席が必要となる。席を押さえるだけでも大変だ。首相官邸には、試写会の案内や招待券もたくさん届いた。が、飯島は、絶対に無料で鑑賞させなかった。すべて小泉首相が個人でチケットを購入した。

プロ野球も、公務に近い日米野球は観戦したことがあるが、プライベートで試合を観たことはなかった。なぜなら、バックネット裏などの年間シートは、企業が押さえている。バックネット裏で観戦すれば、見る人が見れば、どの企業が招待したかが一目瞭然となるからだ。

飯島は、小泉首相の行く場所などについて秘書主任の大塚和子から注意を受けることもあった。

「飯島秘書官、そこは、やめたほうがいい」

大塚は、総理総裁の立場というものを厳しく見ていた。飯島にとって、大塚のアドバイスはありがたかった。

「失礼しました。参考になります」

意外だった北朝鮮の拉致問題謝罪

平成十四年八月中旬、小泉首相は、北朝鮮の金正日《キム・ジョンイル》総書記に「日本側は国交正常化や補償問題、在日朝鮮人の地位向上などに真摯に取り組むので、北朝鮮側も拉致問題や核・

ミサイルなど日朝間の諸問題の解決に真剣に取り組んでほしい」という内容の親書を送った。

飯島は、その親書に小泉首相の次のような覚悟を読んでいた。

「うまくいかない場合のリスクは、自分が負う。日朝関係は、首脳会談以外のやり方では、打開しえない」

これに対し、北朝鮮側からも肯定的な反応があった。そこで、小泉首相は訪朝を決断し、八月三十日、政府・与党連絡会議などを経て小泉首相の訪朝が発表された。下工作などまったくなかったという。

戦国時代は、相手の城の中に交渉に向かうときは、鎧兜《よろいかぶと》をすべて捨てて入っていく。実際には、そこで交渉が終わると殺されるケースが多かった。飯島は、今回、ふんどし一丁で相手の城の中におもむく心境であった。しかも、相手の城の中には、弾丸だけでなくミサイルすらある。

飯島は、起こりうるいろいろなことを想定した。

〈金総書記に抱きつかれた場合、総理は、どうしたらいいか。そういうときの通訳は、どうすればいいのか〉

北朝鮮に行く直前の九月十三日、飯島は、ニューヨークのホテルにいた。そのとき、日本財団理事長の笹川陽平《ささがわようへい》から、「金正日が小泉と会ったとき、こうなります」という五項目くらいの内容を日本からＦＡＸでもらった。

アメリカのカーター元大統領と北朝鮮の金日成《キム・イルソン》主席との平成六年六月十七日の平壌《ピョンヤン》市内での米朝会談をセッティングしたのは、笹川であった。笹川は、日本から北朝鮮に電話を入れて、すぐに要人につながるほどのパイプを持っている。

小泉が、平成十四年四月二十九日にインドネシアから独立したばかりの東ティモールを訪問したとき、インドネシアと東ティモールの情勢をレクチャーしてくれたのも、笹川であった。

世界をまたにかけて活動する笹川や日本財団理事長の尾形武寿《おがたたけじゅ》の情報は、外務省の情報だけではわからない部分をフォローしてくれる貴重な財産であった。

笹川は、飯島に言ってくれていた。

「飯島さんが、湾岸諸国、中東諸国、中央アジアに行き、どうしても通訳が必要なときは、昼でも、夜でも、わたしの部下を無償で使ってください」

これまで北朝鮮が受け入れたマスコミの最大人数は、ＥＵ（欧州連合）訪朝団に同行した記者団八十名という。飯島は、ニューヨークのホテルで即座に決めた。

〈よし、それなら、こちらは百二十名にしよう〉

飯島は、さっそくスポーツ紙、週刊誌の記者、海外特派員もふくめてその百二十人のマスコミの受け入れを要求した。さらに、ＥＵ訪朝団のときには認められなかった携帯電話の持ち込みや、先乗り取材なども合わせての要求だった。

飯島は思っていた。

〈今回の首脳会談の成功のためには、マスコミによる透明性の高い報道が必須である。本気で成功を願うなら、日本側の標準であるオープンな報道を認めるべきだ〉

そして北朝鮮は、日本側の要求を丸呑みしてきたのである。そこで、飯島はこう判断した。

〈ああ、本気なんだな〉

そのように飯島は、不可解な国家の真意を計るために、独自の尺度を創出していた。飯島をそばで見ていた防衛庁から来ている黒江参事官は、感心した。

〈そういう見方があったのか…〉

飯島は、小泉が平成十四年九月の訪朝を決めたとき、日本雑誌協会の会長をつとめる日刊ゲンダイの二木啓孝《ふたつぎよしたか》記者に電話を入れた。

「小泉の訪朝には、週刊誌の記者も同行させます。枠は、三社です。どこの社かは、雑誌協会に任せますので、そちらで推薦してください」

小泉が首相に就任してから一週間後の平成十三年五月一日、北朝鮮の金正日総書記の長男と見られる男が成田《なりた》空港で入国管理局に拘束されるという事件が発生した。男は妻子を連れており、ドミニカ共和国の偽造パスポートを使用して入国を図ったところを拘束・収容された。五月三日、身柄拘束の事実が報道によって明らかとなったが、外交問題に発展することを恐れた田中真紀子外相の判断により退去強制処分とされ、五月四日、男は中国に向けて出国させられた。

このとき、週刊誌は、日本政府の対応を徹底的に叩いた。が、小泉とすれば、首相になったばかりであり、情報が完全に上がっていなかった。そこで、飯島は、週刊誌の記者を同行させようと考えた。むろん、どのような記事を書こうとも自由だ。が、小泉と直接会うことで、憶測や噂ではなく、真剣になって記事を書くだろうと思ったのである。

北朝鮮での昼食は、万が一のことがあってはいけないのでこちらで用意していった。銀座でJAが経営するショップで、一人三個のたらこやおかかの入ったおにぎり、それをポテト一個ついた四百円くらいのものを人数分購入した。飲み物は、ペットボトルの水を用意した。

飯島は、訪朝する前、警察庁からきている小野次郎秘書官に言った。

「SPは、一番少なくする。二、三人でいい」

飯島は思っていた。

〈信頼していない国交のない国だから、逆手にとってSPを少なく連れて行くのも、心理効果が最高にある。ふんどし一丁でいこうという心構えに、周りが槍や鉄砲を持っていく雰囲気を作るのがおかしい〉

小泉首相からも、指示があった。

「訪朝同行者を、極力最小限にしぼるように」

飯島は、それを「単身で敵地に乗り込んで話をつける」という総理の気概の表れと読んだ。

飯島は、小野と黒江参事官を連れて行くという約束をしていた。ところが、蓋をあけたら、彼らは多くのSPを手配していた。

飯島は、小野と黒江に言った。

「キミたちは、来なくていい」

ふたりは、さすがにショックを受けていた。

九月十七日、午前十一時から開始される日朝首脳会談の前に、北朝鮮側は、「五人生存、八人死亡」という拉致被害者の安否情報を出してきた。現地の準備本部長であった在英日本大使館の梅本和義《うめもとかずよし》公使がそのペーパーを持ってきた。飯島がおどろいたのは、それは「小泉純一郎総理大臣閣下」宛ではなく、「日本赤十字社」御中とあり、差出人は「北朝鮮赤十字社」。首相一行に渡す紙のタイトルが「日本赤十字社御中」であることが、飯島には解せなかった。

午前の会談は、午前十一時三分からおこなわれた。小泉首相は、強張《こわば》り、青ざめた表情で、拉致被害者八人死亡について金総書記に迫った。

「事前の事務協議で情報提供がなされたことに留意するが、国民の利益と安全に責任を持つ者として、大きなショックであり、強く抗議する。家族の気持ちを思うと、いたたまれない。継続調査、生存者の帰国、再びこのような事案が生じないよう適切な措置をとることを求める」

午前の会談は、予定より三十分早く、わずか一時間後の十二時五分に終了した。

首脳控え室にもどった小泉首相ら一行は、日本から持ち込んだおにぎりの弁当をひらいた。北朝鮮の申し出を断り、持ち込んだものである。

握り飯を一つつまんだところで手を止めた小泉首相は、椅子に座って、テーブルの一点を四十分近くジッと見つめつづけていた。

飯島は、この間、梅本公使に指示した。

「事実確認をしたいので、首脳会談が終わったあと、迎賓館《げいひんかん》でも、ホテルでもいいから、拉致被害者のみなさんと会えるようにしろ。日本側で面会するのは、小泉総理と安倍官房副長官のみ。あとは、同席させなくていい。総理の帰国が遅れてもいいので、とにかく会えるよう努力しろ」

梅本は、このとき、腹痛で苦しんでいた。脂汗をかきながら、拉致被害者とその家族が待機している平壌市内のホテルにすっ飛んでいった。そのなかには、横田めぐみの娘とされるキム・ヘギョンもふくまれていた。

梅本公使は、彼らと小泉首相らとの面談をセットするべく調整を試みた。が、心の準備ができていないという理由で、不調に終わった。

午後二時四分から、首脳会談が再開された。金総書記が、小泉首相にいきなり切り出した。

「行方不明といってきたが、拉致だった。率直にお詫びしたい」

これまで否定してきた拉致を認め、謝罪したのだ。

金総書記は、事情を語った。

「背景には数十年の敵対関係があるが、誠に忌《い》まわしい出来事だ。特別委員会をつくって調査した結果が、お伝えした報告だ。七〇年代、八〇年代初めまで特殊機関の一部に妄動主義者がいて、英雄主義に走ってこういうことをおこなってきたと考えている。二つの理由があると思う。一つは特殊機関で日本語の学習ができるようにするため、一つは、ひとの身分を利用して南（韓国）に入るためだ。わたしがこういうことを承知するにいたり、責任あるひとびとは処罰された。これからは絶対にない。この場で遺憾であったことを率直にお詫びしたい。二度と許すことはない」

飯島は、北朝鮮が謝罪したことにびっくりした。なぜなら、最後に出す金総書記のカードを最初に切ったからだ。北朝鮮はあとに切るカードを無くしてしまった。

飯島は思った。

〈おれだったら、カードを大事に最後までしまっておくのに……〉

それゆえ、いまもっておたがいに困っている。

その場でトップ同士が直で話す。想定問答集を作っていたわけではなく、事態の急変、首脳同士の突発的な会談であった。だからこそ、小泉内閣で北朝鮮の拉致問題が前進した。

官邸の「煙草部屋」でひと眠り

新官邸の秘書官室の首相執務室と反対方向にある奥に「煙草部屋」といわれる部屋がある。当初は、会議室として使われていた部屋であったが、喫煙室にしたほうが効率がよいことから秘書官室で唯一の喫煙室となった。ちょっと硬めの椅子と、ある程度高さのあるテーブルがあり、そこで、煙草を吸ったり、電話をかけたりする。

部屋には、大きな空気清浄機が二つ設置されている。なぜ会議室から「煙草部屋」になったか。飯島ら秘書官に煙草を吸うために秘書官室から遠くへ行かれると、電話が入ったときに、遠くまで呼びに行かなくてはならない。しかも、秘書官室の固定電話にかかってくるため、周辺の部屋にいてくれればよいが、別の部屋に行かれると、彼らのいる部屋の番号の違う電話機に切り替えなければならなくなる。取次ぎが面倒になる。秘書主任の大塚和子からすれば、電話の保留のできる場所にいてくれた方がありがたかった。

喫煙室には、大塚たちのデスクにある電話と同じ番号の電話が設置されている。それから、ドアも開放されているため、「電話〜!」と叫べば「はい、はい、はい」と受けることができる。昼間は、事務の秘書官も四人いるし、大塚たちもいるので、何かあれば取り次ぐことができる。

「煙草部屋」でヘビースモーカーの飯島は、煙草を吸い、ときに二、三十分、居眠りをする。居眠りといっても、いびきをかくほど、ぐっすりと眠る。飯島は、二十四時間、対応に追われている。夜中に緊急の電話がかかってきたら、出なければならない。そのせいで、この昼間の居眠りで、休息をとり、バランスをとっていたのであろう。飯島にとっては、ほっとできるひと時であろう。夜中までさまざまなことをこなさなければならない。緊張感の連続である。

いっぽう、小泉総理もタフである。大塚は、つくづく思う。

〈総理の職は、健康と精神力が強くなければ、できない〉

小泉政権は、中曽根に次ぐ長期政権であった。これほどまでの激務をこなす、小泉の精神力は、強靭である。短期なら全力疾走でもよい。しかし、長期ともなると、普通の人なら、途中で息が切れてしまう。もしかすると、小泉は凄まじい緊張感でもたせていたのかもしれない。

中曽根と上和田義彦秘書官も、二人三脚で素晴らしかったが、「小泉と飯島の阿吽《あうん》の呼吸も素晴らしい」と、大塚は思う。

小泉と飯島は、一見、タイプがまったく違う。大塚は、むしろ同じタイプではいけないと思う。両輪というか、いっぽうはけっして表に出る存在ではなく、違う面を持ってフォローする。飯島の小泉に対する忠誠心は、深い。何も言わなくともわかり合えるような、まるで夫婦のような絆があった。

小泉の姉、信子が官邸に顔を出すことは、ほとんどなかった。総理が何かをするときには、飯島秘書官に任せる。そうでない公邸での小泉は、信子が担当するというように、役割分担をきちっと心得ていたのであろう。

入閣候補の身体検査

小泉首相は、平成十四年九月三十日、内閣を改造した。入閣候補の「身体検査」は、このときも飯島が一人でおこなった。飯島は、人事については、「チーム小泉」のメンバーといえども絶対に洩らさなかった。

彼らは、出身官庁の官房長らに突っつかれたにちがいない。

「うちの大臣は、誰になりそうだ?」

組閣がありそうになると、「チーム小泉」の参事官たちは、週の当番でもないのに、飯島に用事があるふりをして首相官邸五階の秘書官室に上がってくる。

「飯島秘書官、忙しそうですね」

用事が終わり、飯島が、「もう降りろ」と言っても、「いや、まだ、岡田さんに用事があるから」と理由をつけて五階に残りたがる。

そういう時に限って、飯島が「これ、コピーを取ってくれるか」と女性職員に頼むと、みんな人事に関する資料だと勝手に思い込み、手を出してきた。

「わたしが、やります」

飯島は、入閣候補の「身体検査」は極秘裏におこなった。いつ、どのような方法でやっているのか、だれも知らなかった。それまでは、内閣調査室や警察庁に協力を求めていたが。飯島は、自分ひとりでおこなった。

その意味では、警察庁出身の小野秘書官と、のち小野が総選挙に出馬したため次の秘書官として官邸に来た山﨑裕人《やまざきひろと》秘書官は、警察庁の上層部から「何も問い合わせがない。彼らは、飯島秘書官に信用されていないのではないか」と思われ、立場的に辛かったかもしれない。

飯島は、古川貞二郎官房副長官にも、一度それとなく訊かれたことがあった。古川は、厚生省ＯＢで事務次官をつとめた。小泉首相が、だれを厚生労働大臣にするつもりでいるのか気になったらしい。が、飯島は、官房副長官といえども絶対に洩らさなかった。

飯島が小泉を動かしているのか?

一部には「飯島が、小泉を動かしている」との憶測がある。が、香取照幸参事官は、それをきっぱり否定する。

「それは大嘘で、全然そういうことは無い。総理が『こうだ』といったら、飯島は逆らわなかった。逆らうところを、見たことがない」

と同時に、小泉も、飯島の話はよく聞く。ふたりには、絶対的な信頼関係があった。

坂本参事官によれば、飯島は、小泉首相に対してほとんど口応えをしなかった。

ある日、飯島が坂本参事官にAという政策案をまとめさせた。ふたりがさんざん議論して、A案がいいと結論を出したからである。ふたりは、そろって小泉首相にA案を上奏した。

すると、小泉はこともなげにこう言った。

「いいよ、もう決めたから。もう公明党とも話したからいいよ」

小泉の「いいよ」とは「A案は不要」ということである。小泉は、すでにB案で決断していたのだ。それを聞いた飯島は「はっ、わかりました」と即答した。A案にまったく固執しなかった。そして、坂本参事官に振り返ると「坂本君、もういいから。引き下がろう」といって首相の部屋をあとにした。飯島は、首席秘書官としてさまざまな計画を練るが、何にも増して小泉の決断が絶対だった。

小泉と飯島が二人きりで話しているときは、官邸スタッフでさえなかなか間に入れない雰囲気がある。それほど長い時間ではないにせよ、局面局面で二人きりの相談は、さっとおこなわれていた。

「チーム小泉」の参事官である香取照幸は、総理との打合せを終えて、執務室から出てきた飯島が、「また怒られちゃったよー」と言うのを聞いたことがある。もっとも二人の打合せは、ほかをシャットアウトして密室でおこなわれるのだから、飯島が小泉に本当に怒られていたのかどうかは知る由もない。

飯島は、いつも小泉純一郎ならどう判断するかを考えながら動いてきた。昔からずっとそうやって行動してきたので、いまではほとんど小泉の考えが読める。仮に判断ミスがあったとしても、小泉は怒らない。

政治家のなかには、秘書がたまに休んだりすると、「おれが働いているのに、なぜおまえは休むんだ！」と怒鳴ったり、嫌味を言うひとがいる。あるいは、地元の選挙区入りした際、用も無いのに議員会館事務所に電話をかけ、秘書が早めに帰っていないかどうかいちいちチェックする狭量の人もいる。しかし、小泉は、心が広い。たとえば、小泉が議員会館事務所にいても、飯島が「すみません、今日は、人と会う約束がありますので先に帰ります」と言えば、「ああ、いいよ。お疲れさん」と気持ちよく送り出してくれる。

全くしがらみがない小泉内閣

かつては、警察庁長官が総理に会うとき、だいたい一週間から十日ぐらい経つと、大型事件があるといわれてきた。ドンと花火が打ち上がり、大騒ぎになる。

永田町と接点のあるような大型の事件の場合は、警察庁長官が出て、かならず総理と会った。というのも、その事件が進展すると、総理の周辺、さらに出身派閥にまで捜査がおよびかねないので、前もって報告を入れておくのだ。

ところが、小泉内閣では、そういうことがなかった。小泉も、首相時代、警察庁長官と会っているが、そういうパターンはまったくなかった。小泉の場合、警察も、検察も、飯島もふくめ事務所秘書のことを、どう叩いても、どう洗っても、何も出てこない。だから、官邸の了解無しに安心して悪を捕捉し、逮捕できた。

また、総理個人ではなく、官房長官、あるいは、出身派閥のほうで、世の中がひっくり返るくらいの事件を抱えていれば、精神的にいろいろとくたびれるところだ。

だが、小泉には、子分はいない。一匹狼である。小泉を支援するのは永田町ではなく、国民だ。当局からすれば、誰を逮捕しようと、官邸の了解なしに気楽にできた。

それゆえ、ときおり官邸もビックリするような事件が起こる。普通なら、総理が烈火のごとく怒るだろう。

「なぜ、事前に連絡を寄こさなかったか!」

しかし、小泉官邸とすれば、報告が無いほうがありがたかった。事前に知っていれば、当局から、「××を不起訴にしたのは、官邸が絡んでいるのではないか」と疑われる。

飯島も、そういう事件に対するリアルタイムの処理をすることはなかった。

官邸の仕事とは可能性の集約である

どんなにいい情報でも、それを判断する眼力が大事だ。永田町には、ガセネタも多い。観測気球を上げられ、その情報に惑わされて動いてしまうと相手の思うツボだ。が、そのようなガセネタも大事な情報となる。なぜ、この時期に、このようなガセネタが出たのか。二手先のことを考えてのガセネタだったのかもしれない。その分析を、瞬時にすることも大事だ。また、その情報に便乗せずにすっとぼけるということも大事である。

オフレコにしても、知っているのに、知らないふりをしてとぼけるのも大事だ。永田町の多くの官僚は、「オフレコですが、あの人はこういうことを言ったらしいですよ」と自分に入った情報を人に喋ってしまう。たとえ、その話を知っていても、知らないふりをして聞くのも大事だと飯島は思う。

飯島は、秘書官時代、完全な休日は一日も無かった。なぜなら、政治家は、金曜日の夜から日曜日まで、つい口が緩くなる種族である。選挙区での会合やテレビに出演した際、リップサービスで言い過ぎてしまうことが多い。

休日は、総理も、閣僚も、党の幹部も、官僚も、みんな散っている。そのような状況で仮に問題発言が出たとき、瞬時に捕捉し、その対応を考えなければいけない。それゆえ、休日といえども、気の休まることはなかった。

官邸の仕事とは、可能性の集約である。それを滞らせないためにも、官邸内部での集約力を高めておかなければならなかった。そのためか、飯島は、坂本たち参事官に口を酸《す》っぱくしていっていた。

「官邸が何をしているのかという事を把握しておけ。いざとなったら、働け」

官邸の仕事の特徴は、急遽ミッションがやってくることにある。あらかじめ準備された問題を解く作業ではない。解決すべきミッションに対していかなる命題を立てるか、いかに仮説を立てるかが「特命チーム」には問われるのである。「特命チーム」は、即座に欠陥を認識して、命題を形成して、解決策の指示を出さなくてはならない。陰のスーパーレスキュー軍団ともいえる。

そのように、いきなりトップギアの時速百キロで走行することを要求される、「官邸」という名のスーパーレスキュー車には、アイドリングである「遊び」が必要だった。自動車などのアイドリングは、ギアに負荷をかけない状態で最低限度の回転数で稼動し続けている状態のことだ。それは、常にスタンバイして、いつでも走り出せるようにするためのものだ。

いっぽう昨今は、バスなどでは交差点での「アイドリング・ストップ」運動が盛んである。赤信号では、エンジンをいったん切る。信号が青になって、バスがエンストを起こしている場面にしばしば出くわすことがある。しかし、そのエンストで十五秒ほど予定到着時刻が遅れたとしても、バスにとってはたいした問題ではない。スピードよりも、CO_2対策のほうが、優先される。もっとも公共輸送機関は安全第一である。

ところが、即座にトップスピードを要求されるスーパーレスキュー車にはエンストはけっして許されない。十五秒の遅れは、「首相の死」「日本国の死」をも意味する可能性がある。

そのように、スーパーレスキュー車とバスとではおのずと任務が違う。したがって、「官邸チーム」には、迅速な任務遂行のためにも「遊び」の部分が必要だった。「遊び」とは、すぐにスタートできる状態に「チーム小泉」のまとまりを最低限維持していくためのコミュニケーションの回転数のことだ。

そういう意味でも飯島は、秘書官と参事官に対しては、与太話から政談にいたるまで、森羅万象《しんらばんしょう》の今現在を語り続けていた。

わずか十一人で三万人もの官僚を使いこなす

内閣府には、百五十名ほど職員がおり、いずれもキャリア組である。飯島は、首相秘書官時代、ときおり出身校を訊ねた。

「きみ、どこの学校を出ているの？」

一般的には、出身校を訊かれた場合、「早稲田です」「慶応です」「中央です」といった具合に大学名を上げる。が、彼らは、一様に高校名を口にした。

「(鹿児島県の) ラ・サールです」

「(東京都の) 麻布です」

「(兵庫県の) 灘です」

ごくまれに「一橋です」と大学名を口にするものもいたが、九九％は、高校名で答える。つまり、キャリア組のほとんどは、日本の最高学府の東京大学出身だ。彼らにとって、東京大学出身というのは、当たり前のことであった。

内閣府にかぎらず、霞ケ関には、東京大学出身者がほとんどだ。「チーム小泉」は、わずか十一人で三万人ものエリート官僚を使いこなした。

飯島は、東大出身で、生まれながらにして神童のような官僚が、鼻っ柱強く出てくると、無性に血が騒ぐ。そんな彼らが、首相秘書官という肩書ではなく、知恵対知恵で一目置いてくれたら気持ちいい。

彼らの相談相手になることができれば、幸せであった。実際に、各省のOB、事務次官、局長級クラスの役人が飯島のもとを訪れる。

「ちょっと相談があるのですが」

そのような立場にある飯島は、利権のようなことは言えなくなる。だからこそ、彼らは言っている。

「いやあ、飯島さんは違う」

飯島ができることは、彼らに勇気を与えることだけだ。泰然とさせる。ぶれさせない。相手が政治家であろうと、官僚であろうと、ペースメーカーになれればいいと思っている。

いっぽう東大法学部出身の黒江参事官は、「ぼくらは飯島さんにずっと指導されてたって感じです」という。

飯島には、官僚のエリートとしてやってきた官僚たちの世界では思いつかない一面がある。新聞に書かれている記事を読みながら、「論調とは違った見方をしたらいいのではないか」というアドバイスをくれるときもある。そういう場合、必ずといっていいほど、飯島が言ったとおりの方向に向かっていくという。

官僚だけの判断では気づかないことが、いとも簡単に飯島にはわかる。

二　軍師・飯島勲と「チーム小泉」

人の悪口を言わない小泉

「チーム小泉」の参事官が、小泉総理と接触していて感心したことがある。彼らは、小泉総理から人の悪口を聞いたことがない。人の批判を聞いたことがない。マスコミのインタビューでも、相手の政党に対しても、常に「どうですかねー」と言いつつ必ず敬意を表す言葉がある。民主党の前原誠司《まえはらせいじ》代表にも「がんばれよ」という感じでエールを送りながら、すごく誉《ほ》めていた。

杉浦正健副長官も、驚いていたという。

「ぶれないし、人の悪口を言わないよなあ」

小泉は、物事のおかしいところ、考え方のおかしいところは、徹底的にけしからんという。しかし、それを口にしている人物にひどいということは決して言わない。

「いつか、わたしに賛成してくれればいいんですけどね」

そんなメッセージを言い続ける。

小泉は、部下に対しても、「この人はこんなひどい人だ」ということは口にしない。飯島秘書官も、よく怒ったりはするが、人の悪口は言わない。「チーム小泉」にも、ふたりの悪口を言わない姿勢が伝播《でんぱ》していた。

小泉総理と飯島秘書官の二人には共通するところが多いという。

ふたりの一番の共通点は、ブレないということだ。

相談したことに対して、途中で絶対に曲げない。だから、仕えていく人間として安心できる。「チーム小泉」のメンバーたちは、自分らがやっていることが出身省庁の意に反していても、この二人が「やれ」という以上、信じて、とことんやる。「明日からでまあいいじゃないか」とか「前に戻そうか」ということは絶対にしない。それをされてしまったら、チーム小泉のメンバーは困る。小泉総理と飯島秘書官が求めている結論に向かってひたすらやればいい。そして、やるためには段取りもきちんと自分のところで考え、相談したりしながら、全部を押さえて結論までもっていくようにした。二人は、決してはしごを外すことはしない。

「チーム小泉」が、類稀《たぐいまれ》なる力を発揮できたのも、小泉総理と飯島秘書官の一貫した哲学があったからだ。

「チーム小泉」の中心となり統率を取るのが、飯島秘書官、政策的な面を筆頭で補佐していたのが丹呉秘書官だった。

チーム内で、仕事を出身省庁ごとに縦割りにしてしまえば、参事官同士の関係にひびが生じてしまい、飯島秘書官が求める迅速な対応という面が損なわれてしまいかねない。

ところが、飯島の意思を知ることになる参事官たちは、自然なうちにそれぞれが情報を共有するようになり、問題が起きると飯島の思い通りの動きができるようになっていった。もちろん、参事官同士だけではなく、その動きは秘書官にも伝わり、秘書官同士でも情報を密にしていた。このようにして、様々な方向からの意思疎通が大切にされていた。

「チーム小泉」内では、飯島を筆頭に、情報の共有化が図られていた。基本的に、みんながいるからこそのチームだ。誰かが何を担当し、行動するとしても、実際にそれをやるのは小泉だ。それが各省庁へ伝わり、政策実現のために動いてもらう。

メンバーが出しゃばらないから強い

飯島は、「チーム小泉」について総括する。

「官僚ならば、むしろおれが、おれがじゃなくて、チーム内部にいるものたちの名前がつとめて出ないようにしたからこそ、強いチームになった」

マスコミに対しては、一番の情報提供者は飯島だった。普通なら、それ以外の人に取材すれば様々な情報が出てくるものだが、「チーム小泉」では、飯島が話している範囲の中でしか情報は出てこない。それだけ、お互いの情報共有と管理がきちんとしていた。チームという意味をしっかりと理解し、そして誰も出しゃばらない。

参事官たちは、完全に事務スタッフだから、表に出ることは一切なく、記者から聞かれても「知らない」といってもいい。「あいつは、何も知らない」と馬鹿にされてもいいと平然としていた。そういわれても、どうということはない官僚たちだからこそ、情報が外に漏《も》れることはなかった。特に飯島から厳しく言われたわけではなく、自然に「チーム小泉」内がそういう空気に覆われていた。

ときには、「こんな記事が載っている。どこから漏れたんだ」ということは、話題になったこともある。だが、そういうときに限り、情報を漏らした犯人は、だいたい別に存在した。飯島から参事官らに向けられる「おまえたち、漏らしたんじゃないか」という言葉は、飯島の冗談ではあった。

一度、飯島が、「チーム小泉」内とマスコミの両方に、鉄壁な団結力をユーモアでもって披露してくれたことがあった。

ある記者が、飯島に取材していたときのことである。

「アレに聞けば、わかるんじゃないの」

そういって、飯島は「チーム小泉」のひとりである参事官を名差しした。

その参事官のまわりを、記者たちが取り囲んだ。

「あなたに取材すればわかるといってます」

なんのことかわからずその参事官は、さすがにとまどった。

「ちょっと待ってください。誰がそんなこと、話したんですか?」

困惑気味のその参事官の様子を聞いて、飯島は一人ニヤニヤしていたという。

その参事官は思った。

〈飯島秘書官は、試しているな……〉

誰も、そんなことされても、言わないことは飯島もわかっている。飯島のご愛嬌でもあるんだろう。その辺の気転というか、ウイットというか。その参事官も、つい苦笑いした。

それだけ、「チーム小泉」は統制がとれていた。チーム内で疑心暗鬼《ぎしんあんき》になってしまったら、どうにもならない。

香取参事官は、「チーム小泉」の参事官だったのみならず、のち安倍政権スタッフにも陰から力を貸していたという。が、安倍政権を支えるスタッフの仕事ぶりに対して注文がまったく無いわけではなかった。官邸側の意思表示をもう少しきちんと示すべきだったと感じている。同時に、誰が意思決定をしているのかも明確にすべきだと指摘する。せっかく小泉改革によって、霞ヶ関が官邸の指示で動くようになっているのに、このままでは「官邸主導」も宝の持ち腐れになりかねない。そのような意味でも、香取は、すべては安倍首相の意思決定にかかっていたと思っていた。と同時に、首相の周辺の一体感、チームワークも大事だという。

周辺のなかでも、ことに補佐官は重要だ。「チーム安倍」の補佐官は、「チーム小泉」の秘書官とはバックグランドが違う。

そもそも補佐官たちは政治家だ。政治家には立場があり、さまざまな利害関係がある。いっぽう、香取たちは官僚だ。官僚には黒子としての意地がある。香取も、自身を「黒子だ」と自負する。「チーム小泉」とは、いわば「黒子チーム」だった。「おれが、おれが」の我を捨てた野球チームであれば、つなぎのためのバントができる。が、強打者ばかりの野球チームでは、バントは滅多《めった》にできないものだ。

それでもなお、世の中にあるすべてのチームには、内紛がつきものだ。逆に言えば、安倍政権が特別悪いわけではない。しかしながら、内紛をさばく「インサイド・ワーク」さえあれば、あるいは安倍政権のマイナスイメージは避けられたかも知れない。香取が指摘する「インサイド・ワーク」とは、「チーム小泉」における飯島勲の「腕」のことである。

「何があるかわからない」秘書官の使命感

飯島は、首相秘書官在任中、一度たりとも酒を飲まなかった。だからといって、参事官にも「飲むな」ということはいわず、むしろ参事官らには「飲め」と勧めたという。

小泉は、ワインも日本酒も飲む。その横で、飯島はウーロン茶を飲む。決してお酒が飲めないというわけではなかった。ビールくらいなら、ちょっと飲むことは耳にしていたが、総理秘書官のときには、そのビールすら口にしなかった。飯島なりのポリシーがあったらしい。

参事官たちは、飯島の一言をしっかりと記憶している。

「総理秘書官の間は、一滴も飲まないんだ」

参事官たちは、飯島秘書官の使命感を実感した。

〈二十四時間、何があるか、わからない。〝そのとき〟のために、準備しているんだな〉

飯島が総理秘書官としての役目を終えたあと、参事官たちに打ち明けてくれた。

「寝ていても、途中で何度も目が覚める。続けて寝ることができなかった」

小泉は、五年五ヵ月間もの長期政権を維持した。その間、小泉改革を推し進め、いわゆる「抵抗勢力」と対峙《たいじ》してきた。普通の首相であれば、「抵抗勢力」に弱みを握られ、どこかで妥協《だきよう》したかもしれない。が、小泉は、スキャンダルとは無縁である。抵抗勢力が、小泉を攻撃しようにも、その材料がなかった。

政治家や秘書などの政敵は、「おれは、このぐらい悪いことをしているのだから、おれよりもいろいろな利権についてくわしいはずの秘書の飯島は、もっと悪いことをしているはずだ。やっていないのは、おかしい」と考えるのであろう。が、いくら探してもスキャンダルは出て来ない。小泉事務所は、利権にからむようなことにはいっさい手を出さない。

利権屋がどれだけ素晴らしいことを言って小泉に近づこうとしても、「飯島勲」という関所を越えるのは容易ではない。飯島が、その鋭い嗅覚で「この話は、駄目だ」と察知すれば、絶対に小泉には近づかせない。

普通の政治家は、ちょっとしたカネや女に関する問題や失言などでクビを切られる。が、小泉は、カネや女問題こそ無かったが、失言はあった。

イラク特措法をめぐる平成十五年七月二十三日の党首討論で、民主党の菅直人代表が、小泉に訊いた。

「イラクのどこが非戦闘地域なのか言って下さい」

小泉は、開き直った。

「わたしに聞かれたって、分かるわけないじゃないですか」

普通の首相ならクビが飛んでいたかもしれない。

しかし、世間のひとは、笑って済ませた。

「小泉さんらしい」

小泉には、ぶれない姿勢や信頼感がある。その許容の範囲なのだ。

飯島が思うに、永田町の三分の二以上は机上の空論で政治家になった人が多い。叩き上げで、経験を積み重ねてきた政治家は少ない。いわば二進法のデジタル回線のようなもので、実の部分がない。小泉も、世間では二進法のデジタル回線の政治家のように見えるが、実際は微分回路や積分回路まで備わった人物である。

飯島は、小泉の祖父小泉又次郎に接したことはないが、小泉は、小泉又次郎の任侠的DNAが一気に出てきた男ではないかと思う。どのようなことになろうとも、最後は自分が決断し、自分が責任をとるという意思の強さを世間は求めているはずだ。国民は、そのような政治家を本能的に信じるのだ。

内閣参事官の役割とは

平成十五年七月十八日、由木文彦《ゆきふみひこ》は、国土交通省から吉田英一の後任参事官として出向してきた。

十一月九日におこなわれる総選挙に向けて動いている時期だった。飯島は普段にも増してあわただしく動き回っていた。普段なら情報を上げるべきだったが、多忙そうな上司を前に、由木はつい飲み込んでしまっていた。そんな部下のありさまを見逃す飯島ではない。ある日、飯島に詰め寄られた。

「お前、最近何やってるんだ？　何の仕事もしてないじゃないか」

飯島は、由木に真顔で告げたことがある。

「もうおまえは帰っていいよ。役所の官房長にはおれから電話入れておくから。明日から来るな」

飯島の剣幕に、由木はいまさらのように気付かされた。

〈おれが変におもんぱかって、報告を自制することはなかったんだ〉

内閣参事官としての自分の役割は何か。情報に精通し、今、出身官庁が取り組んでいることを把握したうえで小泉や飯島にきちんと報告することだ。たとえ飯島がどんなに忙しかろうが、そんなことを斟酌《しんしゃく》する必要はない。仮に聞く暇もないほど多忙なら、飯島のほうから「うるさい」「今はちょっと待て」と言ってくるだろう。そうでもない限りは、どんなときでも報告を上げ続ける。それが自分の仕事なのだ。

できないのであれば、飯島の言うように本省に「帰る」しかない。

飯島の「帰れ」は、決して単なるブラフではなかった。由木は、その後、「チーム小泉」の一人が飯島の逆鱗《げきりん》に触れて、本省から幹部が駆けつけとりなす現場を目にしたこともある。

飯島のコミュニケーションは独特である。自分の言い分をものすごいスピードでまくしたてる。頭の回転が並大抵ではないのだろう。そんな飯島が放った言葉と言葉の「行間」をつなぐのは、非常に骨が折れる。由木も、異動直後は繋がらない個所のほうがはるかに多かった。今ではほぼ九五％を理解できる。飯島の話し方自体も、以前よりはわかりやすいものになってきているせいもあるかもしれない。

チーム小泉は「少数精鋭」とマスコミに評されることが多かった。ここにも飯島の意思が働いていると由木はにらんでいる。自分たちが「精鋭」だとうぬぼれているのではない。あえて少数に絞りこむことで、精鋭にならざるを得ないように仕向けたということだ。官邸での仕事は常に「有事」に向き合うことだ。誰も助けてはくれない。少数の参事官集団のパフォーマンスを最大にするにはどうすればいいかを、飯島は常に考え抜いていたのではないか。

情報を見抜く飯島の力

総務省の関博之《せきひろゆき》は、平成十五年八月二十五日、「チーム小泉」の一員に迎えられた。関は、昭和五十六年に東大法学部を卒業し、自治省に入省していた。

飯島秘書官に面会したとき、関は笑われたという。

「長野なんだよな。長野で得したな」

関は、じつは生まれだけが長野で、三歳までしか住んでいない。両親は長野だが、小学校、中学校の大半を群馬県前橋《まえばし》で過ごし、高校は東京。飯島秘書官は長野出身ということで親近感でも持ってしまったのだろう。

関は、同じ総務省から出向していた坂本森男の後任として、チーム小泉に入った。しかし、チームに入るための見習い期間が用意されていた。通常一週間程度、長い場合は数週間、前任者とダブル配置となる。普通の人事ではありえないことだ。

関は、いわゆる試用期間のようなものを過ごし、そこで飯島秘書官からの合格点を得られたならば、晴れて正式なチームの一員となる手順だった。

関は、官邸に入って飯島に驚かされた。じつにいろいろなことを知っているし、視野が三百六十度ある。計りしれない情報量を持ち、どんなところにも目が行き届いている。

情報量の多さだけではなかった。ちょっとした情報にも左右されることがなく、最も確かで重要な情報を見抜き、判断が的確であることに、目が点になってしまうようなことを何度も体験した。

ガセネタか、真実なのか。そういうことを判断しなければならないが、確かめる時間がないくらい瞬時での判断が求められるときがある。そのときの情報を見抜く力もすごかった。

官僚は、多くの政治家の事務所をまわる。その中には、都内にも大きな事務所を構える政治家もいるが、小泉事務所は、そのクラスの政治家にはめずらしく議員会館の事務所以外にはない。人数面でも非常に少ない体制で仕事をこなしている。

少ない人数で切り盛りできる原動力は、小泉の姉の信子と飯島秘書官だ。たった二人で、何人分もの働きをしてきた。これが小泉事務所の強さだった。

何人かがそれぞれの仕事をするようになれば、一つの司令塔、キーパーソンが真ん中に立ってまとめなければいけない。そこで、情報の共有という問題が生じるが、小泉事務所では、飯島が中心となってやっているため、すべての情報は飯島の頭の中にある。だからこそ、機動的でスピーディーになる。相談するのは、小泉だけで十分である。

官邸では、国会開会中で小泉が一日中予算委員会などに出席しているときは、飯島秘書官が先に決断し、後から小泉へ報告することもあった。まさに臨機応変という言葉どおりである。

なお、関と交代して官邸を去った坂本も、その後も官邸とつながり、坂本の後任の関を手助けをする。また、それにとどまらず、官邸の飯島とも連絡しあっていた。何か問題が発生したときは、坂本は個人として飯島をサポートしていたという。

飯島は政策に口を出さない

平成十五年九月二十二日夕方、小泉再改造内閣が発足した。

小泉総理は、内閣改造に合わせて事務方の古川貞二郎官房副長官の勇退を認め、後任に元自治事務次官の二橋正弘《ふたはしまさひろ》・自治体国際化協会理事長を任命することを決めた。官僚のトップとなる事務方の官房副長官は、歴代、自治省、厚生省など旧内務省系の官僚OBが就任して来た。

小泉は、二橋を官邸に呼び出した。

「『小泉内閣、どれくらい持つか』ってみんなに言われてたんだよな。総裁選挙に再度出るとは思わなかったんだよなー」

それが、二橋に投げかけた、初めての言葉だった。

「総裁選挙に再度出るようになっちゃうと、これから、また新しい任期がはじまって、古川さんに、『また、引き続きやってくれ』って言ったって、古川さん、大変だよ」

そう言いながら、二橋に告げた。

「ついては、頼むよ」

そんな調子で、官房副長官を打診された。

小泉総理は、人に対しての好き嫌いがない人だという。

「この人は、気に入った。この人は気に入らない」

そういうことがないからこそ、いったんチームが編成されたならば、そのチームメンバーを使いこなしてしまう。そして、メンバーも一生懸命になる。

二橋が、感心したことがある。官邸にいる事務方の総理秘書官は、二橋より十歳ちょっと年齢が下になる。役人の後輩にあたるため、二橋は、「丹呉君」と、自然と「君」付けで呼んでしまう。だが、小泉にしても、飯島にしても、チーム小泉の秘書官すべてを、「さん」付けで呼んでいた。

〈小泉総理、飯島秘書官。二人のエチケットは、大したものだ〉

そのうえ、仕事を任せるとなると、信頼を寄せてくれる。

「そこのところは、頼むよ」

「やってくれよ」

そんな調子で任せられてしまえば、みんなが一生懸命になる。

小泉と飯島の組み合わせは、二橋がそばで見ていても、すごいと思える組み合わせだった。三十数年間という長い歳月のなかには、いろいろなことがあったことは想像できる。

一見、タイプの違う者同士がコンビを組んでいるようだが、秘書がときどき代わる国会議員が多いなかで、まったく揺るがずに長年コンビを続けてきた。

飯島は、節度をもって秘書という仕事をしているように見えた。

「わたしは、政策には口を出しませんから」

これが、飯島秘書官の口癖だった。

ただ、内閣の運営については、小泉と飯島の間で十分話し合われていたようだ。二橋が、小泉のところに相談に行くときには、部屋の中に誰も入らない。

小泉が「飯島を、呼んでくれ」と言ったのは、北朝鮮へ再訪朝する前の準備のための段取りや、内閣改造前の段取りなど、重要案件での段取りを決めるときだけであり、その段取りを考えるのが、飯島の役目でもあった。

小泉と飯島の二人で相談しなければならないことは、すでにどこかで相談しているのだろう。それとも、長年の経験から、阿吽《あうん》の呼吸で自然と行動が取れていたりする。

小泉と飯島の間には、話をせずとも、大体が互いの呼吸で通じるようになっていた。

飯島は、官邸にある二橋の部屋を訪ねてくることは絶対になかった。

「わたしが行けば、目立つから」

そういう理由らしい。確かに、飯島は、身体が大きい。どんなにこっそり動いたとしても、周囲の目を引きつけてしまう。

その代わり、電話ではしょっちゅう話をし、連絡を取り合った。飯島は二橋に言う。

「こういう話があるけど、どうなっているの。聞いている?」

二橋も、飯島に訊ねる。

「それ、聞いてない」

飯島が答える。

「じゃあ、確かめて、またね」

お互いが、そう言いながら電話を切る。

飯島と会話を交わすことで、二橋自身の情報量も、ずいぶん大きく広がった。

フロアーは同じだった。二橋は、小泉総理の部屋に、しょっちゅう出入りをしていた。その帰り道、秘書官室の先にある小さい部屋へ、ふらりと入り込む。そこで、飯島と二人だけで話し込むことはよくあった。

平成十六年四月十七日、小泉総理主催の「桜を見る会」が東京都新宿《しんじゅく》区の新宿御苑《ぎょえん》で開催され、政財界や文化・スポーツ界など約八千人の招待客でにぎわった。二橋は、妻と二人で出席していたとき、飯島秘書官の姿を見かけた。

二橋は、飯島に声を掛け、妻を紹介した。少しだけ会話を交わし、すぐに別れた。その直後、妻は、二橋に言った。

「お父さん。あなた、飯島さんと気が合うわ。すぐ、わかる」

妻にはピンと来るものがあったらしい。二橋の昔からの様々な人との付き合いを知っている妻には、どんな人と相性がいいのか悪いのかくらい、簡単に見抜いてしまう。

確かに、二橋は飯島と気が合った。飯島は酒を飲まないし、いろんな時間を互いに過ごしているわけではないが、お互いに通じ合う空気があった。

一番付き合いやすかったことは、話していて無駄が無いことだった。小泉とともに三十数年間、永田町でやってきた人物で、しかも、ずっと秘書官をやり続けてきている。その間には、いろんなものを見聞きしたはずだ。そのため、様々な場面を経験してきていると思われた。長年培った経験から、政治向きに関しての勘所をしっかりと押さえている。そのため、話をしても無駄が無いのが飯島だった。

危機管理についても、とても敏感に反応する。小泉内閣全体の運営に、つねに気を張っていた。

「国民から、どう受け止められているか」

「内閣が、こういう対応をした方がいい」

そういうことについて、真剣に四六時中考えているように見えた。

小泉にも、良い情報、悪い情報、どんな情報であろうとも全部報告していたのだろう。政治的な勝負どころを、飯島は押さえていた。

二橋も、いろんな総理大臣の秘書官を目にしてきているのだが、これまで飯島のような秘書官に出会ったことはなかった。すべて、自分で情報を収集する。

二橋が飯島を見ていれば、いろんな省庁にアンテナを張っていることが良くわかる。そのアンテナでつかんだ情報をキャッチし、官邸の内部を強靭《きょうじん》なものへと導いていく。おまけに、キャリアだけではなく、ノンキャリアの世界にまで、相当な情報網を広げている。二橋官房副長官も、これにはおどろいた。

官邸の部屋に、以前、二橋の部下だった旧自治省の人間が、何人も姿を現した。それもノンキャリアの職員だ。ノンキャリアの職員が、ひょっと官邸に現れる。二橋の顔を見て、あいさつをする。

「いや、久しぶりに飯島秘書官の顔を見に、ちょっと寄りました」

二橋も、意外な組み合わせに興味が湧く。

「あなた、いつから、飯島秘書官を知っているの？」

「わたし、係長くらいのときですよ」

「ああ、そうなの……」

二橋も、昔の部下の能力なら知っている。

〈飯島秘書官は、ノンキャリアの中でも、「これ！」という人材に目をつけている〉

のち平成十七年十一月、青森県八戸《はちのへ》市長に当選した小林眞《こばやしまこと》がいる。小林は、昭和五十年、東北大学法学部出身のノンキャリアで、平成十七年に総務省自治財政局財務調査官に就任していた。このノンキャリアの小林を、八戸の市長選挙に出すことを決めたのも、飯島だった。

二橋は、飯島に訊ねた。

「なんで、小林を、市長選に出すんだ？」

「いやー、彼がいいんだ」

二橋は、この人選に少し不安であった。

「わたしも小林を知っているけど、選挙に向いているかね？　パフォーマンスが、あんまり上手《うま》くないよね」

そんな二橋の心配をよそに、飯島は、小林へ立候補するよう促《うなが》した。そして、この後押しで、小林は八戸市長選への立候補を決意し、見事当選をはたした。二橋は、またまた飯島の隠された能力に驚かされた。

飯島のモットーは、「裏方」を大事にすることだ。飯島は、厚生大臣秘書官時代、郵政大臣秘書官時代だけでなく、首相秘書官時代も、首相専用車の運転手、SP、官邸や役所の警備員、清掃員たちを大事にしてきた。官僚も、キャリアよりも、ノンキャリを大事にしてきた。

永田町では、ノンキャリア組をまるでゴミのようにあつかう人もいる。が、飯島によると、実際、ノンキャリア組がキャリア組を支えている。どんなに優秀なキャリア組であろうと、ノンキャリア組が横を向いたらお終いだ。なぜなら、中央官庁のノンキャリア組の人事権は、大臣であろうが、事務次官であろうが、官房長であろうが、誰も手出しできない。各省庁のノンキャリア組の親分が決める。人事の際、気に食わないキャリアの部下には、働かないノンキャリア組をつけてしまえばいい。そうされれば、キャリアがいくらがんばっても、いい仕事はできない。

深山参事官は、飯島が放つ恐怖の本質とは、そのように官僚組織の上から下まで細大漏らさず把握していることだという。

飯島は、ノンキャリも、ノンキャリアの持つ力を理解していた。

「ノンキャリも、上手く使うとすごい。逆に、ノンキャリのつむじを曲げてしまうと、それぞれが勝手に動いてしまい、取り返しがつかなくなる」

小泉首相も、裏方の話によく耳を傾ける。飯島が、ほんの世間話で「この間、××の守衛さんが、こんなことを言ってましたよ」と話をすると、「なんだ、それは?」と興味深そうに訊いてくる。あるいは、「××の運転手さんが、こういう噂をしていました」と言うと「なんだ、なんだ」と話を聞きたがる。

首相官邸には、あまりひとが自由に出入りできない。したがって、官邸から出て行かないかぎり、生臭い情報は取れない。かといってオフィシャルな立場だから特定の親しい人物と密着もできない。官邸にいると、どうしても生の情報が入りにくくなるのだ。そこで、飯島は、可能なかぎり、裏方の話もふくめいろいろな話を小泉首相にした。

「公明党の手柄でいいじゃないか」

飯島が認める公明党の草川昭三《くさかわしょうぞう》の事務所には、キャリア組も、ノンキャリア組も自由に出入りしている。それゆえ、公明党への根回しがうまくいくかどうかは、草川とのパイプの太さで決まる。

飯島と草川のパイプは、バッティングしていることも多い。草川も、各省庁にキャリア組だけでなく、ノンキャリア組にまでまんべんなくパイプを持っている。

石川島播磨重工業（現ＩＨＩ）で溶接工として働いた草川は、昭和五十一年、公明党初の党外候補として衆議院に当選する。平成十三年から参議院に活躍の場を移した。

草川が衆議院議員のころ、草川の事務所は、小泉と同じ第一議員会館にあった。草川のもとに、飯島秘書の辣腕《らつわん》振りが官僚から自然にもれ伝わってきた。

自公連立内閣のもとで、自民党と公明党との連絡調整役を担ったのが、党参議院会長であった草川と飯島勲である。石川島播磨重工業で働いた経験を持つ草川は、同じように、石川島汎用《はんよう》機械に勤務したことのある飯島に親しみを感じていた。

共通の知人を通じて、二人は会い、意気投合した。その時も、飯島は、草川に持論を語っている。

「あなたのところは、役所の火元責任者と付き合っているそうだが、自分もそうだ」

草川も、新聞・テレビではキャリア官僚の言動がとかく注目を集めるが、役所の日々の業務を支えているのは、たくさんのノンキャリア職員であると思っている。どこの役所にもこのようなノンキャリアの影の実力者がおり、人事や国会対策を含め、役所の隅々まで知り尽くしており、キャリア組が出世するには、彼らをうまく使いこなすことが必要だという。

草川は、石川島播磨重工業の土光敏夫《どこうとしお》社長と同じような現場重視の姿勢が、飯島にもあると感じた。そのノンキャリア職員と太いつながりを持つ飯島は、現実の勝負にも強い。草川は飯島の力強さの源泉を見た。じつは、ふたりをつないだ共通の知人も、ノンキャリア職員であった。

与党といえども、自民党と公明党は別々の政党だ。両者が自分の主義・主張を押し通せば、収拾がつかなくなってしまう。そんなとき、草川は、飯島を通して、公明党の真意を伝えた。飯島を通せば、必ず小泉首相に届いた。

逆に、小泉首相のメッセージが飯島を通じて、草川に届く。連立内閣には、確実な伝達経路が常に必要だ。

草川が小泉首相と非公式の場で対面したとき、草川が飯島に同席を何度も勧めても、飯島は固辞《こじ》した。小泉と飯島は密接不可分の関係だが、決して対等ではないという姿勢を貫いていた。そのいっぽうで、小泉は飯島に、思うぞんぶん働ける権限と立場を与えていた。草川はそこに小泉の懐《ふところ》の深さを感じた。

これから成長する企業には、飯島のような有能な参謀が必要だと、草川は企業の社長や団体のリーダーに機会があるたびに説《と》いている。

飯島は、その草川とは交流を深めていた。

平成十五年二月八日、防衛庁・自衛隊の保有する対人地雷の最終廃棄状況の公開と完了セレモニーが、滋賀県新旭町《しんあさひちょう》の空自饗庭野分屯《あえばのぶんとん》基地でおこなわれた。廃棄処分は、対人地雷禁止条約（オタワ条約）の発効を受けて開始されたもので、平成十一年以降、自衛隊では約百万個の対人地雷を民間企業と協力して四年にわたり処分し続けてきた。

この日には、最後に残った「対人地雷」を処理するというセレモニーが滋賀県の饗庭野分屯地で予定されていた。

セレモニーの前に、防衛庁から出向している黒江参事官は、飯島から予想だにしない提案を受ける。

「小泉総理を、行かせよう」

そのセレモニーは、典型的な軍縮がアピールできるイベントだった。対人地雷の問題は、公明党の浜四津敏子《はまよつとしこ》が懸命に取り組んでいた。

が、最後の処理で官邸高官が「公明党の手柄になるから」と潰《つぶ》しにかかった。

しかし、小泉首相は判断した。

「がんばったんだから、公明党の手柄でいいじゃないか」

小泉首相は、官邸高官の抵抗を受けながらも滋賀県でのセレモニーに参加した。

式典には、小泉首相、佐藤昭郎《さとうあきお》防衛庁長官、政務官をはじめ衆参国会議員、防衛庁・自衛隊の高級幹部やNGO関係者など約二百人が出席した。飯島は、公明党からは浜四津敏子代表代行、飯島と親しい草川昭三も現場に招いた。

セレモニーでは、小泉首相があいさつした。「世界に目を向ければ、いまなお多くの対人地雷が残されており、廃絶はいまだ途上段階にある。今後も対人地雷の廃絶を強く訴えかけていき、世界中のすべての対人地雷が除去され犠牲者がなくなる日が一日も早く訪れることを心から祈念する」

この日、北海道日本油脂が美唄《びばい》市で実施した廃棄状況を会場となった基地体育館のスクリーンモニターに中継、小泉首相の合図で最後の対人地雷二十五個の信管が爆破処分された。

三　「道路公団改革」と「イラク派兵」

農水省に飯島がかけた発破

神奈川県綾瀬《あやせ》市にあるブライトピックの志澤勝《しざわまさる》社長が飯島勲と初めて知り合ったのは、平成十五年の六月のことであった。折から問題化していたＦＴＡ（自由貿易協定）の豚肉自由化問題が、それまで政治に無縁だった志澤を時代の表舞台に引っ張り出すことになる。思えば飯島とも奇縁と言えるだろう。

志澤は国内に三つある養豚業者の団体の一つである全国養豚経営者会議の会長を務めている。その三団体が一体となって取り組まなければならないほど、大きな養豚農家の危機、それが豚肉の自由化だった。まさに生きるか死ぬかの瀬戸際の中で志澤は飯島と巡り会うことになる。

ＦＴＡの問題が浮上するまでの養豚業界は差額関税制度によって秩序が保たれていた。この制度では、まず豚肉の基準輸入価格を設定する。当初は部分肉ベースで一キロ＝五四六・五三円。「三年ごとに一五％引き下げる」取り決めがあるため、平成十九年六月現在、これが四一〇円になっている。四一〇円より安い値段で輸入された豚肉には、基準輸入価格と同額になるまで、関税がかけられる。これより高い価格の場合は、一律に低率関税

（四・三％）を適用する。こうして消費者が利益を損なうこと、また国内生産者が値崩れによって打撃を受けることの両方を防ぐわけである。

ＦＴＡの議論によっては、この差額関税制度が完全に撤廃されることもあり得る。そうすれば、日本の養豚が危機にさらされることになる。試算によれば、一キロ二七〇円という破格の肉が輸入されかねないからだ。

志澤が会長を務める全国養豚経営者会議では、国内豚肉生産者のコストを調べたところ、平均して四〇〇円前後といったところであった。さらにデータを取り、分析を加え、最大限の努力をしたとしても、三五〇円が限界であることがわかった。

志澤は憤然とした。

〈二七〇円と競争しろというのは、どだい無理な話だ〉

志澤は、九月十六日に日本を出発し、ＷＴＯとＦＴＡの最終協議の場であるメキシコシティーのカンクーンに乗り込むことになった。

メキシコ人の度肝を抜いたのは、志澤ら生産者のスタイルである。頭にはかつらをつけ、羽織袴《はおりはかま》の姿で腰には刀を差している。完全な侍のいでたちだ。衣装は、日活から時代劇用のものを借り受けた。志澤とともにカンクーンの地に立ったのは、総勢七名。奇しくも黒澤明の名画を思わせる「七人の侍」だった。

「日本の食文化は日本人が自分の手で守る」というメッセージをどうすれば鮮烈に打ち出

せるか。ただ現地に行って訴えるだけでは意味がない。考えに考えた末の「サムライ」だった。

このアイデアは、当たった。現地メディアからの取材要請が殺到した。

「メキシコ国内の関税率は、五〇％近い。自国で満足に与えていないものを、われわれ日本に押し付けることはないじゃないか」

主張は、じつに明快だった。さらにはポルトガル語で作ったビラを日墨《にちぼく》FTA両国政府交渉団に交渉会場前で侍姿で配る。反応は上々だ。メディアは侍たちのプロパガンダを大々的に報じた。

このニュースに目を留めた日本人がメキシコシティーにいた。交渉使節団の要として現地入りしていた飯島勲である。

メキシコ訪問は成功に終わった。だが、国の腰が重く、反応がはかばかしくない。

「どうも、農水省は押し切られそうだ」

そういう不穏な情報も、志澤の耳に入ってきていた。

ときはあたかも小泉改革の真っ盛り。国の舵取《かじと》りは「官邸主導」を貫いていた。志澤は、行政を動かすカギは官邸にあることに気がついた。

〈これは、官邸に乗り込まにゃいかんな〉

全国運動のさなか、つてを頼って、当時の内閣総理大臣政務秘書官飯島勲に会う約束をとりつけることに成功した。

官邸での初対面で、志澤は豚肉生産者の窮状《きゅうじょう》を飯島に切々と訴えた。

飯島は、志澤の訴えを聞き終わるや言った。

「メキシコで、志澤さんの侍姿がテレビに映ってましたよ。豚屋さんの行動力は、すごいね」

従来の農協を通じた農家のイメージが強かった飯島にとって、自腹でメキシコに行き、侍姿でアピールする志澤ら養豚家の熱意は意外なものだった。

飯島の心を動かしたことが功を奏したのか、幸いにも官邸スタッフの反応はよかった。個々のスタッフの熱意は、政治には素人の志澤にもそれとわかるほど力強いものだったのだ。飯島は、確約してくれた。

「本当に必要なものなら、官邸は応援させてもらいますよ。なんなら、ＦＴＡを切ってもいい」

志澤の熱意が官邸の熱意と呼応することによって、霞ヶ関もようやく動かざるを得なくなったかっこうだ。

飯島は、志澤の訴えた養豚業界の現状を完全に理解していた。

その後も折にふれては、志澤にアイデアを持ちかけた。

「こんな人に会ってみては、どうですか？」

飯島のすすめもあり、志澤は都合五回にわたって首相官邸に足を運んでいる。養豚家としては前代未聞の事態といっていい。官邸との太いパイプは農水省との関係にもいい意味での緊張感を与える効果があった。

志澤は、五回の官邸訪問のうち、一度だけ小泉首相とも面会した。小泉の選挙区は神奈川県にある。志澤の会社も、神奈川だ。二人には同郷というよしみがあった。

席に着くなり、小泉は言った。

「いやあ、神奈川県で豚を飼っているとは思わなかったよ」

志澤は、思わず笑ってしまった。同じ神奈川県とはいえ、横須賀生まれ、横須賀育ちの小泉と、養豚一筋の志澤ではずいぶん気質が違う。

志澤の運動と飯島のバックアップは実を結んだ。交渉にめどがついたのだ。ＷＴＯは当初、日本の豚肉の年間総輸入量八〇～八五万トンのうち、二〇万トンをメキシコからＦＴＡで送り込むことを主張していた。交渉の結果、三万五千トン、五年後に七万五千トンの輸入量で歯止めをかけることに成功した。関税についてもＷＴＯが定めている四・三％の半分の二・二％に落ち着いた。この成果は後に実績として対チリの交渉にも大きな影響を与えることになった。

交渉のプロセスは、平坦なものではなかった。志澤も自らの農場に交渉団を受け入れている。計算書や同意書などの文書を突き合わせ、お互い本当のところを確認し合った。関係者の努力もあり、実を結んだ交渉の経過について、志澤は「よく頑張ったな」と素直に感じることができた。

とりわけ大きかったのは、飯島の存在だった。メキシコの交渉に向かう農水省の担当者に、飯島は「もし駄目だったら、蹴って帰ってこい」という指示まで出していた。

官邸に末松広行という農水省出身の非常に優秀な参事官がいたことも大きい。末松は常に飯島と出身官庁である農水省の間に入って骨を折ってくれた。官邸での対面の際には当然同席する。

飯島が率いるこうしたチームの機動力がなければ、何より飯島が養豚業界の現状に理解を示してくれなければ、交渉の結果はまったく違ったものになっていたことだろう。

波瀾の「道路公団民営化推進委員会」

「道路公団改革」は、「医療制度改革」と同時並行に進められていた。平成十三年四月二十六日、自民党のなかでも活きのいい石原伸晃《いしはらのぶてる》が、行政改革担当・規制改革担当大臣に就任した。道路公団改革体制は、小泉内閣発足と同時にスタートしていたことになる。

道路公団改革は、平成十三年から着手されたものの、本格的に動き出すのは平成十四年からである。いかに与党による抵抗が大きかったかがうかがえる。

平成十四年二月十五日に「道路関係四公団民営化推進委員会設置法案」が国会に提出され て、平成十四年六月七日に可決成立した。

民営化推進委員会は、前年十二月に牧野補佐官らが関わりまとめた「特殊法人等整理合理化計画」に基づき設置された。民営化推進委員会は、日本道路公団、首都高速道路公団、阪神高速道路公団および本州四国連絡橋公団に代わる民営化を前提とした新たな組織およびその採算性の確保について一体的に検討することを目的とした。

六月二十一日、委員が決まった。新日本製鐵名誉会長の今井《いまい》敬、武蔵工業大学教授の中村英夫《なかむらひでお》、JR東日本会長の松田昌士《まつだまさたけ》、拓殖大学教授の田中一昭《たなかかずあき》、評論家の大宅映子《おおやえいこ》、作家の猪瀬直樹《いのせなおき》、マッキンゼー・アンド・カンパニー・シニア・エクスパートの川本裕子《かわもとゆうこ》の計七名が任命された。

民営化推進委員会は、民営化後の具体的な組織のあり方について検討し、とりまとめをおこなうことになる。六月から十一月までに三十四回もの会合を開く。

もちろん、高速道路建設を求める住民の声もあることは明らかなのだが、どうしても目先だけの論調に陥ってしまう。

国土交通省から来た吉田英一参事官によると、実際、小泉総理も、何も「これから高速道路を一メーターもつくるな！」などと言っているわけではなかった。ただ、財政投融資を利用した不必要な高速道路建設に待ったをかけることが目的であった。そのために、どういうやり方を選択するべきなのか。国家・国民が良くなる方法を選択するための協議をおこない、その中で答えを見つけて欲しいと願っていた。

ところが、高速道路をめぐる議論は、「どういう方法に変えたならば、日本国民のためにとって良い高速道路となりえるのか」というソフト面ではなく、結局、「未来に向け、どれだけの距離の高速道路を建設できることになるのか」というハード面ばかりの議論になってしまった。

多くが予想したとおり、委員会は様々な混乱に直面した。この混乱の中でも、飯島秘書官は、委員会の意見書が決定されるまでの間、「チーム小泉」の参事官を開催される委員会にかならず出席させ、その日のうちにその報告を受けることを忘れなかった。

委員会に「チーム小泉」の一員が出席することは、大きな意味を持つことになる。誰も出席せず、後から入ってくる情報を待っているばかりでは、重要な情報が官邸に上がってくるまでに時間がかかってしまう。そのうえ、はたして真っ当な報告が伝えられるのか？という不安もあった。委員会に出席したその人物が、どのような立場で出席するかによって、大きく委員会の内容の捉え方が違ってくる。官邸に上がってくる情報は、本当にそうかも知れないし、他の人が違う報告をするかもしれない。意見のニュアンスは各種様々な方向から、人それぞれみんな違うことを感じているものだ。

官邸は、そこに届く情報の精密度に対して慎重になっていた。今日の委員会はこうだった。おれのいうとおりになった。そういう人もいれば、違うという人もいる。みんな疑心暗鬼になっている。本当かどうかというのは、その場に信用できる人間が出向いて、信用できる人間が報告しなければ、本当のことはわからないものだ。委員会の審議は、週に二回ペースとハードなものになっていた。

飯島秘書官は、なにも、委員会の内容だけを報告させるわけではない。

「取材しているマスコミが、どういう反応をしているのか」

この点も、重要な報告のポイントだった。

委員会が終了したとたん、マスコミはこぞって出席したばかりの委員にぶら下がり、取材活動に突入する。飯島は、どういったところにマスコミが関心を持っているのか、参事官から、その日のうちに、かならず報告をさせた。

翌日の新聞には、委員会に関する記事が出る。それを目にした議員やら委員から、さまざまな意見がいろいろと跳《は》ね返ってくる。その用意のために飯島は、上がってきた情報をもとに、小泉総理がどう答えるのかを思案するのだった。

委員会が頻繁に開催されていたころ、飯島のもとへは委員からの電話が直接入っていた。また、猪瀬直樹などは、よく官邸に出入りし、接触を密にしていた。猪瀬は、飯島と同じ長野県生まれであった。

意見書の決定が間近になって委員会内部に不穏な空気が漂い、今後の動きがどうなっていくのか予断を許さない空気が感じられた。

あるときは、委員会が開かれているその場から、飯島に参事官の電話が入ったこともある。

「今、休会になりました」

「辞める、辞めないの議論になっています」

もし、その場で内閣としてのアクションが用意されていたのであれば、石原伸晃行政改革担当大臣を通じて官邸が表に出てきたはずだが、そのような動きはなかった。すべては、委員会にゆだねられていた。

平成十四年十二月六日、民営化推進委員会は、最終報告書を小泉に提出するため、最終報告の取りまとめをおこなった。

最後の取りまとめの場面では混乱も見られた。結果的に今井敬委員長は、途中で委員長職を辞任し、長期欠席。中村は、途中から長期欠席。松田は、途中で辞任。委員長代理の田中は、途中で辞任。川本は、途中から長期欠席となり、道路関係四公団民営化推進委員会の解散まで委員をつとめ続けたのは、大宅と猪瀬の二人だけであった。

そのような事態に対しても、小泉、飯島とも動じることはなかった。そのあり様を真正面から捉え、それが委員会の姿であり、そのような中から生まれてくる意見を待っていた。委員が辞任や欠席を選択したら、それはもうしようがない。ただ、「お疲れ様」という感謝の気持ちは持っていた。

意見書決定直前の混乱を見たマスコミは、こぞって「小泉総理は丸投げしているだけじゃないか。委員会が混乱しているならば、小泉総理に何か指示を出させるべきではないのか」という論調を展開していた。

しかし、そんな意見に対し、小泉も飯島も、一貫した考えをつらぬく姿勢は崩さなかった。それでは、委員会をつくった意味がない。意見を出してもらう側に対して、逆にこういう意見を出せというのでは、それは筋がおかしい。

飯島は、赤坂で夜中の二時ぐらいまで猪瀬と話し合ったこともある。

「松田さんや田中さんは、自分たちが辞めれば委員会は機能停止ですべて駄目になると考えていたにちがいない。が、委員には、公団に対する意見具申、いわゆる監査権限を持たせてあるんだ。このことを知っていれば、わたしだったら辞めないですよ。猪瀬さん、この権限を大切に活用すべきですよ」

監査権限は、組織の違反や不当行為、ルールからの逸脱などをチェックすることの権限である。

平成十四年十二月十二日には、政府与党は道路関係四公団民営化推進委員会の最終報告を受け、その後の高速道路建設などを検討する「道路四公団民営化に関する協議会」の初会合を開いた。

（1）高速道路建設に十五年間で約三兆円を投入する「新直轄方式」を導入、国と都道府県が三対一の割合で費用を負担する

（2）本州四国連絡橋公団の債務三兆八千億円のうち有利子負債一兆三千億円を道路特定財源で処理すると決定した。

「新直轄方式」を絞り出した丹呉参事官には、いわゆる「理屈」だけでは割り切れない世界を官邸暮らしを通じて知るようになっていた。世の中をじっさいに動かす政治家たちのアクセル感覚やブレーキ感覚を目にし、小泉首相の遊説先に随行すれば、東京で議論しているだけでは見えないことも見えてくる。地方選出議員ならではの苦労が確かにそこにはあった。

そのような地方に自己責任を求めるいっぽう、国もまた「必要な道路」だけは整備せざるを得ない責任がある。「新直轄方式」とは、国と地方の両者のせめぎ合いから収斂《しゆうれん》されたぎりぎりの産物であった。

飯島は、この道路公団の民営化においても、各省庁のいわゆるキャリア組ではなく、ノンキャリア組の親分に情報を上げさせることが多かった。

道路公団の民営化では、国土交通省から出向してきた参事官の吉田英一や由木文彦が苦労した。が、その裏では、飯島は、国土交通省や日本道路公団内部の生き字引のようなノンキャリア組から内部の動きや問題点などの情報を逐一上げさせた。

藤井治芳《ふじいはるほ》日本道路公団総裁に代わって総裁に就任した近藤剛《こんどうたけし》を信じてはいたが、そういう内部情報も取り、小泉首相にレポートして上げていた。そういう飯島の影の人脈という か、「影の忍者」から上がってきたレポートを見た丹呉秘書官、牧野補佐官、吉田参事官、平成十五年七月十八日に吉田英一の後任として国土交通省から出向していた由木参事官らも、あらためておどろいていた。飯島は、国交省のキャリアである由木よりもよほど公団内の事情には通じていた。道路公団の雰囲気は今どうなのか、一生懸命働こうという意思のある良心的な職員は何を考えているのか、そういった個々の設問に明白に答えられる情報を摑んでいた。

道路公団の問題だけでも飯島には信じられないほどの情報が集中しているのだ。霞ヶ関で二十数年経験を積んだだけの由木などは、素直に「すごい」と感じてしまう。

たとえば、民営化された日本道路公団が、サービスエリアでのお茶の無料サービスを止めようとした。その工事がはじまりそうになったとき、内部の情報でそれを知った飯島は、即座にストップをかけた。

「サービスエリアは、あくまでも道路利用者が事故を起こさないよう、安全運転のための場なのだから、無料でお茶を出したりするのは当たり前のことだ」

由木も、飯島の命を受け、委員会には必ず足を運んだ。議論の中でイレギュラーな事態が起これば、携帯電話で飯島に緊急連絡を取る。

委員会の会場から「このまま乗り込む」という委員とともにその足で官邸に向かったことも一度や二度ではなかった。その場合もいきなりというわけにはいかない。通常は事務局を通すことになるが、それでは時間がかかりすぎる。そこで由木は飯島によく電話をかけた。返答は状況によってさまざまだ。「こういう形でなら」と許されることもあるし、「今日は絶対に駄目だ」と拒絶されることもあった。

拒絶された場合、官邸に行くことはできない。由木は、「事務局を通じて打診したんですが、今日は難しいようです」と告げてもらい、委員からの文書を事務局で受け取ってもらって官邸につないだ。

ケースによっては「石原行革担当大臣に会ってもらいなさい」という指示を飯島から受けたこともある。

平成十六年六月二日、道路関係四公団民営化関係四法案が成立した。

税源の地方移譲などを指して、「道路公団改革は失敗した」「中途半端だ」と批判した朝日新聞は極端だった。

朝日新聞は、のち平成十七年一月二十一日の「小泉流のゆくえ」というコラムのなかでも、小泉首相がある閣僚に、道路公団改革を振り返って「道路は失敗したなぁ。思う通りにできなかった。郵政はそうはいかない」と発言したと書いた。

その記事を見た小泉首相は、丹呉秘書官たちの前で激怒した。

「とんでもないな、この記事は。言ってもいないことを。今日のぶら下がり取材で一言言わないと」

一目で腹を立てていることがわかる。言葉どおり、小泉はその日のぶら下がり取材でこの記事に対する不快感を表明した。

「わたしは、道路公団の改革が失敗だったといままで一度も言ったことがない。誰に対しても、どこに対しても、わたしは道路公団の民営化はよくやってくれたと思う。大きな改革で成功だったと思っています。それをあたかもわたしが『道路公団の改革は失敗だった』と、わたしが一度も発言していないことが『小泉が言った』って書いてあったね。これは、ちょっと考えてくださいよ。本当のことを書いてくれとは言わなくても、言ったこともない嘘のことだけは書いてほしくないね。週刊誌にはよく書かれるけどね。もっと注意していただきたい。いったい、どこでわたしが道路改革失敗だったと言いましたか、誰に言いましたか。あまりでたらめ、嘘の記事はね、書いてほしくないね。お願いします」

その後、丹呉たちは記事ネタの確認作業をすすめた。「小泉が、『道路は失敗したなぁ』と言ったらしい」という第三者伝を朝日新聞記者が耳にし、紙面では「第三者」が抜け落ちて、「小泉がそう言った」という文脈になったらしい。

小泉激怒の裏には、小泉自身の「道路公団改革は成功だ」との自負があったのだ。

由木参事官は、それだけではないと推し量る。

〈総理は、『民営化に汗を流してきたすべての関係者に対して無礼じゃないか』と思われたのでは……〉

じつに小泉らしい心配りの表れではないか、と由木は今でも思っている。

丹呉秘書官によると、道路公団改革成功の裏には、現役、またOBである国交省官僚たちがいた。たとえば、平成十九年七月二十九日の参院選に出馬する佐藤信秋《さとうのぶあき》国土交通省前事務次官もそのひとりだ。当時、道路公団改革当時は、積極的に道路行政見直しを進めていた。そしてまた、牧野徹補佐官も陰になり日向になり汗を流した。牧野ならではの知恵を官邸に授けていた。それと同時に、心ある若手国交省官僚たちにも、「このままでは、やはりおかしい」と内心忸怩《じくじ》たる思いがあった。その熱情が、改革を後押ししていた。

そういう意味でも、小泉・飯島は、官僚OBも現役官僚も巧みに使った。また官僚たちにしてみれば、高潔なミッションを課されれば、闘志も湧くものだ。過ちては改むるにはばかる事なかれであった。

小泉、イラク派遣自衛官たちを激励

平成十五年十一月には、まだイラクへの自衛隊派遣が正式に決定していなかった。ただし、官邸と防衛庁では、先遣隊《せんけんたい》の選定にあたっていた。結果、航空自衛隊の先遣隊は、愛知県小牧《こまき》基地の部隊が選ばれた。また、陸上自衛隊では、北海道旭川駐屯《あさひかわちゅうとん》地の部隊が選ばれた。

飯島は、小泉首相にその二ヵ所に出向いて挨拶してもらうように動き始めた。

十一月のある日、飯島は、防衛庁から出向している黒江哲郎参事官に打ち明けた。

「総理を、小牧と旭川の部隊に行かせて、激励させようと思う。そういうつもりで、おまえは計画を出してくれ」

ごく限られた数人で、そのような計画を練っていたものの、突然に横槍《よこやり》が入った。水面下で、官邸の一部を中心に、小泉を部隊に行かせまいとしていたのだ。

「これだけイラクについては両論あって、反対論も多い。だから、首相に部隊を激励させに行かせるのは、どうなんだ？」

官邸の一部は、必死に抵抗した。飯島は、そのような反論を敏感に嗅ぎつけていた。そして、小泉に、なんらかの報告をしたという。

小牧基地の部隊派遣が差し迫った時期の十二月十八日夜、首相へのぶら下がり取材で記者からこんな質問が出た。

「イラクに派遣される部隊を励ます行事がありますが、どうされるんですか？」

小泉は、敢然《かんぜん》と言い切った。

「日程が調整できれば出席したい。これだけ困難な任務に赴く自衛隊員諸君を激励したい」

その後、反対論は急速にしぼんでいった。その発言は、小泉自身の信念であった。と同時に飯島の知恵でもあったという。

飯島は、小泉のぶら下がり取材で記者に「行かれますか」というのをあえて聞かせた。「行く」と小泉は答えた。

官邸高官は、小泉が出発する日にちをマスコミが抜いたので、潰したかった。誤報ということにしたかった。官邸高官とすれば、自分が記者会見で発表したかった。が、先に記事が出たので頭にきたらしい。それを誤報にし、違う日程を自分が発表したかったのである。

そのためにも、政府専用機で行く予定を変更し、仕方なく民間機で行くことになったが、その民間機のチケットを緊急に確保するのも一苦労であった。

自衛隊員は、結団式の日を家族に伝える。情報が洩れるのは当たり前だ。それを記事が出たからといって結団式の日程を変えるのは、かわいそうであった。

外務省は、官邸高官の言うとおりに動いていた。が、防衛庁は防衛庁で、いろいろと組み立てる。官邸高官は、それが頭にきているようであった。外務省から安全保障に関する権限を取ったらお終いだ。単なる旅行会社の設定役みたいなものである。国家安全保障会議の頭も、外務省が取りたいようである。

イラク復興支援のためにクウェートなどに派遣される航空自衛隊の編成完結式が、十二月二十四日、小泉首相や石破防衛長官が出席して愛知県小牧市の空自小牧基地でおこなわれた。

会場となった第一格納庫には、緑の飛行服や迷彩服に身を包んだ隊員約二百七十人が整列した。式には隊員の家族ら約四十五人も招かれ、幼い子供をひざの上に抱えた妻らも見受けられた。

小泉首相は、隊員とその家族をねぎらった。

「みなさんは、危険を伴う困難な任務と承知しながら、使命感に燃えてイラクに赴かれる。それを最も誇らしく感じているのは、ご家族だと思う」

いずれにせよ、防衛庁出身の黒江参事官は、胸のすく思いだった。部隊側も、「そこまでいってくれるのか」と溜飲を下げた。自衛隊は階級組織だ。その最高指揮官である内閣総理大臣が、隊員に直接声をかけるということは、自衛隊員としても意気に感じるものだ。

「おれはこう考えているから、きみたちには苦労をかけるけれど、やってくれ」

送り出す側も、送り出される側も、イラクが平安な地域ではないということは十分承知している。その意味でも、小泉と飯島の自衛隊員に対する思いは、はっきりしていた。

「現場で苦労する人には、報いなければいかん」

平成十六年一月九日、陸上自衛隊の先遣隊約三十人と航空自衛隊の本隊約百五十人に派遣命令が発令され、一月十六日、イラクへ向け出発した。

官房副長官であった二橋正弘によると、イラクへ自衛隊を派遣した前後でも、いろんな側面のところで、現地のサマワの様々な情報が、飯島秘書官のところに集まってきた。それらを知ったうえで、飯島は動き出す。

「こういう手当てを、しよう」

「こういう人を、使おう」

「この点は、気をつけるように」

そのような細かい指示を、ずいぶん出していた。

官邸の中でも、イラクへの自衛隊派遣は、非常に緊張したプロジェクトだった。小泉総理も、飯島秘書官も、無事にイラクへ派遣し、そして、無事にイラクから撤退することを願っていた。

イラク復興に対する飯島の目線

防衛庁から出向している黒江参事官によると、飯島独自の情報判断力は、イラク自衛隊派兵にも活かされていた。飯島は、イラクに自衛隊を派兵するだけでは十分な復興支援だとは思っていなかった。いかに派兵先の現地に、友好的に受け入れられているのかを探った。

そこで、飯島は、現地情報を外務省任せにせず、独自に現地情報を入手しようとした。北朝鮮へ乗り込むときと同じく笹川陽平率いる日本財団ルートの利用である。日本財団には、中東専門の研究者もいた。その研究者を通じて、イラク現地の生の声を聞いていた。

その結果、外務省主導のＯＤＡが痒《かゆ》いところに手が届くような援助になっていないということがわかった。飯島は、もっときめ細かい対応をしなければいけないと思った。そのように飯島は、押し付けられた情報を鵜《う》呑《の》みにすることなく、自分なりの情報を手に入れてから戦略を練っていた。

なお、イラク復興人道支援の場面において、飯島の頭には、近代日本史に照らして、外国の情勢を推《お》し量るという思考方法があった。いわば近代日本の道程を、イラク復興に重ね合わせる思考だ。飯島の目線は、外務省のような上からの目線ではない。イラク人をかつての戦後復興過程における日本人だとして捉えるような水平的な目線である。それは同時に、総務省出身の坂本参事官の得意分野でもあった。

自衛隊派遣の前段では、派遣地域の選定には度重なる議論があった。飯島は、坂本参事官にこう訊いた。

「自衛隊が派遣される時に、どうするのか」

「イラクのなかに、きっと、長州藩《ちょうしゅうはん》と薩摩《さつま》藩みたいな部族がありますよ。だから、バグダッド政権が瓦解《がかい》しても、地方政権は残っているはずです。その地方政権に、ある意味で庇護《ひご》してもらうという恰好《かっこう》で、宿営地を確保したらいいんじゃないでしょうか」

坂本は、イラク国内の宗教対立軸とは別に、明治維新直前の日本のように部族や地域勢力が社会の軸になっていると見ていた。力を持つ部族もいるはずだ。部族のなかには、日本に親近感を持っている部族もあるだろう。そこを懸命《けんめい》に探った。

外務省は、イラクという国家を見て、日本国内で情報戦略を立てていた。が、飯島は坂本にイラクの詳細を調べさせ、その社会制度を猛勉強させた。官邸としても、イラク問題とはすなわちフセイン大統領問題だった。フセインを中心としたイラクの内政を研究させたのだ。坂本は、日本国内の「自治」や「内政」の専門家である。猛勉強した結果、「イラクとは何か」が次第に明らかになった。

坂本案では、軽火器を部族政権に渡し、重火器は全部取り上げる。そして、地方警察官という職をあらたにこしらえて給料を支払うというものだ。その結果、雇用の安定も期待できる。平成十九年現在のイラク情勢を見るに、旧軍人は地下に潜ったままのようだ。それを見る坂本は、米国による血の通わない占領政策に内心忸怩《じくじ》たる思いがある。

「米国は、インテリジェンス（諜報《ちょうほう》）しかしないのだろうなぁ」

また、戦後イラクの問題は、社会構造の変化にともなう失業ともいえる。

日本の経験から坂本は、イラクでも大々的な公共事業政策をするべきだと考えていた。それは、有効な就業支援になるはずなのだ。飯島にもこう進言した。

「道路工事の日雇い労務者でもいいから、とにかく社会にカネを還流させないと、社会不安が起きるに違いない」

飯島も、うなずいた。

しかし、米国の占領統治はそれをおこなわなかった。

ただし、自衛隊の宿営地をムサンナー県サマワに選定する作業には、坂本の地域研究が活きた。

宿営地選定に当たっては、軍事評論家の小川和久《おがわかずひさ》や、佐々木良朗と、坂本参事官たちが、力のある部族を探して議論を重ねた。部族組織が強固であれば、無用なテロ被害に遭わずにすむ。その結果、サマワにおける部族が有力であることがわかった。自衛隊は、サマワの部族長と契約を結んで復興支援活動を始めるのである。

そのように、飯島と坂本は、イラクに対して目の付け所が違った。中央政府ではなく、地方政権に着目していたのだ。

飯島は、追放されたままのイラク公務員の再雇用の必要性についてエジプト要人に語った。いわば、イラク復興の坂本案である。その復興案がエジプト経由で、米国の耳に入ったようだ。米国は、それを自国のイラク占領政策への批判と捉え、飯島に対して執拗《しつよう》に何度もアプローチし、その真意を問いただしたという。

邦人拉致と自己責任

平成十六年四月八日、イラクのファルージャ近郊で郡山総一郎《こおりやまそういちろう》、高遠菜穂子《たかとおなおこ》、今井紀明《いまいのりあき》の三人が「サラヤ・アル・ムジャヒディン(戦士旅団)」を名乗るイラクの反米武装集団に拘束され、人質となった。

四月十四日には、さらに二人の邦人が何者かに拉致された。翌十五日に最初の三人が解放され、後の二人も十七日に突如解放された。邦人の人質事件に関しては、一応の解決を見た。

飯島が調べたところ、北海道の高遠は、思想的におかしな動きがあった。京都と北海道で署名活動を展開した。それは、飯島もリアルタイムで捕捉していた。

飯島は、秘書官室で議論し、官邸は「自己責任」という言葉を発信することにした。なぜかといえば、彼らは、邦人渡航禁止の地域に勝手に入り、拘束された。それなのに政府の責任というのはおかしい。「自己責任」という言葉が周囲に広まると、マスコミも冷静になった。

京都鳥インフルエンザ対策

飯島は、国内の危機においても敏感であった。

平成十六年二月、京都府丹波《たんば》町の浅田《あさだ》農産の養鶏場で鶏《にわとり》の大量死が始まった。二月二十七日には、二万八〇〇〇羽が死亡。鳥インフルエンザが検出された。総務省から参事官としてチーム小泉に加わっている関博之は、三月二日、飯島秘書官と話していた。

飯島は言った。

「政府として、ただちに閣僚が現地へ行くべきじゃないか。末松君を呼ぼう」

急遽、農林水産省から来ている末松広行参事官を加えた三人での検討がはじまった。農水省への対応は末松、京都府への対応は関がすることが決まった。

防衛庁へは、災害派遣要請としてはできなかったが、もう一つの手段として地元京都府から委託を受け、鶏全数の処分に協力してもらうことも決まった。

国会会期中だったため、飯島は関にたずねた。

「農林水産大臣の出ている委員会は、何時に終わるんだ」

「夕方の四時くらいには、終わります」

飯島は、直ちに委員会の合い間を縫って、亀井善之農林大臣へ要請した。

「委員会終了後、京都の現地に飛び、実態を確認していただきたい」

「わたしも、行こうと思っていたんです。すぐにでも、行かせてください」

亀井大臣も、同じ気持ちでいた。

飯島は、受け入れ態勢の調整に入った。

関に確認した。

「大臣は、夜に京都に入るけど、夜の受け入れは大丈夫か？」

関は、かつて京都府の仕事も経験していたこともあり、京都府の山田《やまだ》啓二《けいじ》知事をはじめ副知事以下多くの職員を知っている。即座に、夜、新幹線で亀井大臣が到着したら、すぐに京都府庁に入ってもらい、そこで状況説明を受けてもらう。翌日の三日、朝一番に消毒を受けて現地に入ってもらうというスケジュールを段取りした。

しかし、それだけで終わらないのが飯島だ。

「大臣に現地を見てもらったら、すぐ戻って来るように段取りしてくれ。自分の目で見たもの、現場でやるべきだと感じたことを、総理に報告してもらおう」

ここで情報の共有が図られた。

このようにスピーディーに対策を進めると、マスコミから政府の対応は後手だとか、ゆっくりしているという話は聞こえてこない。もし、官邸が中心となってダイレクトに動かなければ、地元の農水局や京都府庁へ要望し、要望を受けて整理してから本省の局長や県知事まであげることになってしまう。無駄な時間を使う上に、官邸には待ち時間が発生することになる。あまりにも非効率な話だ。

「そんなことよりも、すぐ大臣と現場の知事とで話をしてもらおう」

そういう飯島の指示で、「チーム小泉」が仕事を分担し、瞬時に動くこともたびたびあった。

小泉が「チーム」にひきとめた男

石原葵《いしはらまもる》は、平成十六年一月、農林水産事務次官に就任した。

石原は、昭和四十五年、東大法学部を卒業後、農林水産省に入省していた。石原は、事務次官に就任するとすぐに、石原の一つ前の事務次官にあたる渡辺好明《わたなべよしあき》の人事案を考えた。石原は、渡辺に三ヵ月程ゆっくり休養してもらい、それから農林水産省所管の外郭団体などに就いてもらおうと考えていた。

ところが、官邸から石原に連絡が入った。渡辺の再就職先を一時白紙にして、渡辺をフリーな状態に置いておくよう指示された。官邸は渡辺を、郵政民営化担当の首相補佐官の候補として考えていた。当初、官邸内では、補佐官を民間から起用すべきとの議論もあり、なかなか人選が定まらずにいた。

官邸は、役人から補佐官を起用するのであれば、郵政と利害関係のある総務省や財務省以外の省から起用すべきだと考えていた。農林水産省が監督する農協は、金融分野で郵政と競合関係にあったが、農林水産省自体は郵政と直接利害関係はなく、郵政民営化に当たっていろいろと調整をおこなう際に都合のいい条件にあった。

官邸と農林水産省との連絡調整に当たったのが、飯島と、農林水産省出身の末松広行参事官だった。石原は、官邸から、首相補佐官の人事が正式に決まるまでは、一切情報を漏らさないよう指示された。石原が自分から漏らすようなことはしなかったが、新聞記者が「今度の補佐官は渡辺好明ではないか」と農林水産省の官僚に訊いてくることもあった。

しかし、結局最後まで、渡辺の人事案が表に出ることはなかった。

渡辺は、平成十六年四月二十六日、正式に郵政民営化担当の首相補佐官に就任する。

渡辺の起用は、大方の予想を覆すもので、サプライズ人事と受け取られた。なお、渡辺は、郵政民営化準備室長も兼任し、小泉の総理退任まで、補佐官を務める。

農水省から出向している末松広行は、そのころ、「チーム小泉」を去るべき時期になっていた。飯島も、石原事務次官と、次の人事を決めていたが、急遽それがキャンセルになった。

飯島が石原に語ったところでは、「総理に話を上げたら、『残せ』と言われたから残したんだ」ということだったらしい。

その背景には、末松の持論であるバイオマス戦略と、小泉首相の環境意識が強く共鳴していたともいえそうだ。

飯島が矢面に立った「小泉年金未加入」問題

平成十六年五月、閣僚の年金未納があいついで発覚した。五月七日、福田康夫が突如官房長官を辞任する。福田は、記者会見でこう陳謝した。

「自身の国民年金保険料の未納問題について、発表までの対応に不手際があった。内閣スポークスマンとして政治不信を増幅させた」

あまりにも唐突《とうとつ》であり、「年金未納」という些末《さまつ》な理由で、天下の要職である官房長官を辞任するとはあまりに不可思議な幕引きだった。

しかし、そのころに福田は、飯島と口論したすえ、家具を蹴飛ばし部屋を出て行ったとの噂もある。幹事長であった武部勤は、福田辞任の理由には、飯島との激しい摩擦《まさつ》もあったのだろうと見ている。やはり飯島としては、小泉首相の意向を絶対に貫く覚悟だったのだろう。そこに立ちはだかる障害は、相手が誰であろうと容赦はしなかったのだ。

いっぽう、民主党の小沢一郎代表代行は、周囲に息巻いていた。

「自身が国民年金保険料未納（未加入）問題で返り血を浴びる覚悟で、国会議員全員の年金状況を公開させ、小泉政権を追い詰める」

そんななか、五月十四日には、小泉総理の任意加入期間の年金未加入が発覚する。

小泉の年金問題は、十一日あたりから「週刊誌が書くらしい」とささやかれていた。十四日朝には、実際に記事の早刷りが国会周辺に出回った。十四日は金曜日。週明けの週刊ポストで同問題が報道されることから、その前の五月十四日午後五時十五分、飯島は、急遽記者会見を開き、小泉首相の年金未加入問題について説明した。飯島は、これまで司法クラブで一回、厚生記者クラブで三回の計四回、記者会見を開いているが、首相官邸で秘書官が記者会見を開くのは初めてのことであった。

飯島は、小泉首相が予備校生だったころからはじめ「納めるべき保険料は納めている」と説明。「(未納と報じる) 週刊誌にはしかるべき措置《そち》を講じたい」と強気の姿勢もみせた。

「八六年（昭和六十一年）三月まで、計六年以上の国民年金未加入期間があった。いずれも、国会議員に国民年金加入が義務づけられる前の期間だった」

国会議員が任意加入とされていた昭和五十五年四月から昭和六十一年三月の六年間について「(加入してもよいのに) なぜ加入していなかったのか」と問われると、こう躱《かわ》した。

「どうしてかどうか。政治活動に諸費用かかりますから……」

しかし、政治責任については明言した。

「首相に問題はない」

ほかの国会議員と違い、納付状況を社会保険庁に照会していないと語った。

「事務所で分かりますから」

飯島は、〝未加入〟と〝未納〟の違いを解説するペーパーを配り、問題がないことを強調した。

岡田秀一秘書官は、官邸の広報担当だ。福田官房長官は政府のスポークスマン。本来ならば、小泉個人の年金問題は、自身が説明せざるを得ない状況だった。その時、裏方の飯島秘書官が、猛然と表に出て行ったのだ。飯島は記者に対する説明を終えると、小泉の部屋に入って行った。

岡田は、飯島があらためて小泉に年金の問題を説明しているのだろうと思った。小泉の年金問題に関しても、まずは飯島が体を張って国民に説明したのち、事後報告の形で小泉の耳に入れていたのだ。飯島は、そのように何事もかならず先回りして行動していた。その危機管理能力が小泉政権を支えてきたともいえる。

この日、民主党の菅代表も辞任したことで、民主党の新代表就任を受諾することを記者会見で表明した小沢一郎は、小泉総理に攻撃を仕かけていた。

「慶応大学に入る前に浪人しているので、彼も『未納』でアウトなのでは?」

しかし、年金未納問題で小泉総理自身が騒がれている最中の十四日朝、小泉は二十二日に再訪朝することを決め、十五日に発表した。

年金未加入発表と、民主党党首就任を受諾した小沢の会見、北朝鮮再訪問が重なったことで、小泉自身の年金未納問題に注目が集まることを回避する策が取られた。

その後、結局は新代表就任を受諾した小沢にも、年金未払い期間があったということで、小沢は十七日になって代表受諾を撤回《てっかい》することになる。小沢が描いた、年金未納議員の役職辞任の流れを作り、小泉もこの流れに乗せて辞任に追い込もうとする思惑は敗れることになった。

これも、飯島秘書官の瞬発的な判断が功を奏して事が運んだ。

後に、小沢はこう言った。

「飯島にやられた」

その言葉を耳にした飯島秘書官は、ニヤリと笑った。

「刺すつもりではなかった……」

四章　小泉外交の核心

一　相次ぐ災害対策と北朝鮮再訪

無責任なマスコミ報道

小泉は、北朝鮮を再訪問、さらに中東外交にも乗り出す。

平成十六年五月二十二日、小泉首相は、ふたたび北朝鮮を訪れ、金総書記との二度目の首脳会談にのぞむことになった。

国連食糧農業機関（ＦＡＯ）から北朝鮮だけではなく、二十ヵ国くらいの食料援助の要請が日本政府にあった。そのうち、北朝鮮の分は二十五万トンのとうもろこしと小麦粉だった。北朝鮮訪問には、まったく関係なかった。ところが、日本テレビが訪朝前の五月十六日夕の報道番組で「北朝鮮に二十五万トンのコメ支援で最終調整」と、さも北朝鮮へのお土産であるかのように報じた。

飯島は、怒りがこみあげてきた。

〈冗談じゃない。日朝交渉の妨害になる。ちょっと、お灸《きゅう》を据えてやろう〉

第一回目の訪朝のとき、松茸《まつたけ》を持ち帰ったとありもしない話を報じたのも日本テレビであった。百二十名の同行リストのなかで、日本テレビのカメラマンは、百十九番目と百二十番目でちゃんと枠《わく》は取っておいた。が、飯島は、その名前をわざと消しておいた。日本テレビは、自分たちの名前がないからびっくりした。外務省のレクチャーのとき、あちこちに連絡を入れて「自分たちも連れて行け」と大騒ぎした。すると、マスコミ側は、憲法で認められている言論（報道）の自由を侵害する政府の恐るべき行為として捉え、飯島をいっせいに批判した。

飯島は、日本テレビに抗議した。

「まず、訂正しろ。FAOから要請された小麦粉ととうもろこしを持っていくだけで、コメなんていったら向こうはびっくりするじゃないか。まったく嘘の報道を外務省から仕入れた情報だからと、こっちに裏取りしないで勝手に流すのは、おかしい。わたしが秘書官である限り、日本テレビとは、いっしょに仕事をしない」

五月十九日午前、細田博之《ほそだひろゆき》官房長官は、記者会見でこの問題について語った。

「日朝交渉をめぐってまったく決まっていないにもかかわらず、確定的な報道がおこなわれたとの指摘があり、どのような根拠でこのような確定的なことが言えたのかという厳しいやりとりがあった。若干《じゃっかん》、行き違いなどがあったのは事実だ」

そのうえで語った。

「報道と同行取材を直接結びつけるかどうかという点についてはわたしなりの考えもある。善処する」

この後、日本テレビは、官邸側から「同行記者数を各社に割り当てられた本来の四人から三人に削減する」などの条件を示されたが、これを拒否し、白紙撤回を求めた。

しかし、飯島の怒りは、いまでもおさまっていない。日本テレビの番記者が議員会館事務所に来ても、部屋に入れずに追い返している。

「オタクの記者とは、会わないから。会うのは、二十五万トンのおコメはまったくの嘘だった、と謝罪放送を流してからだ」

記者懇でも、日本テレビだけは外し続けた。日本テレビは、いまだにその件に関しては詫びようとしない。

五月二十二日、小泉総理は、二度目の訪朝に旅立った。平成十四年九月以来になる。平壌市内の大同江迎賓館《テドンガンげいひんかん》で、小泉総理は、金正日総書記と約一時間半会談した。小泉総理は、首脳会談で被害者家族八人について、求めた。

「今日にも、いっしょに帰れるようにしてほしい」

金総書記も応じた。

「行きたい人には、行ってもらう。離散家族を作る必要はない」

だが、第一回目の訪朝で日本に帰国していた曽我《そが》ひとみの夫であるジェンキンスについては、来日を望んでいないとして、小泉総理自身が本人を説得することを提案した。

「どうしても拒否されるなら、北京《ペキン》で会ったらどうか」

これを受け、小泉総理は、ジェンキンスと長女・美花《みか》、次女ブリンダに会い、約一時間にわたって帰国・来日するよう説得した。が、ジェンキンスは、強い懸念を示した。

「来日すれば、脱走兵として米国に引き渡される可能性がある」

二人の娘も、曽我の訪朝を求めた。

「まず、お母さんが戻ってきてほしい」

このため、小泉総理は、北京などでの再会を提案した。三人は「歓迎する」と受け入れた。

そのほか、会談で、金総書記は、安否不明者一〇人について再調査を約束した。小泉総理は、食糧二十五万トンなど人道支援をおこない、近く国交正常化交渉を再開する方針を表明した。

拉致被害者五人の家族八人のうち、蓮池《はすいけ》夫妻と地村《ちむら》夫妻の子供五人は、小泉首相らといっしょに日本に来ることになった。

飯島の機転と勝負

この二度目の訪朝は、帰国した拉致被害者の家族八人を、日本へ連れて帰ってくることが目的だった。ところが、連れて帰ってこられたのはこの五人だけで、曽我さんの家族は、とうとう連れて帰ることができなかった。

五人の家族の帰国以外、十人の安否についても「白紙に戻し、再調査をする」という以外、目立った成果があげられなかった。このことに対して、北朝鮮による拉致被害者家族連絡会、いわゆる家族会から非難の声があがっていた。

なお、この再訪朝でも、北朝鮮側は、「もう一回調査する」と想定外のことを口にした。飯島は、これを金総書記の小泉首相に対する信頼だと思っている。

その間、日本では、細田博之官房長官、川口順子《かわぐちよりこ》外相らが東京都千代田区の赤坂プリンスホテルで待機している家族などに会談の状況を報告した。家族会の反応は、厳しいものだった。飯島らは、官邸で待機していた小野秘書官経由で、その反応を聞かされた。

午後四時半過ぎ、小泉首相は、現地で記者会見をおこなった。

「拉致被害者家族のうち五人はいっしょに帰国する。曽我さんの家族は第三国での再会を探る。拉致被害者十人については北朝鮮側が再調査する。日本からは食糧や薬などの人道支援を実施する」

日本では、午後六時過ぎから拉致被害者、家族会が相次いで記者会見をおこなった。

が、やはり反応はきわめて厳しかった。家族会は、「予想した中で最悪の結果」と訪朝を評した。

日本の待機組から、帰りの機中の小泉総理に、日本の空気をすべて伝えた。

「家族会の反応は、良くないですね。この空気は……」

帰国後、家族会への報告の席は、すでにセッティングされていた。家族会と小泉総理との話であるため、冒頭のみマスコミ陣のカメラを入れ、それ以外は、マスコミをシャットアウトすることで決めていた。

飯島は、日本に帰国する政府専用機のなかで腹を決めた。

〈総理の帰国後の行動を、変更しよう。被害者家族とともに被害者や家族会の待つ赤坂プリンスに向かい、家族会への報告は、マスコミにオープンにしよう〉

飯島は、小泉の眼の前で同行していた別所秘書官にその旨を伝えた。

「総理の家族会への報告は、すべてカメラを入れるから」

別所は慌てた。

「飯島秘書官、それは駄目です」

飯島は、声を荒らげた。

「こっちは、真剣勝負でやっているんだ。その姿勢をオープンにするのは、当たり前じゃないか。あとは、国民の判断に任せる。家族会が納得するまで、深夜の一時でも、二時でも、場合によっては、朝まで言い合ったって構わない。責任は、すべて総理にあるんだ」

飯島は、小泉に眼をやった。

「総理、それでいいですよね」

小泉は、うなずいた。

「自分が話しておさめるしかない。逃げも隠れもしないから、テレビカメラを入れてくれ」

飯島は、別所に言った。

「総理が、『いい』とおっしゃっているのだから、それでいく」

飯島秘書官は、日本の待機組に折り返し連絡を入れた。

「話し合いの場へ、マスコミを全部入れてくれ。総理の判断だ！」

細田官房長官までが、驚きを隠せなかった。

「うッ。マスコミ、みんな入れるのかなー」

また、一問一答の質問形式にせず、家族会のみんなの意見をすべて聞かせて欲しいともいった。そして、すべての意見を聞いた最後に、小泉総理は自分でまとめて話をすると言った。

日本で待つ二橋官房副長官らも、この変更への対応に慌てた。

「待てよ。オープンになった司会進行は、誰がするんだ？」

そう言って、あたりを見回した。

「はい、わたしです」

谷内正太郎《やちしょうたろう》内閣官房副長官補だった。

「しっかり頼むよ」

「わかりました」

飯島は、さらに、政府専用機の中から東京のプレスのキャップクラスに電話を入れた。

「総理の家族会への報告は、かならずカメラを入れるから、各社のカメラ位置をすべて決めておいてくれ」

大方のキャップクラスは、びっくりした。

「本当に、いいんですか？」

「いい。現場の事務方が何かいったら、『飯島秘書官がいいと言ったので』と説明すればいいから」

政府専用機は、午後九時過ぎ、羽田空港に到着した。続いて、午後九時十五分頃、家族の乗った政府専用機の予備機が着陸した。

小泉首相は、家族とともに赤坂プリンスホテルに向かい、家族会への報告は、マスコミに公開された。

家族会との打ち合わせで、司会の谷内官房副長官補は、小泉総理の気持ちを伝えていた。

「小泉総理は、全部話を聞くと言っています。ですから、みなさんも、すべてお話ししてください」

ところが、面会の途中から、家族会の気持ちが治まらなくなってきてしまう。なかでも、拉致被害者の増元《ますもと》るみ子の弟である増元照明《てるあき》の批判は痛烈だった。

「総理には、プライドがおありになるのでしょうか。総理が馬鹿にされているということは、この国が馬鹿にされているということです」

それに対して小泉は、真摯《しんし》に、静かに、そしてゆっくりと、おのれの言葉を絞り出した。

「わたしのプライドよりも、わたしは、（拉致被害者の家族の）帰国が可能ならば、一日も早く家族の方が、日本でいっしょに暮らせるように取りはかるのが、わたしの責任ではないかと思っております。すべての責任は、わたしにあります」

しだいに、その場の雰囲気も変わってきた。

マスコミに対して、この面会の場を一部始終披露したことで、この後、この家族会の取った態度に、国民一般から「感謝の言葉がない」、「言い過ぎだ」と、激しい批判が沸《わ》き起こることになる。

日朝首脳会談だけでも、相当な疲労と心労が溜まっているなかで、小泉総理は、帰国後、すぐに曽我ひとみに、ジェンキンスへの説得の様子を一部始終説明するなど誠意を示していた。

各新聞社による世論調査では、朝日六七％、毎日六二％。読売六三％（いずれも五月二十四日付）が、「おおむね評価」する結果となった。飯島とすれば、小泉首相と家族会との面談の様子をオープンにしたのは一つの賭けであった。が、この逆転の発想は、結果的に功を奏した。

この辺の判断は、小泉と飯島でなければできない判断だ。二橋官房副長官は思った。

〈二人には、一種の勝負勘が備わっている〉

七月十八日、曽我一家は、日本政府チャーター機で帰国来日し、ジェンキンスは到着後、直ちに東京都内の病院に入院した。

帰国した姿を見た二橋や飯島らは、安堵感でいっぱいだった。

〈本当に、よかった。これで、帰国した五人の被害者とその家族が揃った……〉

曽我ひとみの家族が帰国して以降、北朝鮮による拉致問題は、一貫して動かなかった。経済制裁をしようが、何をしようが、北朝鮮はトップが決断しなければ動かない。

最初の訪朝で、拉致被害者五人。二回目の訪朝で、その家族を五人。その後、ジェンキンスら三人を、連れ戻した。小泉総理は、具体成果をしっかりとあげた。その間、日本は何も損などしていない。

飯島に言わせれば、いまもって拉致被害者の家族は、官房副長官だった安倍晋三や拉致問題担当の内閣官房参与であった中山恭子《なかやまきょうこ》には感謝の言葉を口にしても、小泉に対しては、対外的にお礼のコメントも、感謝のコメントも出していない。横田めぐみの両親は、小泉の旧選挙区の川崎に住んでいる。

〈これだけ小泉総理がやったのだが、家族会からは、結局、一度も「ご苦労さん」、「ありがとう」という言葉は無かった〉

この飯島の気持ちに、二橋も共感した。

〈家族会の人たちは、具体的にモノが動いた場面をどのくらいわかっているのか。そして、これから動くという手ごたえを持っているのだろうか……〉

小泉総理は、拉致問題に対する家族会との関係については割《わり》を食ってしまった。

ぬかるみにも踏み込んだ新潟豪雨被害視察

平成十六年七月十九日の新潟の豪雨被害に際しての、小泉首相の視察のときのことである。燕三条《つばめさんじょう》付近の被災地にまず内閣府の担当が入り、次に防災相が入り、さらに総理も入るという案が出た。その地点は、確かに最も被害がひどく、受け入れ可能な条件も整っているところだった。これを聞いた飯島は、激怒した。

「国が被災地に入るのは、何のためだと思ってるんだ。被災した人たちに安心感を与えるためだろう。それを同じところに二人も三人も入って、何になる。総理が入るのは、防災相とは違うポイントでいいんだよ。何も一番ひどいところじゃなくたって、かまわない。現地のみなさんが、『ああ、こんなところに総理が来てくれた』と思ってくれればいいんだ。この案について何もわかってないし、考えてない。作り直せ！」

飯島の意を受けて、事務方は案を練り直したが、現地と調整しなおさなければならないこともあり、事は簡単に運ばず、難渋《なんじゅう》した。

これが、さらに飯島の怒りに火を付けることになる。

「チーム小泉」のひとりである国土交通省から出向している由木参事官に言った。

「おまえが、総理の入るポイントを作れ」

由木は困り果てた。何しろ総理の現地入りの前日の七月十八日の話だ。さっそく由木は国交省に向かった。防災課で、「どこなら総理が入れますか？」と尋ね、徹夜で大きな地図を作ってもらった。

これと並行して、内閣府にも連絡を取る。

「総理の視察ポイントということで、案を総理秘書官に上げます。内閣府からも『秘書官に言われたので、再度、作り直しました』ということで、上げたほうがいいと思いますよ」

翌朝、内閣府の担当者と会い、由木は、二案を飯島に献策した。被災地の中で一番ひどい地域とその次にひどい地域を挙げた。さすがにプロの目で選ぶと、国交省案も内閣府案も大きな違いはなく、ほぼ重なっており、混乱はなかった。

小泉首相は、七月十九日午後零時四十四分、ＪＲ燕三条駅に着いた。決めた案に従って、小泉が三条市を視察をしていると、被災者が声をかけてきた。

「小泉さん、そんなところばかり見てないで、こっちにも来てくださいよ。せっかく来たんだから」

小泉のすごいのは、そういう声に応えてしまうところだ。

「おお、そうか。じゃあ、見よう」

と言いながら、予定に無い地域にもどんどん入っていく。小泉首相は、中之島《なかのしま》町、刈谷《かりや》田《た》川の堤防決壊現場まで視察した。内閣府は被災地の土壌を調べ、小泉の視察用に登山靴タイプの靴を用意していた。歩きやすさを優先したのだ。

小泉はその靴でぬかるんだ土地にも構わず入った。真新しい靴は徐々に泥にまみれ、最後はドロドロに汚れてしまった。それを見た被災者は、総理の意気を感じ取り、非常に喜んだ。小泉の視察はテレビのニュースでも取り上げられ、新聞紙上も飾った。

視察の報道ぶりを見て、由木はあらためて小泉と飯島の一心同体ぶりに心を動かされる思いがした。

〈飯島さんの考えていることと、総理の考えていることは、ぴたりと重なるんだな。飯島さんがあんなに激しく視察の意味を訴えたのは、総理が同じように考えているからなんだ。こんな政治家と秘書の関係、ちょっとない〉

ムードメーカー飯島

木下賢志が、実質的に「チーム小泉」のメンバーとして仕事を始めたのは、平成十六年六月二十五日からである。厚生労働省からは、初代の香取照幸、二代目の今別府敏雄に続き三代目である。

飯島の仕事に対するスタイルは、旧厚生省時代も、官邸時代も、いっしょであった。常に「危機管理」を心がけるスタイルだ。

飯島は、常に様々な事態に対するケースごとのシナリオをしっかり作成していた。この場合には、こういった対応をする。こんなケースが起きたら、このカードを使う。国会の場面でも、厚生労働省の政策に対して与党が質問することがわかれば、どういう質問をさせるのが一番いいのか、こういう質問が出された場合には、こう答えるといったパターンを前もって用意していた。

そして、描いたシナリオについて、木下によく話してくれた。木下は、飯島の横で感じていた。

〈常に、いろんな場面を想定してシナリオを書いておられるんだなぁ。普通の政治家の秘書官じゃないな〉

木下は、あらためて飯島秘書官の気配りに感心させられた。

その一つとして、飯島は官邸の雰囲気をよく盛り上げた。官邸には、いろんな危機的な局面が襲ってくる。そのたびに、チーム小泉のメンバーは、沈みがちな空気に覆われてしまう。そのうえ、「どうしたらいいのか」という不安が充満する。そんなとき、飯島は、「こういうときこそ、ムードを盛り上げてやらなければいけない」という雰囲気をつくりだしてくれる。普段から危機意識が強い飯島だからこそ、まわりのメンバーには、不安を抱かせない雰囲気づくりを心がけている。

木下も、よく飯島に言われた。

「何かあったら言ってくれ。相談に乗るから」

飯島に相談すれば、たとえ飯島ひとりで解決できない問題でも、持ち前のネットワーク力を駆使し、かならず誰かに繋いでくれたり、情報を集めてくれ、解決への糸口を見つけてくれる。そんな能力に長《た》けている。

それでいて、その結果物事が上手く動き、よく行ったときでも、決して自分の手柄にはしない。

「おれがやったから、上手くいった」

そんなことは口にしない。

「木下が動いて、これを折衝《せっしょう》してくれたから、うまくやってくれた」

そう言って、メンバーを立ててくれる。

そして、何か困難を乗り越えたときには、そのエピソード話を、臨場感を持って飯島は伝えてくれる。飯島の話を聞いていると、聞いている自分たちの頭の中に、そのときの様子が自然と浮かんでくるものだ。それくらい話の仕方にも長《た》けている。臨場感を持たせることによって、飯島自身の仕事感が伝わってもくる。

ここからスタートして、こういう結末になった。そういうエピソードが、一つの物語となって飯島の記憶の中にあるからこそ、応用が利いた話が生まれてくる。そして、話を聞いた者には、そういうことを勉強することで、次の仕事に繫《つな》げることができてくる。

エピソードの断面だけの話では、よく理解ができない。そこがはっきりしているのが、飯島のエピソード話だ。そんな話の仕方一つにしても、飯島自身の気配りが窺《うかが》える。

〈確かに見た目は、いまでいう「チョイ悪」だが、非常に優れた、魅力的な人だな〉

BSE対策は「科学的方法」で

平成十三年九月に千葉県で日本初のBSE症例の牛が発見されたとき、日本の消費者に不安が広まった。その後は比較的沈静化していたが、平成十五年十二月二十四日、アメリカでBSE牛が発見されたことで、再び問題となった。

これを受けて、日本政府は、その日のうちにアメリカ産牛肉の輸入を差し止め、十二月二十六日にアメリカ産牛肉の輸入禁止を正式決定した。それ以降、アメリカからの牛肉輸入は完全にストップしていた。

小泉首相は、あくまで日本政府としては科学的・客観的な検査方法にこだわり、日米間に検査基準の隔たりがある限り、アメリカ産牛肉の輸入は受け入れられないと主張した。小泉は、石原葵事務次官ら農林水産省に対しても、国民の食の安全・安心を最優先に対応するよう指示していた。小泉のこの姿勢は終始一貫ブレることはなかった。

外務省や経済界からは、日米関係に配慮すべきだとか、経済への影響も考慮すべきだという意見があったが、小泉は、これらの声を一切シャットアウトしていた。

おかげで石原は、雑音に悩まされることなく日米協議に取り組むことができた。石原も日米関係をまったく考慮しないわけではなかったが、つねに国民の食の安全・安心を第一に考えて判断した。

平成十六年三月十六日、アメリカの交渉官は、日本との牛肉輸入再開交渉について、

「必要なあらゆる選択肢を適宜《てきぎ》検討する」と述べ、日本をＷＴＯ（世界貿易機関）に提訴する構えを見せた。しかし、日本側は、「アメリカ産牛肉の輸入停止は、貿易問題ではなく、あくまで食品の安全・安心の問題」だと述べ、ＷＴＯでの紛争解決にはなじまないと主張した。

平成十六年四月から七月にかけて、日米両政府間で局長級協議と実務レベルでの作業部会が開かれ、アメリカ産牛肉の輸入再開にあたって協議が重ねられた。

禁輸は、久々に起こる日米経済問題であり、ブッシュ大統領も小泉首相に直接電話するようなある種の異常事態だった。外務省は、米国側の輸出解禁の要望を慮《おもんぱか》るあまり、勇み足で道筋をつけてしまったようで、官邸や農水省にこう迫った。

「とにかく、いつまでに輸入を再開するといえ！」

飯島は、それを突っぱねた。

「それは、絶対させてはいかん。あくまで科学的にやるから、いまはわからん。できない」

一歩も引かなかった。

この間、飯島は、常に石原を励ましつづけた。

「総理は科学的根拠にもとづいて協議を進めるよう指示している。この問題について、政治的配慮は関係ない」

石原が官邸に赴き直接小泉の判断を確認できるのは数ヵ月に一回程だった。その間、飯島を通じて小泉の意志を確認することができたのは、石原にとって非常にありがたかった。

いっぽう、アメリカ産牛肉の輸入再開にあたっての国内基準については、食品安全委員会内に設置されたプリオン専門調査会が、専門的知見にもとづき中立的な立場で検討を進めていた。

平成十六年七月には、日本では参院選、十一月二日には米大統領選が控えていた。外務省の事務方は、その間隙での輸入解禁を農水省や厚生労働省に打診してきた。飯島は激怒した。

「総理に対してそういう科学的ではないことをやったら、絶対にしっぺ返しを食う」

農水省や厚生労働省に対しても、念を押した。

「総理は、『後で困るから、ちゃんと科学的にやれ』といっているから、両省は一歩も引くな」

厚生労働省は毅然とした態度をとることに問題なかったが、農水省としては外交と内政の優先順位を図りかねる部分もあった。そこで、妥協しようとする瞬間がないではなかった。が、飯島は「そうする必要は無い。これはもう純粋に科学的にやるべきだ」と繰り返した。その後、外務省も小泉と直接話し合いを持ったが、小泉の考えも飯島と同じだった。

たしかに、外交のパートナーとして米国は大切だ。しかし、小泉も飯島も、政治的な駆け引きのために、日本国民の食の安全を脅《おびや》かすわけにはいかないという不動の信念があった。

平成十六年十月二十一日にも、米ニューヨークのホテルで日米首脳会談がおこなわれた。十一月の大統領選を控え、オハイオ、ウィスコンシン両州など激戦区の畜産票を固めたいとの思惑があるブッシュ大統領は、小泉首相に牛肉の輸入再開について政治的リーダーシップの発揮を迫った。

「官僚や学者に任せられるものではない。科学的な問題も大事だが、政治的な決断も必要だ」

しかし、小泉は、妥協しなかった。

会談前に調整した「この問題は、科学的に判断する。米政府は政治決着を求めてくるだろうが、日本政府としては応じない」との政府方針に沿った対応であった。

日米首脳会談後、首脳同士のやりとりは公表されず、両政府は「両首脳は、できるだけ早期に牛肉貿易を再開する重要性で一致。再開にかかわる具体的な事項について、両政府が速やかに協議を行うことを確認した」との合意事項を発表するにとどめた。

飯島は思う。

〈ブッシュ大統領は、さすがにショックだったろうと思うが、小泉の妥協しない姿勢に、みんなおどろいたのではないだろうか〉

官僚たちを使いこなすコツ

飯島は、人事の要諦はアメとムチだと思う。官僚にゴマをする必要は無い。なんだかんだ言っても、霞ヶ関には、優秀な人材が腐るほどそろっている。キャリア組、ノンキャリ組を問わず、国有財産だ。その国有財産を、どうやってうまく使うかが大事である。

ＢＳＥ問題の場合にも、アメとムチの人事をおこなった。農水省で、事務次官の次に重要なポストは食糧庁長官であった。昔から、食糧庁長官を経験せずに事務次官になれない重要な組織である。

が、小泉総理は、ＢＳＥ問題が発生した直後の平成十五年、食糧庁を廃止し、食品消費安全局にした。軸足を、それまでの生産者から消費者に換えたのである。

また、十年に一人出るか出ないかの逸材といわれた熊沢英昭《くまさわひであき》事務次官を更迭《こうてつ》し、小林《こばやし》芳雄《よしお》を生産局長から審議官に格下げした。この人事は、農水省ＯＢをふくめ衝撃を与えた。だが、その後、小泉総理は、平成十七年三月十五日、熊沢をチェコ大使に起用した。農水省出身者が大使になるのは、熊沢が初めてのことであった。

一般的に大使の人事は、外務官僚が、書記官、参事官、公使へと登っていき、最後に大使に就任するという慣例が定着している。大使の任命は、外務省の申し出により内閣がおこなうが、この熊沢の人事は、飯島が外務省に働きかけて実現したものだった。

農林水産省は、もともと途上国への技術協力などを通して、諸外国と深い関係を築いていた。農林水産省からは、常時約九十人ほどが海外に駐在している、これは、各省庁の中で、外務省に次ぐ第二位の数だった。それにもかかわらず、それまで農林水産省から大使が任命されることはなかった。

飯島は、「これだけ国際貢献しているのに、おかしいじゃないか」と疑問を呈し、農林水産省から大使が任命されるように外務省を説得した。

石原事務次官は、農林水産省出身の者が大使として海外に駐在して、日本との深い関係を築くことに貢献できるのはありがたいことだ、とよろこんでいる。

外務省以外の各省の次官経験者などが大使に任命される場合も少数ながらあるが、駐在先の事情に不案内で、語学力も不十分な者が赴任するケースもあった。石原は、今後も引き続き農水省から大使に任命されることがあっても、農林水産省出身の者であれば国際協力などで培った経験を生かして、諸外国と深い関係を築くことに貢献できるだろうと考えている。

農水省の小林芳雄も、ＢＳＥ問題で局長から審議官に格下げしたが、その後、水産庁長官になり、事務次官に上り詰めた。

小泉内閣は、相手をガツンとやっても、決して勝手に威張って怒っているわけではない。整合性がないようなおかしい者は、政治家であろうが、官僚であろうが処分する。そのかわり、一生懸命やれば、分け隔てなくかならず報いる。このような人事は、徹底しておこなった。

石原は、この他にも、人事などについて、飯島に何度か相談したことがあったが、飯島の判断と官邸の最終的な判断が食い違うことはなかった。石原は、飯島の内諾を、ほぼ小泉の決定と同じ重さで受けとめた。

飯島と小泉の判断が食い違うことがなかったのは、飯島が常に小泉の考えを会得していて、小泉も飯島の判断を信頼していたからだ、と石原は考えている。

なお、飯島は、農林水産省との関係については、たびたび農林水産省の栄典《えいてん》の担当者を訪れた。各省庁には、それぞれ栄典専門の担当者がいる。彼らは、叙勲者《じょくんしゃ》のノミネート・リストを作成する過程で、大きな決定力を持っている。栄典担当者と折衝し、後援者が一つでも高い位の勲章を受けられるようにすることは、秘書の大事な仕事の一つでもある。

飯島は、どこの部署にどの栄典の担当者がいるのか、さらにその担当者の名前まですべて把握していた。また飯島は、電話で用を済ませるのではなく、必ず自分の足で栄典担当者を訪れた。

飯島は『代議士秘書　永田町、笑っちゃうけどホントの話』のなかで、後援者の叙勲が決まったのは自分の努力のおかげだと言い張る議員や秘書がいたとしても、もしその栄典担当者の名前を言えなかったとしたら、その話は信用しない方がいいと書いている。

海外における国内情報収集術

「チーム小泉」は、外遊中の小泉が、迅速かつ重要な情報入手ができることを模索した。結果、飯島はあらたに国内情報の入手ルートをつくりあげた。

外務省現地スタッフは、首相外遊に際してはまず大広間のようなスペースに「ロジ室」と呼ばれる部屋を設置する。「ロジ」とはロジスティックス（兵站《へいたん》）の略である。外務省用語の「ロジ業務」とは「外国訪問業務」のことである。電話やファクスなどのあらゆる通信機器は、この「ロジ室」に置かれる。オペレーションルームのようなものだ。外からの連絡はすべてここに集中し、必要な部署にまかれることになる。入った情報は、すべて外務省員に明らかになるしくみだ。外務省を中抜きして情報を手にすることはできない。

面白いのは、各部署への情報の渡し方だ。外務省の名入りの封筒で情報はもたらされる。封筒の表には配布欄《はいふらん》があり、だれが見たのか一目でわかるようになっている。例えば東京の官邸から総理秘書官宛てのファクス。直接秘書官が受け取ればいいだけのものだ。

外務省が中間でチェックする必要はまったくない。だが、封筒には当たり前のように外務省スタッフの名が記されている。

そんな「ロジ」担当者の目線はただひとつ、駐在大使に向いている。いかに大使の逆鱗《げきりん》に触れないかを最優先に考える。たとえ首相が訪問中でも、おかまいなしだ。眼前に首相がいようとも、「ロジ」担当者の主君は、あくまで大使なのだ。「ロジ」担当者にとっては、東京で発生した大事件よりも、現地で発生した交通事故のほうが重要なのだ。したがって、かれらには「首相にとって、いま何がもっとも重要なのか」という感覚が鈍《にぶ》い。

そこで、飯島は大胆な手を打った。宿舎の自分の部屋にファクスを置いたのだ。飯島ルートのファクスは外務省には一切見せないというルールも敷いた。長い外遊の歴史の中でも初めてのことだという。参事官はこのファクスの検索係、補給係としても活躍した。

各所から寄せられる国内情勢のファクスは、すべて飯島が目を通す。その中で飯島が選択したものだけを朝夕の二回、小泉に見せるのだ。総理自身、すべてに目を通している時間はとてもない。前段階の取捨選択が重要な作業になる。至急上げる必要があると飯島が判断した情報は、外務省出身の秘書官を通じて移動中の車の中で口頭で伝えることもあった。飯島の打ち出した改革プランによって、外遊中の情報伝達のスピードと質は格段に進歩したのだ。

「今までになかったことだ」と飯島は自画自賛してみせたが、由木文彦参事官は、少し違う角度からこのことを見ていた。

〈飯島さんは本当に総理のことを第一に考えてらっしゃるんだな。それに、外務省嫌いはどうやら本物のようだ。肌合いがずいぶんと違うようだ〉

外遊先に参事官と飯島が随行した意味は、「小泉こそ主君」という人間が、いまそこにいるということだ。「チーム小泉」は、できるだけ迅速に主君に国内情報を上げた。

外遊先の小泉首相が、国内情報を得る意味は大きい。海外でも、ぶら下がり取材はある。記者に対して、国内で発生した事象に関してトンチンカンな発言をすれば、それもまた政権の危機につながりかねない。そういう点では、国内で大事が発生した場合に、小泉首相には、とりあえず額《ひたい》を寄せ集めて相談できる官邸スタッフが身近にいたわけだ。

もしも、旧態依然の外遊体制だったら、外務省関係者は、「チーム小泉」のように国内問題について確認したり、国内向けのコメントを準備したりという、痒いところに手が届く首相への対応はできなかったはずだ。飯島と参事官たちの外遊随行の意味は大きい。

平成十六年七月から黒江哲郎の後任として防衛庁から出向した深山延暁参事官も、外遊先で小泉首相のそばに仕えた。それは、自身にとっても貴重な体験であると同時に、小泉首相の役に立てたと自負もしている。

かりに、防衛上の問題で、緊急に防衛庁から情報をとる必要が生じれば、その場にいる深山が必要な防衛庁の各部局にアクセスできた。海外の小泉首相が、いちいち外務省を通さずに直接防衛庁につながっていたわけである。

そのように参事官が外遊に随行することは、外遊先の小泉首相に通じるパイプの複線化に貢献したことになる。それは、外務省にしてみれば、あまり愉快なことではなかったかもしれないが……。

外遊中の食事は、マルチの会議でスタッフも呼ばれるパーティーがあった。参事官はそこに呼ばれる場合も呼ばれない場合もある。だが、そもそも参事官がそうした場に加われること自体が画期的である。由木参事官も大いに士気を高めることができたし、官邸スタッフとして勉強する貴重な機会にもなった。これも小泉や飯島の気配りではなかったかと由木は思う。

また、飯島は、海外での交渉術で参事官を驚かせた。英語がしゃべれないのに、じつに堂々と交渉する。外務省の人間がそこにいるときは、その人に「こう言え」と指示する。外務省の人間がそこにいなければ、参事官らに指示する。そんな交渉をしながらも、鋭い観察力を発揮《はっき》するのが飯島だという。

小泉の会談の場所の建物はどういうところを使っているのか、どういう部屋を使っているのか、どういう手順で会議までを進めているのか、細かく観察している。もちろん国によって違うわけだが、そこをしっかり見ていて、「これはいいことだから、日本でもそうしたらいいいんじゃないか」とか、「こういう扱いをされたら気持ちよくできる。日本でも、こうしよう」あるいは、逆に不快な目に遭うと、「日本では、この逆のことをしなくてはいけない」

飯島は、家族のお土産とか、官邸に残っている人間のためのお土産、それも偉い人用ではなくて、本当に現場の一線で働いている担当者のようなところにお土産を買っていく。そこは、飯島の優しい一面であった。

秘書官室付きの若い補佐級の官僚たちも、「チーム小泉」に一体感を感じていた。補佐たちは、深山参事官にこう不満をぶつけたことがある。

「参事官だけが外遊に随行するのは、不公平じゃないか」

補佐たちも新聞で情報収集をするなど、「チーム小泉」のために陰ながら力になっていた。結果的には、補佐級の若手官僚が外遊に随行することはなかったようだ。が、そのような助手的な役割の、ごくごく若い官僚も「小泉チーム」にきわめて献身的に尽くしていた。

新潟中越地震と官邸危機管理センター

平成十六年十月二十三日、この日は土曜日だった。午後五時五十六分、新潟県のほぼ中央に位置する小千谷《おぢや》市を震源とするマグニチュード六・八、震源の深さ十三キロメートルの直下型の地震が発生した。新潟県中越《ちゅうえつ》地震である。小千谷市南東に位置する北魚沼《きたうおぬま》郡川口《かわぐち》町では阪神・淡路《あわじ》大震災以来九年ぶりとなる最大震度七を観測した。

そのころ、小泉首相は、東京六本木《ろっぽんぎ》ヒルズでおこなわれる第十七回東京国際映画祭開会式で挨拶《あいさつ》することになっていた。

地震が起きると、飯島がすぐに動いた。

「総理は、いまどこにいるのか？」

「どういう状況か？」

「地震は、どうなんだ？」

「官邸の危機管理センターの対策室は、どう立ち上がっているのか？」

そのような細かい指示が矢継《やつ》ぎ早《ばや》に繰《く》り出された。それを見ていた深山延暁参事官は、飯島の指揮は繊細で的確だと思った。

小泉総理は、途中で切り上げて公邸に戻った。小泉総理が到着する前、首相官邸には地震発生から約四分後の午後六時、対策室が設置された。防衛庁にも阪神・淡路大震災以来初となる緊急対策室が設置され、翌日には村田吉隆《むらたよしたか》防災担当大臣が被災地を訪問する。すべて飯島秘書官の指揮によるものだった。

指揮官に劣らず、チーム小泉のメンバーも、瞬時に任務へ取りかかった。特に、震災対応に関係の強い省庁から出向しているメンバー、総務省の関参事官、防衛庁の深山延暁、国土交通省の由木文彦が中心となって動いた。官邸の地階には危機管理センターがある。そのセンターに、政府の対策室メンバーは集まり、協議が進められていた。危機管理センターは、無駄な電波が入らないように遮断されている。そのため、携帯電話はつながらない。だからといって、対策室の様子が伝わってくるまで、じっと待っているわけにはいかなかった。少しでも早く対策室の動きをキャッチし、判断をしていかなければならない。

そこで、急遽、バケツリレーのように連携プレーをとることで、情報をあげることにした。深山が危機管理センターの情報をキャッチする。そこで集めた情報は、由木に渡され、由木は携帯電話がつながる場所まで動き、秘書官室にいる関参事官まで連絡を通す。この古典的な動きにより、秘書官室で待機している飯島秘書官らにまで情報が直ちに届くようになる。

また、キャッチした情報を分析し、指示を出すのは、もちろん飯島。指示を受け、「チーム小泉」のメンバーは動く。

飯島が言う。

「まずは、いったん官房長官が会見したほうがいいんじゃないか。早くしろ!」

「それは、もうセットしています」

「何時だ?」

答えると、飯島は言う。

「それでは、遅い。もっと早くいけ！」

「はい」

無駄のない動きのうえ、すべてに目がいきわたっているような動きだ。

「現地へ、余震に注意するよう喚起しなければいけない」

「政府も一生懸命、復旧作業に取り組む。だから、みなさんもがんばるようにというメッセージを、早く伝えなければいけない」

「ある場所だけの被害が大きいように映っているが、こっちにも被害があるだろう。確認を怠《おこた》るな」

「とにかく復旧だ。自治体には財政負担は気にせず今はどんどん対策を進めてもらおう。あとは落ち着いてから総務省で財政面の対応をしてもらえばよい」

いろんなこと、考えられるすべての対策を考え、そして対応した。

関参事官は、飯島の動きを見ていて感じた。

〈こういう状況判断が瞬時に、それも的確にできるのは、これまでの蓄積がなければできないだろう。こんな人を、本物の最強の〝サブ〟、〝懐刀《ふところがたな》〟というのだろう〉

瞬発力に驚かされることが多かったが、かといって、すべての情報に反応するわけでもなかった。特に、中途半端な情報には踊らされないのが飯島だった。

深山がさらに驚いたのは、飯島と「白元《はくげん》」とのパイプだった。「白元」とは、使い捨てカイロ「ホッカイロ」で有名な会社だ。被災地は冬の足音が聞こえる新潟である。そこに、「白元」から「ホッカイロ」を届けたいという申し出があった。その話を持ってきたのが飯島だった。深山は「なんで飯島さんから?」と驚いたものだ。

確かに「白元」による提案はありがたかった。と同時に、深山は「ホッカイロ」を被災地に送る輸送手段の確保にあたった。深山は、現地と「白元」との間で連絡役も引き受けた。そして、輸送経路確保後、「白元」にこう伝えた。

「ホッカイロを、〇日〇時、A地点にもってきてもらえば、被災地に輸送できます」

また、現地への救援活動も全体にはスムーズだった。山古志《やまこし》村の孤立した人も、助け出すことができた。

いっぽう、残念ながら亡くなった住民もいた。とはいうものの、初動の救援活動が遅れることは無かった。それというのも、司令塔である飯島のきめ細かい差配が迅速だったからだ。

情報に踊らされない姿勢

平成十六年十月三十日の未明だった。数日前から発生していたイラクでの日本人人質事件について、米軍サイドからバグダッドの日本大使館へ、日本人らしい遺体が見つかったとの情報が入った。官邸メンバーも飯島秘書官を筆頭に、事務秘書官、そして総務省と防衛庁出身の参事官が、まだ暗い中を官邸に駆けつけた。

午前四時、高島肇久《たかしまはつひさ》外務報道官が会見し、日本人らしい遺体の発見とその遺体をカタールの首都ドーハに運ぶという情報を説明した。しかし、飯島は、どうも腑《ふ》に落ちない、おかしいという顔をしていた。

情報が錯綜《さくそう》するなか、外務省や危機管理官から「総理へいろいろ報告したい」との申し出があった。これに対して、小泉は、「しっかりした情報以外、いらない」と拒否していた。

結局、午後になって内閣危機管理官、外務省幹部は総理公邸まで出向き、報告をおこなった。が、小泉からは、

「最初からちゃんと確認してから、報告しろ！」

の一言だけだった。

いっぽう、マスコミは氾濫《はんらん》する情報に踊らされていた。少しでも早く、小泉総理がマスコミの前に出てくることを期待していた。

だが、小泉は毅然《きぜん》としているだけだった。

飯島も、小泉と同じ考えを持っていた。

「総理、そろそろ報告をしたい」

「協議をしたいのですが」

そんな言葉を、一言も発することはなかった。

普通ならば、小泉総理からきちんとした指示をもらい、「チーム小泉」も統率《とうそつ》がとれているということを世間に知らせることが基本なのだろうが、このときに限ってはまったく違う態度をとっていた。

そうしているうちに、次第に情報の雲行きが怪しくなり、結局は確たる情報ではなかったということが判明した。

それを待っていたかのように、小泉は、正確な情報を得たうえで動きをとった。

チーム小泉のひとりの参事官にとってみれば、不思議な一日だった。

〈ものすごく、一つの物事に対する押さえ方がきっちりしている。小泉さんも飯島さんも、セットなんだ〉

危機的な状況の際の判断力は、小泉も飯島もすぐれている。ざわついたときの対応は、基本的に冷静な二人だ。テンションが上がって無駄な動きをする人もいるが、小泉も飯島も、冷静沈着な行動を忘れない。

翌日未明、また携帯電話が鳴った。大変残念な情報だった。

イラク保険省から在バグダッド日本大使館に連絡が入った。

「バグダッド市内で遺体が見つかった。香田《こうだ》証生《しょうせい》さんと身体的特徴が一致するか確認している」

関参事官は、すぐに家を出て官邸へ向かった。そこには、どっしりと構えた冷静な飯島秘書官がすでに到着していた。

「大手ゼネコン訪朝」情報

平成十六年十月のことだった。日本の大手ゼネコンが、訪朝するという情報が、二橋正弘官房副長官のところに入った。

「飯島さん、こういう情報、入ってない？」

確認のために、飯島に聞いてみた。

「聞いてない。わたしのアンテナにかかっていないというのは、おかしい。夕方まで時間をください。すぐ、摑むから」

そういって、情報収集に走ったことがあった。

飯島は、持ち前の情報網ですぐに全貌を摑み、そのうえ、新聞に出ない情報まで二橋に教えた。

大手ゼネコン十社は、インフラ整備状況、建設事情を名目に、国交正常化後の経済支援によって整備される事業の下見と営業活動のために、訪朝するということだった。マスコミなどにも取り上げられ、批判する声が多くあがった結果、ゼネコン十社のうち七社は、この訪朝を断念し、中国の瀋陽《しんよう》から引き返した。

小泉総理が、その年の五月に再訪朝したことを受け、在日本朝鮮人総連合会（朝鮮総連）が招待したということだった。核、ミサイル、拉致《らち》問題などの包括的解決後、国交正常化を想定し、日本から北朝鮮への経済協力を見越した動きとの見方もあった。北朝鮮にとっては、国交正常化後のインフラ整備事業を日本企業に発注する可能性を示唆《しさ》することで、「圧力」を強めつつある日本側に揺さぶりをかける思惑があるようにもとられた。

このとき、飯島は、情報を集めるだけで、官邸側がその行為にストップをかけるということはしなかったという。

総理が指示した「万博弁当持込禁止」解除

平成十七年三月二十九日、飯島は、トヨタ自動車の元副社長で相談役の上坂凱勇《うえさかよしお》と夕食をともにした。

上坂は、三月二十五日に開幕したばかりの愛知万博について語った。

「妻と二人で愛知万博を見学した。朝早く家を出てモノレールに乗ろうとしたが、二時間、三時間待ちでした。やっとゲートに着いたと思ったら、ここでも二時間待ちです。中に入ったのは、十時過ぎでした。あわててレストランに昼食の予約をしたら、予約がいっぱいで午後四時半ということです。その間、ただひたすら歩きまわりました。午後四時半になったのでレストランに行くと、料理が出てくるのは、注文してから一時間後だという。これでは、昼食ではなく、夕食ですよ。ですから、レストランをあきらめ、たまたま会場内で売っていたポップコーンを食べながら家に帰りました」

愛知万博協会では、食中毒防止を理由に弁当の持ち込みを禁じており、入場時に中身の廃棄を求めている。また、テロ対策のため、ペットボトルや缶、ビン入りの飲み物の持ち込みも禁止していた。が、会場内のレストランや飲食店の総席数は、約六千ほどである。値段も、スパゲティが千円以上するなど高めで「入場者にお金を少しでも使わせる作戦」と不満の声が相次いでいた。

翌三月三十日昼、飯島は、首相官邸でおこなわれた小泉首相を囲んでの「チーム小泉」のランチの席で、上坂の話を披露した。

すると、小泉首相の表情がみるみるうちに険しくなった。

「公園に行くにも、動物園に行くにも、子どもたちにとって母親が作ってくれた弁当を食べるのは、どれだけ楽しみか。すぐに、弁当持ち込みを許可しろ」

秘書官たちは、即座に動いた。愛知万博を所管する経済産業省、愛知万博協会にすぐさま連絡を入れた。

この夜、小泉首相は、首相官邸で記者団に対し、愛知万博での「弁当の持ち込み禁止」を見直すよう経済産業省に指示したことを明らかにした。

「みんな望んでいる。『来る人の身になってよく検討してくれ』と言っている」

小泉首相の鶴の一声で、愛知万博協会は、三月三十一日、家庭で調理したものに限り、弁当やサンドイッチの持ち込みを認め、四月一日から実施すると発表した。ただし、テロ対策として禁じているペットボトルや缶、びん入りの飲み物の持ち込みは、警備上の問題もあり、認められなかった。

ことほどさように、小泉首相は、一般国民と感性がほぼ同じだ。これは、普通に考えておかしいと思えば、即座に指示を出す。

二　小泉の中東外交

外交官の越権行為

官邸でまだ話を詰めていないのに、外務省が勝手にリークすることもあった。平成十七年六月二十日、二十一日の韓国訪問もそうだった。

二十日の午後三時から一時間半、首脳会談がおこなわれた。会談終了後、青瓦台《チヨンワデ》の芝生でおこなわれた両首脳の記者会見で、盧武鉉《ノムヒヨン》大統領が「新たな追悼《ついとう》施設」について述べた。

「小泉総理は新たな追悼施設の建設に対し、日本の国民世論などを考慮して検討していくと約束した。失礼した。（事前に外交ルートで）調整された文章では『検討する』だった。いまわたしは『約束』という言葉を間違って言ってしまった。修正する」

同時通訳を聞いていた小泉総理は、一瞬、怪訝《けげん》な表情を浮かべた。同行していた飯島も、おどろいた。なぜなら、新たな追悼施設に関する話は、実際の首脳会談の場ではいっさい出ていなかったのである。さらにいえば、外務省の事前のブリーフィングの際にも、追悼施設の話は、この首脳会談の議題として登録されていなかったのだ。

飯島は、首脳会談前に事務当局が会談内容・議題を調整することを否定しない。しかし、首脳会談で一言も出なかった話題を「首脳の合意」として発表することが許されるのであろうか。百歩譲って、事務的な事柄で特に問題のない事項について事前に事務当局間でおおむね合意形成をおこない、首脳会談で確認するという意味で「事務的に中身をセットしておく」ということはあってもいい。

しかし、その場合であっても、「これこれの件については、このような内容で事務的に調整できていますので、首脳間の合意ということで整理させてください」と事前に総理の了解を取るのが当然ではないだろうか。まして、追悼施設の問題は「事務的な事柄」でも「両国間で特に問題のない事項」でもない。非常に政治的にもあつかいの難しい問題ではないか。

飯島は、この記者会見のあと、さすがに外務省のアジア大洋州局長を怒鳴《どな》りつけた。

「何を、やってるのか！」

アジア大洋州局長の意図がどうであれ、飯島に言わせれば、これは首脳会談の重要さを冒瀆《ぼうとく》する職業外交官の越権《えつけん》行為でしかない。相手国に誤ったメッセージが送られることになったらどうするつもりか。そのこともふくめて首脳会談にのぞんだ総理の責任になるのである。

飯島は、外務官僚は、職業外交と政治的な外交の区分けが頭のなかでできていないのだろうと思う。内政も、あるときには外交だということが理解できない。日本の国境を越えた関係の安泰《あんたい》は、自分たちがやるんだという意識だけだ。しかし、国内でも外交に関係することがいっぱいある。それが分からない。

北朝鮮問題もそうだ。何でも外側の話にする。しかし、日本国内には現実に相当数の在日朝鮮人がいる。それゆえ、9・17の平壌宣言の二項目めに在日朝鮮人の地位と向上を謳《うた》っている。そして、四項目めに核とミサイルは、関係各国で解決すべき内容だと謳っている。現在の六ヵ国会議は、平壌宣言の四項目めに掲載されている事案である。

安倍内閣は、北朝鮮に圧力をかけ、締め上げれば締め上げるほどうまくいくという感覚でいた。が、飯島は、この姿勢に疑問を感じる。圧力も必要だが、対話も必要だ。対話を放棄して圧力だけで本当にうまくいくのかということを考えるべきだと思う。

エネルギー問題への情熱

小泉首相は、中東外交にも精力的に動いた。

平成十五年五月二十五日、小泉首相は、サウジアラビアを初訪問し、アブドラ皇太子《こうたいし》に謁見《えっけん》した。そこでも、小泉は、自前のエネルギー論を展開している。

当然ながら、中東歴訪には、石油の安定供給を要請することが、恒例行事になっていた。役人がつくる想定発言は、ふつうはこのような要領だ。

「石油価格が上がっています。日本は中東の石油に依存しています。ちゃんと売ってくれないと困りますから、安定的に供給してください」

あくまでも、陳情的な文面だ。が、小泉は違った。同席できなかった岡田秀一秘書官が、会談後、聞いたところでは、小泉は積極的に新エネルギー論を展開したという。

のちに飯島が日本経済新聞社から刊行した『実録小泉外交』には、次のように詳しく書かれている。

《「日本では脱石油を進めています」と言って、風力発電の技術開発の進行などについて説明した上、地熱、太陽光の技術についても触れ、なおも日本のバイオマス資源の豊富さを持ち出した。

たまりかねた皇太子が「我が国も石油という資源があり、この資源を日本をはじめとする各国に一定の条件で提示する用意はあります」と言うと、さらに、総理は「我が国の技術は貴国の食糧生産や将来のエネルギー対策にも役立つと考えています。我が国は、自然の恵みを活用して環境と経済が両立する社会を構築していきたいと考えています」と続けた。とうとう皇太子の方から原油の話を持ち出し、「小泉首相、日本の考えはよく分かりました。しかし、当面は石油も必要でしょう。我が国は日本に対して我が国の石油を安定的に供給できるように努力したいと考えています。それでは、晩餐会《ばんさんかい》に行きましょう」と言った。

「お願い」することばかり考えていた事務方は、さぞかし会談の展開に目を丸くしたことだろう。首脳のやる外交というのは、例えばこういうことである》

このように、小泉はエネルギー問題に情熱を持っている。それは、岡田秘書官が推測するように、やはり小泉自身にも政治家になってすぐに起こった石油危機の苦い体験の結果なのかも知れない。

イスラム諸国との信頼関係

平成十五年五月二十四日夜、小泉首相はエジプト・カイロ市内の大統領府でエジプトのムバラク大統領と会談した。そこでは、イラク復興支援や中東和平について話し合われた。とりわけ意味深かったのは、小泉首相が、日本とアラブ諸国との関係強化の一環として、双方の政治家や文化人らでつくる「日本・アラブ対話フォーラム」の創設を提唱したことだった。ムバラク大統領もそれを快諾した。それはのちに大きな果実を結ぶことになる。

その年の七月二十六日、日本ではイラク特措法が成立した。日本政府は、イラクに人道復興支援のための自衛隊派遣を決めたのだ。そのためには、自衛隊派遣がイスラム社会全体から正しく理解される必要があった。そこで、小泉首相は、日本とアラブ諸国との橋渡しとして、ムバラク大統領に賛同を得ていた、あの「日本・アラブ対話フォーラム」開催を実行に移すのである。

エジプト・アラブ共和国駐日特命全権大使であるヒシャム・バドルによればエジプト政府が、小泉を高く買ったのには理由があるという。小泉の天才は、説明の才でもあった。小泉は「日本・アラブ対話フォーラム」についてエジプトのムバラク大統領にこう説明していた。

「日本とエジプトには、素晴らしい関係がある。エジプトと日本、日本とアラブの国には、険悪な歴史は無い。侵略の歴史も無い」
それは、自衛隊イラク派遣の役割を「戦闘目的」ではなく、「人道支援目的」「イラク再建」に徹するという起請《きしょう》文でもあった。起請文が説得力があったからこそ、エジプトをはじめとするアラブ諸国は、小泉の「言葉」と「政策」を同時に信じることができたのだ。

「日本・アラブ対話フォーラム」開催の結果、政治面、経済面、文化面でのさまざまなプログラム、経済協力、会議開催などの新たな展開が動き出した。日本・アラブ関係は、かつての「石油だけの関係」という一面的なものから、重層的な信頼関係の新局面に突入している。

また「日本・アラブ対話フォーラム」とは別に、イスラム文化である「ラマダーン」月の「イフタール」(断食《だんじき》明けの食事)に小泉首相が参加することで、日本・アラブ関係は深化した。イスラム教には、一年に一度断食をする月がある。ヒジュラ暦の九月である「ラマダーン」である。ヒジュラ暦は、ユリウス暦とは異なり、一年間が三百五十四日間であり、閏月《うるうづき》も無い。したがって、「ラマダーン」の月は、太陽暦とは毎年十一日ずつずれて来る。

しかし、「ラマダーン」が断食月間とはいえ、一日中まったく食べないわけではない。断食は、午前四時半ごろの日出から、日没までの時間に限られる。日出から日暮れまで、水すら口にしないイスラム教徒は、夕方六時ごろから、「イフタール」という断食解除の食事を摂《と》ることができる。「イフタール」とは英語の「ブレイク（やめる）・ファスト（断食）」に相当する。従って、英語でも、「ブレイク・ファスト」はかならずしも「朝食」だけの意味ではない。「その日に口にする最初の食事」というニュアンスをふくんでいるのだ。

飯島の手配で、十一月二十日午後六時四十分ごろ、小泉首相は「イフタール」の会場である東京・赤坂全日空《ぜんにっくう》ホテルに到着した。日本の首相が、イスラム社会の文化である「イフタール」に参加したのははじめてのことになる。

そこで小泉は、こう挨拶した。

「みなさん、わたしは、朝御飯を夜の七時に食べるは初めてです」

小泉らしい即興《そっきょう》のユーモアで会場が沸いた。

その場に居合わせたエジプトのバドル大使は思った。

〈日本の首相がイスラム社会の儀式である『イフタール』に参加する意義は大きい〉

「イフタール」での挨拶の後、小泉首相は、日本の自衛隊が「参戦」のためにイラクに派遣されるのではなく、民主的なイラク「建設」のための援助を惜しまないとの意思を表明した。

「イフタール」の日は、十一月二十日。三月二十日のイラク戦争開戦から八ヵ月後だった。イスラム社会としてみれば、米国を中心とする、いわゆる西側諸国との緊張関係が生まれていた時期でもある。そんなタイミングだっただけに、イスラム文化に参加した小泉の友好的なメッセージはイスラム社会の琴線《きんせん》に強く響いたという。「イラクの自衛隊派遣」もそのメッセージに相乗りした。

バドル大使は、小泉・飯島のふたりとの仲を深くしていく。バドル大使は、ふたりの取合わせは、すごくいいコンビだという。「人間」がよく分かるふたりは、「日本とエジプト」「日本と中近東」「小泉と飯島」の双方お互い何がほしいかがよく分かっているという。

中東への日本の中立的立場を鮮明にアピール

平成十七年三月九日午後三時四分から小泉首相と飯島秘書官は、パレスチナ自治政府のワリード・シアム駐日総代表と官邸で会談した。小泉にとって、パレスチナ総代表との最初の出会いであった。当時、小泉は、中東和平に向けて、日本、イスラエル、パレスチナの三首脳会談を東京で開催するプランを考えていた。

パレスチナのアッバース議長を日本に呼ぶというプランは、まずシアム総代表に伝えられた。会談の席で、そのプランを聞かされた総代表は、即座に、その場からエジプトの会合に出席中のアッバース議長へ電話を入れた。

「今、日本政府から依頼を受けたのですが、来られますか？」

すると、アッバース議長は即答した。

「いいよ」

会談が始まって終わるまでに、日本側の依頼からアッバース議長のＯＫの返事までトントン拍子にことが運んだのには、何事もスピーディーに事を運ばせる飯島も、さすがに驚いた。

ただし、いっぽうのイスラエル側の返事は、時間がかかった。最終的に、平成十七年五月に来日するという約束をした。

日本の総理と、シャロン首相、アッバース議長の三者が、一度に集まる予定であった。もしこれが実現していたら、今の中東情勢も大きく変わっていたかもしれない。

シアム総代表は、平成十五年、パレスチナ駐日代表として任命を受けた。小渕内閣のときは、ノンレジデントという非居住代表であった。だから、常時そこにはいない代表、としての任務はあった。ちゃんとしたオフィスを構えて、総代表としての任命を受けたのは、小泉総理のときからである。

オフィス開設のときに、シアム総代表は、少しでもパレスチナのことを日本の人たちに知ってもらおうと、まず、衆・参議員の人たちにパレスチナのＰＲを書いたものを送った。だが、それは、ほとんど読まれていなかった。パレスチナには、地下資源があるわけではない。衆議院議員のオフィスに行っても、パレスチナだかパキスタンだかという程度の認識しか持ってもらえなかった。

三者会談の話が出てはじめてパレスチナという名前を広く認知してもらえたのである。

シアム総代表は、初対面の小泉について感じた。

〈人間くさい、カリスマ性のある人だな〉

なにより、フレンドリーだ。人を上から見下すようなところもなく、親しみやすい。小泉総理がいると、なぜか心地よい雰囲気になる。ある意味、父親のようであり、友達のようでもあり、また兄のようにも感じられるという。その親しみやすさがあるから、人を心地よく感じさせるのであろう。

平成十七年五月十六日午後五時三十七分から、小泉は、首相官邸でパレスチナ自治政府のアッバース議長と初の首脳会談をした。

アッバース議長が椅子に座るとすぐに、日本のスタッフがマッチを入れた灰皿《アシュトレイ》を議長の前に差し出した。

小泉は言った。

「どうぞ、お使いください」

小泉は、アッバース議長が大の煙草好きという情報を、事前にシアム総代表から入手していた。マッチを差し出したことで、心地よく会議を始めることができたし、その後の会議の流れを非常によい雰囲気にした。

小泉は、アッバース議長のことを、「議長」ではなく、「大統領」という形で迎えた。「パレスチナ自治政府」ではなく、一つの国家として「パレスチナ」という名前を使って迎えた。シアム総代表のことも「代表」ではなく「大使」という言葉で呼んだ。小泉は、細かい部分にも相手を思いやる気遣いがあるから、強く人を引きつけるのだろう。

小泉とアッバース議長は、非常に相性がよかった。初めて会うのに、なぜか旧友のような雰囲気で話も弾んだ。

いっぽう、イスラエル側からは、四月十二日にオルメルト副首相が来日し、午後三時六分から会談した。オルメルト副首相は、シャロン首相が来る前の事前会談として来たのである。

小泉が、イスラエルとパレスチナの両国首脳を日本へ呼んだということは、日本が中立的な立場であるということを、広く世界に示したことにもなる。両国の首脳を呼んだ狙いは、両国が何が合意できて、何が合意できないのか、平和に向けての話し合いのためであった。両国に対しても、日本は中立的立場であることを、強く印象づけた。

小泉は、横須賀生まれである。横須賀にはアメリカ軍がいる。音楽は、プレスリーが好き。ロンドンにも留学している。感性としてはアメリカが好きなのだろう。しかし、けしてアメリカ寄りではない。シアム駐日総代表は思う。

〈日本は、小泉首相のときに、それまでの閉鎖的なイメージから国際的なイメージに変わった〉

中東大使への温かいまなざし

パレスチナは、国連で代表部の状態なので、大使の資格をもらえない。飯島は、気の毒に思い、ワリード・アリ・シアムに大使の資格を与えた。

ワリード・アリ・シアムは、アメリカで運転免許証を取得していたが、日本では有効なように切り替えはしていなかった。シアムは、天皇陛下に拝謁《はいえつ》できる正式な大使ではないかもしれないが、大使として日本にやってきた。手続きをおこなえば、運転免許証を取れる。普通は、外務省の中東局がスムーズに発給できるように手配をする。が、それをいっさいしていなかった。

飯島は可哀想だと思った。

飯島は、約束した。

「取ってやるよ」

すると、外務省は慌てて動き出し、シアムは運転免許証を与えられ、車を運転できるようになった。

地下鉄の駅の案内も、外務省が手配していないので、ヨルダン大使館やレバノン大使館の看板はあるのに、パレスチナ代表部の看板は出ていなかった。そこで、飯島はパレスチナ代表部の看板を追加させた。

飯島は思った。

〈大使館になったのだから、アメリカ大使館やロシア大使館などと同じあつかいをしてあげるべきではないか〉

代表部の場合、大使館とちがって、たとえば衆議院議長が主催《しゅさい》する会食などの招待などを受けない場合が多い。しかし、小泉政権時代、たとえば首相が主催する「桜を観る会」などは、すべて平等に招待状を出させた。

また、飯島は、代表部のひとたちに言っていた。

「困ったことは、言って下さい」

シリア・アラブ共和国は、アメリカにとってはイラン、北朝鮮、リビアなどと同じくらい敵国のようになっている。実際には、イラクの七部族ほどの族長が、フセイン体制のころはシリアに亡命し、難を逃れていた。そのシリアのカハタン・スイユフィ全権特命大使は、来日するまで大蔵大臣で経済学の教授という肩書きを持つが、弊害《へいがい》もいろいろあった。

シリア大使秘書は、飯島の地元辰野町の隣町の箕輪町の出身であった。

飯島は、シリア大使に言っていた。

「いつでも、気楽に官邸に来てください」

シリア大使が閣僚級で最初に会ったのは、元大蔵大臣ということで、塩川正十郎財務大臣であった。が、外務省は、シリア大使が大蔵大臣であったことすら知らなかった。

飯島は、外務省の態度を疑問に思った。

〈国の大小や経済力の大小に関係なく、その国の代表として日本との友好・発展のために着任しているのだから、分け隔てなくつき合うべきではないだろうか〉

「小泉はモダンサムライ、飯島はオールドサムライ」

平成十七年六月一日午後八時頃、飯島の計画に沿って小泉首相は、エジプト大使公邸を訪れた。湾岸やアラブ諸国の駐日大使とも付き合いがある飯島が、「今度、お茶会でも開きましょう」と呼びかけたところ、この日、イスラム諸国であるアルジェリア大使、モロッコ大使、サウジアラビア大使など二十二ヵ国の駐日大使が集まり、ディナーが開かれたのである。

日本の首相がエジプト大使公邸にやってきたのは、それがはじめてだった。

小泉首相は、自分の著作を手に取ると、自身の名前である「純一郎」と、訪問日である「六月一日」を掛詞《かけことば》で洒落《しゃれ》てサインした。

『Ｊｕｎｅ　１ｓｔ』で、ジュンイチだよ」

大使公邸では、エジプト音楽が奏でられていた。小泉は、曲もさることながら楽器にも詳しかった。そして興味深くエジプトの調《しらべ》に酔っていた。

バドル大使は、エジプトのムバラク大統領からのメッセージを読み上げた。

「小泉総理、ここで日本の総理にお越しいただき、大変光栄でございます。それから、エジプトにももう一度いらっしゃってください。小泉首相の時代に、エジプトと日本の関係も素晴らしいものになりました。そして、小泉首相は、中近東の平和のために、イラクの人道支援のために尽くされた」

その日は、イラク戦争開戦から二年、日本の自衛隊がイラクに派遣されてから一年が経過していた。その時期に、イスラム諸国の盟主であるエジプト大統領から、イラクでの日本の貢献活動を評価する内容の親書だったのだ。

バドル大使によれば、エジプトのみならず、アラブ首脳の小泉人気も高かったという。アラブ諸国のリーダー訪日が、小泉時代は急増したらしい。

そして、イラクへの自衛隊派遣を理解するエジプト政府とバドル大使は、小泉首相に口を酸《す》っぱくして訴えていたことがあった。

「イラク問題もさることながら、パレスチナ問題が大切だ。パレスチナ問題では、日本の役割をもっと果たしてほしい。なぜならば、中近東の一番大切な問題はパレスチナ問題だから。これは問題の源、『問題の母』なのです」

小泉は、パレスチナのシアム駐日総代表に近づき言った。

「おめでとう」

飯島と総代表は、事前にエジプト大使交流会の日程の打ち合わせで会っている。そのときに、大使の誕生日が交流会の日であることを知った飯島が、小泉に伝えていたのである。それを小泉は覚えていた。

シアム駐日総代表は、感慨《かんがい》深く言った。

「五十歳の誕生日は、特別な日でした」

シアムは、小泉は、日本のサムライの心を持った男であるという。たとえるなら、小泉は近代的な「モダンサムライ」。飯島は、日本古来の「オールドサムライ」。二人のサムライのコンビネーションは絶妙である。

飯島は、一つのことに集中すると、まっしぐらに直進する。小泉と飯島は、まるで夫婦のようであるという。お互いに尊敬し、信頼し合っている。

また、おたがいに自分にないものを補い、支え合っている。小泉は、飯島の存在があったからこそ、自分らしさを発揮《はっき》できたのではないか。小泉と飯島は、政治的に理想的な結婚をした二人のように思える。

「偉大な男には賢い女性がいる」と言われるように、偉大な王様の後ろには、賢いキングメーカーがいる。人を魅了するカリスマ的存在の小泉と、飯島のキャラクターがあるからこそ、二人が一体となって、人を引き付ける魅力を発揮できたのであろう。

シアム駐日総代表は言う。

「母国に帰って、わたしがパレスチナ議長選に出るときは、飯島さんのような人を政治参謀として秘書にしたい」

シアム総代表は、飯島についてさらに語る。

「飯島さんを、好きになるのも簡単、嫌いになるのも簡単な人。好きか嫌いか、どちらかだろう」

飯島は、会ってすぐに人を好きになったり、信用したりということはないだろうという。しかし、一度好きになった人とは、長く付き合える関係になる。この人とは、こういう関係という分別を、自分の中でいくつも持っている。飯島は、個性的なタイプであり、飯島のような友達を持つこと自体が稀《まれ》なことだとシアムは思う。

酒は飲まない。女性と遊ぶことも好まない。そういう意味では、非常に敬虔なイスラム教徒のようでもあるという。ただし、飯島は、シアム総代表同様ひどいヘビースモーカーでもある。

駐日イラク大使と飯島の友情

ガーニム・アルワン・アル・ジュマイリは、平成十六年十月、駐日イラク大使として赴任していた。前年の三月に始まったイラク戦争で四月九日にバグダッドが陥落《かんらく》。五月二日には、ブッシュ米大統領が「大規模戦闘終結宣言」を出している。ジュマイリの大使就任はフセイン政権が転覆してからのことになる。

ジュマイリは、最初のミーティングでの小泉のスピーチを今でもよく覚えている。

「みなさん、第二次世界大戦で日本は敗れ、国土は廃墟と化しました。しかし、そこから見事に復興を遂《と》げました。みなさんもこれから再建の作業をしていかれるわけですが、どうか希望を失わないようにしていただきたい」

イラク大使館の大使館員を交えたあらゆるミーティングの席で小泉はこのスピーチを披露した。最後に「希望」の二文字を強調するのも同じやり口である。当時の焦土《しょうど》と化した日本の写真を見せながら、再建のプロセスまで解説してみせた。さらには自分の子供時代、戦後、どのように育っていったかについての個人的な体験も語っている。大変なサービスぶりだった。ジュマイリをはじめ大使館員は小泉の話に興味を持ち、耳を傾けていた。

ジュマイリにとって、飯島秘書官はよき友人である。大使として日本に駐留するようになってから、ジュマイリはさまざまな日本人に会ってきた。日本とイラクの関係をよりよいものにしていくためだ。飯島はそのなかでもとりわけイラクへの財政的な援助に熱心な人物として記憶されている。

飯島の日本の政治制度への精通ぶりには、ジュマイリも一目置いている。日本でどのように動けばいいか、飯島からアドバイスを受けていたこともある。

ジュマイリには飯島に関して不思議に思えることがある。自分にとってこんなにいい友人である飯島を、なぜ官邸づきのプレスはあんなにも怖れているのだろう。

こんなエピソードもある。ある日、ジュマイリはいつものように飯島に聞きたいことがあって、官邸に足を運んだ。帰りがけに官邸の玄関を出ようとすると、たちまち記者に囲まれてしまう。

「誰に、お会いになったのですか？」

「飯島秘書官です」

「なぜ？」

と問い返された。

「飯島さんは、わたしの友人ですから」

記者は訝《いぶか》しがる。

「飯島さんは、怖い方ですよね」

ジュマイリにしてみれば意外なことを口走る。ジュマイリは、素直に答えた。

「みなさんにとっては怖い方かもしれません。でも、わたしにとっては友人なのです」

飯島のことをとやかく言う政界関係者やマスコミもいる。「敵に回すと怖い男だ」という評価も聞いた。だが、ジュマイリにとって飯島が友人であることに変わりはない。

ジュマイリは飯島のことを「サムライ」だと思っている。サムライは日本に駐留するようになって覚えた言葉の一つだ。任期を終えても飯島との思い出とともに、この日本語を忘れることはないだろう。

飯島の口先だけで終わらない行動力には、ジュマイリも舌を巻いている。小泉内閣があれだけの成功を収めた裏には首相と秘書官の連携プレーがあるとジュマイリは見ている。

小泉首相という表看板の国民的な人気。加えて彼にはビジョンとアイデアが豊富にあった。それを実行に移すのは秘書官である飯島の役割だ。この表と裏の分業がうまく作動したことで、政権は未曾有《みぞう》の成果を上げることができたのではないか。ジュマイリの分析には説得力がある。

小泉は自民党のなかでも孤立を守った政治家だったとジュマイリは思う。自分のやりたいことをやりたい方法で実現するとはそういうことだ。旧来の派閥力学にはまったく関心がなく、ときには国会の存在までも軽視しているようなそぶりを見せる。

小泉は国会の承認や党内のコンセンサスよりも、国民からの直接の支持を重視しようとした。そのためには、自分の頭の中にあるユニークなビジョンやアイデアを行動に移し、形にしてくれる存在が不可欠だったのだ。それが飯島だったと見ている。

イスラエルのバドル大使はいう。

「小泉は、天才」

また、バドル大使は、飯島をこう評する。

「飯島の天才は、人間を良く読む」

初対面の相手を、瞬時に見抜いてしまう。

飯島の鑑識眼《かんしきがん》は、結果的にいつも当たっていたという。バドル大使によれば、飯島は相手の眼のなかを読む。人物の表裏両面を読みとるのだ。それでいて、なお飯島は慎《つつし》み深いという。そこが日本人らしいとも指摘する。そして、バドル大使によれば、飯島はアラビアの国と文化が好きなのだと胸を張る。というのも、飯島は、バドルの進言を真摯《しんし》に聴くらしい。

「飯島さん、これは日本の将来のために大切ですよ」

そして、その話は小泉首相に確実に伝わっていた。

もちろん、バドル大使は外務省とも日々連絡を取り合う。が、かつては「イスラム諸国の駐日大使」と「日本」をつなぐ線は外務省だけだった。それまでは「イスラム諸国の駐日大使」と「官邸」との関係は皆無だったのだ。飯島の手腕で、バドル大使にも日本政府に直通ホットラインができたようなものだった。それによって、日本とエジプトの関係は、さまざまな場面で好転したという。

　また飯島は、バドル大使にも日本政治の裏の裏まで懇切丁寧《こんせつていねい》に教えるという。

　飯島の美点はできる事は「できる」、できない事は「できない」と明言することだという。そこが、バドル大使をして飯島を「サムライ」といわしめるゆえんだ。

クウェート大使の目に映った「武士道」

　平成十七年十月二十四日午後六時、小泉首相は、首相官邸で駐日イスラム諸国大使などとの断食明けの食事「イフタール」を主催した。

　小泉首相は、あいさつした。

「今日は、イスラムの一つの風習であります『イフタール』を官邸でおこない、みなさんと歓談のひと時をもつというのは、日本とイスラム諸国との関係にも大いに寄与することではないかと思い、このような会を企画いたしました。今日はみなさん断食明けだというので、わたしも少しは断食らしい感じをもとうと思い、今日は昼食を抜いています。これからみなさんのお国料理を少しずつご馳走になって、日本とイスラム諸国の友好・協力関係をますます発展させていきたいと思います」

　小泉首相は、各国のテーブルを回り、各国・地域の代表と親睦を深めた。そして、最後に着席したのは、クウェート大使館のテーブルであった。クウェート大使館が最後のテーブルだったこともあり、小泉首相は、時間を気にすることなく、ゆっくりと腰を落ち着かせた。

クウェート大使館のガッサン・ザワウィ大使は、このとき、はじめて小泉首相と言葉を交わした。小泉首相は、イスラム世界は一つの固まりではなく、多種多様な民族がおり、それぞれの習慣もかなり違うことをよく知っていた。

ザワウィ大使は、小泉首相のイスラム世界に対する深い理解を感じた。

小泉首相は、中東諸国と深い関係を持とうと努力していた。その思いは、小泉首相のキャリアのなかで培われたものではない。国家のリーダーとして国益を考えての行動であった。

いっぽう、ザワウィ大使が飯島と面識を持ったのも、首相官邸で開催された「イフタール」の席であった。飯島は、その立場をわきまえているのか、小泉首相とともにテーブルに座ることはなかった。少し離れた場所から、まるで鷹《たか》のような鋭い眼つきで小泉首相やその周辺の動きをずっと監視していた。

ザワウィ大使は、この日の「イフタール」をきっかけに飯島と親しくなった。しばしば飯島と会い、いろいろなことを学んだ。

ザワウィ大使は、飯島のことを「先生」と呼んだ。が、飯島は、照れくさそうに言った。

「わたしは、先生ではありませんよ」

飯島は、自分のことを決まってこのように口にした。

「アイ・アム・ア・シンプルマン（わたしは、単純な人です）」

しかし、ザワウィ大使の眼には、飯島を単純な人どころか、いろいろなことをじつによく考えたうえで、小泉首相を懸命に支えているように見えた。

ザワウィ大使は思った。

〈クウェート政府にも、飯島秘書官のような存在が欲しかった〉

日本では、リーダーを補佐する参謀役のことを「右腕」と呼ぶ。が、ザワウィ大使は、飯島のような右腕は、なかなかいないと思う。一国のリーダーを支えるのだから、さまざまなプレッシャーを受けたであろう。が、小泉首相への忠誠を失いかけそうになる局面は、いっさいなかった。ザワウィ大使は、飯島の姿勢に「日本の武士道とは何か」を学んだような気がしている。

五章　官邸主導、完遂《かんすい》せり

一　「郵政解散」と刺客《しかく》候補たち

郵政解散直前の攻防

小泉は、いよいよ念願のテーマ、郵政民営化の実現に打って出る。解散も覚悟で斬り込んでいく。

平成十七年五月十七日、小泉首相は、郵政民営化法案の国会審議を前に、総務省の松井《まつい》浩《ひろし》総務審議官を郵政行政担当から外し、清水英雄《しみずひでお》郵政行政局長を政策統括官に降格した。

飯島によると、この人事は、彼らが裏で郵政民営化法案を潰すために動き、獅子身中《しししんちゅう》の虫であった証拠が見つかったからである。

六月十一日夜、長野県辰野町で町政五十周年の記念式典がおこなわれた。長野県選出の衆参国会議員、近隣の市町村の首長、議会議長など多数の来賓を前に、辰野町出身の飯島勲首相秘書官が講演をおこなった。飯島は、講演時間の九五％、辰野町の町政や財政事情の変遷について自分なりの見解を語った。

さらに、郵政民営化関連六法案について見解を述べた。

「いま政策論争がおこなわれているが、総理は退路を断っている。仮に否決された場合、わたしは、（小泉首相は）一〇〇％、衆議院を解散する、と勝手に感じ取っている」

取材に訪れていたテレビ局が、この発言を取り上げた。が、さほど大きな反響は起こらなかった。

飯島は苦りきった。

〈だれも、乗ってこないな……〉

党執行部も、反対派も、「反対者の数が多ければ解散などできるわけがないし、なおかつ仮に解散しても無理だ。公明党だって解散に反対する」という冷ややかな反応であった。

マスコミや官僚も、同じスタンスでいた。

「解散しても、勝てるわけがない。漁夫《ぎょふ》の利《り》で民主党に政権を奪われる。デフレ経済は完全に脱却したわけではないし、郵政民営化だけでは勝てる要素がない」

ある意味では、整合性のある見方だ。

しかし、小泉首相を守る立場にいる飯島とすれば、「解散などできるわけがない」と言われるのは癪《しゃく》に障《さわ》る。衆議院採決を七月上旬に想定し、否決されたときのことを考え、五月頃から周囲に吹聴していた。

「不思議だ。小泉は、かならず解散したら勝てると思っている。解散したときに駄目でも、投票日に近くなればなるほど、完全に勝てるというふうに見ている」

可決するよう、あらゆる努力をするのは当然のことだ。が、仮に否決された場合、すぐに対応できるようにしておくのも、周囲の仕事である。飯島は、たとえ一人ぼっちになろうとも、最後まで小泉首相を支えつづけるつもりでいた。

小泉政権のもとでおこなわれた平成十三年七月の参院選、平成十五年十一月の総選挙、平成十六年七月の参院選、そして、小泉が自民党総裁に選出された平成十三年四月の総裁選、再選した平成十五年九月の総裁選も、小泉は、「郵政民営化」を最大重要公約の一つに掲げた。それなのに、自民党議員が郵政民営化関連法案に反対し、否決となれば、その公約を否定することになる。これは、自民党員としてあるまじき反党行為だ。過去の政党政治を見ても、国民から一〇〇％の支持を受けている政策を争点にしても、勝つという保証はない。ましてや、国民の支持が四〇％しかない郵政民営化を争点にして勝てるかどうかはわからない。が、小泉は、それでもかまわないという強い信念でいる。

飯島は、辰野町で講演する数日前、小泉に訊いた。

「否決になったら、どうしますか」

小泉は、きっぱりと答えた。

「かならず解散するから」

それゆえ、確信犯的に「一〇〇％、衆議院を解散する、と勝手に感じ取っている」と語ったのである。

ただし、小泉首相から「否決されたときのことを考えておけ」という指示はなかった。可決されたあとのスケジュールは、考える必要はない。放っておいても、官僚をふくめてトコロテン方式で進んでいく。しかし、小泉首相の指示がなくとも、否決された場合のことを考えておくのは、秘書として当たり前のことだ。

それに、飯島は三十四年間、小泉の秘書をつとめているが、いまだかつて小泉から「ああしろ」「こうしろ」といった命令らしい命令を受けたことがない。「悪いな」「頼むな」と言われるだけで、以心伝心、阿吽《あうん》の呼吸で物事を決めたり、行動してきた。これは、ほかの国会議員秘書よりも、かえって辛《つら》いかもしれない。小泉は、「そこまでしなくてもいいぞ」といった注意をすることはあっても、決して怒らない。判断をミスしたり、間違った行動を取ったときは、怒ってくれたほうがはるかに気が楽だ。

それに、小泉は、訪問客に対して決まって口にする。

「それじゃ、あとは、飯島と相談して決めてくれ」

訪問客は、飯島のもとに飛んでくる。困るのは、飯島だ。同席していれば、それなりに判断もできるだろう。が、同席も、ましてや小泉と打ち合わせをしているわけでもない。話を聞いたうえで、自分なりに勝手に回答を出す。

「これまで小泉は、こうだったから、たぶん小泉は、こう判断するでしょう」

三十四年間、ずっとこのスタイルでやってきた。それゆえ、飯島の判断と小泉の判断は、大きく外れることはない。ときおり、小さな誤差が生じることもあるが、そういうときには、小泉のほうから細部にわたり、その考えや注意事項が出るが、怒られたことは一度もない。だからこそ、飯島はこれまでやってこれたのだ。

小泉は、敵対する相手に、決して怯《ひる》むことはない。絶えずチキンレースに挑んでいるような心構えでいる。自分の方から恐れてレースカーを降りることはない。筆者の見る限り、最近の政治家の中で、小泉ほど度胸の据わった喧嘩《けんか》上手はいない。

小泉のこのような特異な資質は、どこから来るのか。小泉は、政治家として三代目である。小泉の喧嘩上手は、初代である祖父又次郎のＤＮＡを受け継いでいると筆者は見ている。

平成十七年八月六日、いわゆる郵政解散直前の攻防があった。二日後の八月八日には参議院で郵政民営化法案の採決がおこなわれる。情勢は、小泉にとって有利とはいえなかった。そのころ、小泉は、郵政民営化法案が否決された場合、衆議院を解散することを示唆《しさ》していた。

六十回目の「原爆の日」を迎えた広島市の平和記念公園で、午前九時十分過ぎ、平和記念式典を終えた小泉は記者団の前に立った。記者から質問が出た。

「衆院解散による政治空白を作るべきでないとの声をどう思うか？」

その質問に、首相は沈痛な表情で答えた。

「いずれにしても八日に決着がつきますから、その結果を見て総合的に政治判断していきたい」

それまでの「だから、郵政民営化法案に賛成してほしい」という論理展開に変化があったようにも見える発言だった。否決が現実味を増したことで、衆議院解散を見送り、法案成立と引き換えにした花道退陣を考えているかもしれないとの憶測が駆け巡った。解散をためらっているとも映った。そのような弱腰姿勢では、反対票が雪崩《なだれ》を打って増加する恐れもあった。

その一時間半後の午前十時四十一分、小泉首相は、広島県福山《ふくやま》市の中川《なかがわ》美術館を視察した。その最中、飯島から、小泉首相に同行していた岡田秀一秘書官に電話が入った。

飯島は、永田町の雰囲気を小泉に伝えなくてはならないと焦《あせ》った。が、美術館は携帯電話が通じない。飯島は、美術館の代表に電話を入れた。岡田秘書官を呼び出し、そのことを岡田の口から小泉に伝えなくてはならないと思ったのである。ところが、美術館の人は生真面目ゆえに大声で岡田を呼び出してしまった。

「岡田秘書官、飯島秘書官から、電話です！」

小泉首相のまわりにいる記者たちに飯島から小泉首相にメッセージが伝えられたことがばればれになってしまった。

その後、小泉は、ふたたび記者団の前に立つ。

「総合的な判断をして、郵政法案の否決廃案は、小泉内閣に対する不信任案である」

そう言いなおし、否決の場合は解散という姿勢を前面に押し出した。

なお、翌日の新聞には、飯島から電話のあったことが「政府関係者から電話があり、小泉首相の談話のニュアンスが変わった」と書かれることになる。

郵政小泉包囲網

飯島は、郵政国会のとき、小里貞利《おざとさだとし》を中心に綿貫民輔《わたぬきたみすけ》、亀井静香、森喜朗、古賀誠ら各派の領袖クラス八人が集まり、小泉以外の政治家を擁立する政権を狙っていたと見ている。

森は、小泉の後見人を任じていながら、この動きに加わった。小泉は、閣僚人事にしても何にしても、森の話は聞くものの、結果として森の思うような人事をしない。森は、それが不満のようであった。

彼らは、小泉首相に郵政民営化法案の継続審議を勧めた。が、その裏では、継続中に小泉内閣を潰し、郵政民営化法案を不成立で終わらせようというシナリオを描いていたと飯島は思っている。

平成十七年八月六日の土曜日の午後、飯島は、小里に呼ばれ、小里の議員会館事務所を訪ねた。議員会館は、休日、空調を切っている。小里の青い開襟《かいきん》シャツは、汗でびっしょりと濡れていた。

飯島は、小里と二時間近く、いろいろと話した。小里は、小泉首相は中途半端な継続審議の話は乗らないし、参議院で郵政民営化法案が否決されたら本気で衆議院を解散するつもりでいることを悟ったのであろう。

二度ほど、飯島に言った。

「息子を頼む」

小里は、政界からの引退を決め、八人のメンバーのまとめ役を降りた。飯島は、小里との約束を守り、総選挙では、小泉首相が小里の息子小里泰弘の応援に駆けつける。

この日の夕方、福田康夫が小泉首相を説得するため首相官邸に乗り込んできた。が、説得は不調に終わり、福田は、カンカンになって官邸を後にした。

午後六時過ぎ、福田の車が首相官邸の入り口に停まった。後部座席から降りたのは、業を煮やした森元首相であった。

福田の車は、そのままユーターンし、森は、一人で首相公邸に向かった。

午後六時十三分、首相公邸に入った森は懸命に小泉を説得するが、小泉は頑として受け入れなかった。

「選挙は、勝つためにやるもんだ」

平成十七年八月八日、参議院本会議で郵政民営化法案が否決され、小泉首相は、衆議院を解散した。

その夜、小泉首相は、ガリレオの「それでも地球は動く」を引用した記者会見をおこなった。その原稿づくりには、丹呉泰健秘書官たちはほとんどタッチしなかった。政治家小泉純一郎の正念場は、いつも自身の言葉で語られた。そんな小泉首相の姿を目にした丹呉は、あらためて思った。

〈まさに『大事争うべし、些事《さじ》かもうべからず』だな〉

「大事」は、自身が受けて立つ。飯島もまたそれを支えた。

解散の記者会見の際、由木参事官は間近からその模様を眺めていた。

「郵政民営化が、本当に必要ないのか。賛成か反対か、はっきりと国民に問いたい」

「郵政民営化に賛成する候補者しか公認しない」

由木は体に震えがくるのを止めることができなかった。人の話を聞いて震えが止まらない経験は、生まれて初めてのことだった。

〈時の総理大臣が自らの政治生命を懸けるというのは、こういうことか〉

小泉の会見での演説は有権者の心を打った。テレビ中継の瞬間最高視聴率は二一・八％にもおよんだ。「すごいものを見た」と今さらながらに由木は思う。三年三ヵ月の官邸勤務の中で最も印象に残るシーンだったと言っていい。

〈万が一この総選挙で自民党が負けることがあっても、悔いはないというところまで徹底的におやりになるおつもりなんだろう〉

郵政改革のプロセスを見ながら、由木は、正直なところ、この選挙で勝つのは難しいのではないかと思っていた。「解散を打って、大丈夫なのか」というのが、正直な気持ちだったのだ。だが、会見を見て由木は考えを改めた。勝てるという確信が由木の中に生まれていた。

むろん、飯島は当初から「この選挙は絶対に勝つ」という強気の姿勢を崩さなかった。

「勝つつもりがなくて、解散なんか打てるか。選挙は、勝つためにやるもんだ」

小泉首相は、衆議院を解散し、九月十一日投・開票の総選挙に突入した。小泉首相は、投・開票日を九月四日にしたかったが、公明党が「都議選が七月三日に終わったばかりだから」という理由で嫌がり、九月十一日になった。

飯島は、残念でならなかった。

〈九月十一日でも大勝するが、九月四日であれば、自民党は、単独で三分の二議席を取ることができるのに……〉

飯島は、解散の二ヵ月半前、公明党参議院議員会長の草川昭三にも言っていた。

「郵政民営化法案が否決されれば、総理はまちがいなく衆議院を解散します。その場合、投票日は、もっとも早い日程のほうがいい。われわれは、すでに選挙の準備をしている。仕込んだ花火を何発も打ち上げ、日本中がワッと盛り上がっているうちにやったほうがいい。そうすれば、自民党は、単独で三分の二の議席を取ることができる。それに、投票日が一、二週間遅くなっても、公明党の議席は変わりません。わたしの読みでは、三十一議席ですよ」

飯島の予測はずばりと当たり、公明党の獲得議席は、三十一となる。

二階俊博総務局長は、八月十日の午後四時、八月十一日の午後四時と、二日連続で武部幹事長とともに首相官邸に小泉首相を訪ね、いろいろと指示を仰いだ。

そのとき、小泉首相は言っていた。

「政治は、非情なものだねえ……」

二階は思った。

〈解散した後の反対派のあわてぶりから推察するに、彼らは、小泉総理が総辞職でもする

と思っていたのだろう〉

彼らは、小泉を火薬庫とも思わず、ワラでも積んであるくらいにたかをくくり、そのまわりで火遊びをしていたのだ。火が火薬庫に燃え移れば、爆発するのは当然のことだ。逆に言えば、反対派は、小泉総理の思う壺にはまったともいえる。打ち気満々でバッターボックスに立ち、甘い球なら思い切り叩こうと構えているところへ絶好のボールを投げたようなものだ。

小泉は、郵政民営化に賛成か、反対かを問う、「郵政解散」と位置づけた。

刺客候補者への厳しい条件

飯島と武部には、相互扶助関係があった。とはいえ、ふたりが、すべての点で考えが一致するわけでもない。郵政選挙で使う、小泉の自民党ポスター案に関して、ふたりは少々衝突した。

はじめに、飯島が独自に用意していた小泉ポスターがあった。その後、武部自身が別途ポスターを用意した。武部は、自身のポスターを持って、三人で会合した。そこで、武部は、小泉の面前で飯島案のポスターを批判した。

「このポスターでは、駄目だ」

飯島も譲らなかった。

「選挙区の川崎では、これを使う。それを党で全部使う」

武部も引かなかった。

「選挙区では、それでいいかもしれないけれど、党は……」

ふたりのやりとりを聞いていた小泉首相は困り顔だった。武部によると、そのとき小泉を見つめる飯島の顔には「総理が、わたしの案を『いい』っていったじゃないですか……」とのやるせない色が浮かんでいたという。

それを察したのか、天下の小泉は、こういって飯島の面目を保った。

「二種類つくったらいいんじゃないか」

武部には、小泉が飯島をいかに重視しているかがつくづくわかった。普通なら、一秘書の意見よりも、大幹事長の案を優先するものだ。武部は、即座に小泉の飯島への尋常ならざる配慮を感じ取り、「そうですね、二種類つくりましょう」と答えて、その場は下がった。しかし、結果的には、武部案が採用されるのである。「二種類つくったらいいんじゃないか」といっておきながら、ひとつを選ぶ。それが小泉流の知恵だった。あくまでも、その場では飯島の顔を立てたのだ。

武部案が採用されたものの、武部は、少し気がかりだった。

〈もしかすると、小泉さん自身は、飯島案をほんとうは気に入っていたのかもしれない

……〉

飯島は、さらにポスターを戦略的に考えた。いわゆるサブリミナル効果を利用し、小泉がもっとも支持率があったときの選挙の小泉のポスターの構図を、そのまま使った。ネクタイから背景までみんな一緒であった。違うのは、その当時の髪の毛の色は真っ黒であったが、今回は真っ白であった。

なお、武部幹事長は、毎週のように小泉に面会していた。その場はいつもふたりきりであり、飯島が同席することはまったく無かったという。が、武部は時間があるときは、飯島のいる秘書官室の小さな応接間で話し込むことがよくあった。

さらに、わざわざ飯島に会うためだけに、名目上小泉に面会することもあったという。天下の幹事長が、まさか「秘書官と十五分という時間割で飯島目当てに官邸に行ったのである。首相と十五分、秘書官だけに会いにきた」ともいえないものだ。

それというのも、小泉に直接いうよりも、飯島に根回しを依頼するほうが、的確に仕事が運ぶことがあったのだ。

小泉は、発破をかけた。

「全選挙区に、候補者を立てるんだぞ！」

とにかく、絶対に空白区があってはいけない。

飯島は、解散後ただちに武部幹事長、二階総務局長らと造反組にぶつける対立候補、いわゆる刺客候補者の選定作業にかかった。作業を進めるのは、少人数がいい。この三人で作業を進めていった。

なかには、武部幹事長の領域で決まる候補者もいるかもしれない。また、たとえば近畿の事情は、北海道出身の武部幹事長や長野出身の飯島ではわからないので、和歌山県出身の二階を中心に選定作業を進めたほうがいいという場合もあった。

自民党の過去の総選挙は、総裁派閥を中心としたもので、党の金庫を預かる経理局長まで押さえるのが常道であった。また、幹事長は、総裁派閥以外から起用するという、いわゆる総幹分離の時代には、幹事長が横を向けば総理総裁は解散も打てないこともあった。しかし、今回は、小泉、武部幹事長、二階総務局長ががっちりとタッグを組み、三者の意見が一〇〇％一致したひとでなければ公認しないというきわめて異例なかたちでの選挙戦を展開することになる。

飯島秘書官は、闘志を燃やしていた。

〈今回は、大勝負を懸《か》けるしかない〉

飯島は、今回も、小泉が三回目の総裁選で勝利をおさめたときの大勝負の再現を狙う戦略に出た。

衆議院選挙の場合、公示日直前の調査で、仮に自民党が強ければ、民主党は、なにをやっても逆転不可能である。逆も、またしかり。衆議院選挙で勝つには、公示日直前の雰囲気が重要になる。

衆議院解散直後、テレビ局も、週刊誌も、小泉に好意的ではなかった。

「法案の中身について、説明不足だ」

このような状況で、公示直前になって、いっせいに刺客候補を発表しても、インパクトがない。大学構内の掲示板に貼られる合格発表のように、ずらりと名前をならべられるだけだ。これでは、世間の関心を呼ばない。そこで、飯島は、自分が関与する刺客候補の発表、いわば〝打ち上げ花火〟のタイミングに関しては、すべて任せてもらうことにした。

飯島は、武部幹事長、二階総務局長と候補者選定の基準について話し合った。

「まず、オールジャパンで名前が通っている人で、北海道から九州まで、どこの選挙区の有権者も納得するだけの経歴があるひと。同時に小泉改革に賛同し、比例名簿の順位も、復活当選が可能な上位でなくても、『この小選挙区で戦い抜く』という気概を持ったひと。自分の身柄を党に預けるという覚悟のあるひと。『この選挙区でないと嫌だ』というひとは、たとえ有名人であろうが、どのような凄い経歴を持とうが、不適格です」

たとえば、その選挙区から出馬することになる候補者の名前を書く権利のある有権者は、その選挙区の住人だけだが、その選挙区にオールジャパンで名の通った候補者が立候補すると北海道から九州までのオールジャパンの人たちが興味を持つ。そのような注目選挙区が十ヵ所あれば、十段重ねになり、二十ヵ所あれば、二十段重ねになる。国民の注目する選挙区が多ければ多いほど、最初で最後のとんでもない選挙戦を展開できるのだ。

しかも、解散当初は反小泉的な報道をしていたテレビ局や新聞社も、競争というメディアの原理を考えれば、いやおうなしに注目選挙区の動向を追わざるを得ない。刺客候補という五本の花火を打ち上げただけで、日本中が大騒ぎになるだろう。そのままの状況で公示日まで突っ込んでいったら、どうなるか。自民党に注目が集まり、民主党の影は薄くなる。そうなったら、しめたものだ。自民党は、まちがいなく勝利する。

飯島は続けた。

「そして、どの選挙区になってもやり遂げるという熱意とパワーを、この次の総選挙まで持続できるひとでないと困る。法案に反対した非公認組は、自民党に復党できない。今回の選挙で勝っても、負けても、この次の総選挙で人生最後の大勝負を懸けてきます。この次の、いつあるかわからない選挙のために、ずっと選挙運動をおこなっていく。そんな彼らを潰して、かならず小選挙区で再選をはたすという熱意とパワーがなければいけない。今回、自分が出る選挙区は、新しい自分の城下町、領土という意識で懸命に戦えるひとでなければ、失格です。候補者が相当なタマでも、『わたしは、どういうポストがもらえるんでしょうか』とか『比例のトップでないと困る』とか、そんな生ぬるいひとはいりません」

飯島は力を込めた。

「そして、武部幹事長と二階総務局長がまちがいなく合意し、総理総裁である小泉が了解したひとを候補者として最終決定します。そういうかたちで最後までやらせてもらう。それ以外の持込みは、全部カットします。もちろん、『こういう優秀な人材がいる』という情報はもらいます。が、それを鵜呑みにすると、火傷《やけど》することになるし、気の緩みにもつながる。独善的と言われようが、なんと言われようが、今回は小泉、武部、二階の三人の意見が一〇〇％一致した人を候補者に立てたいと思います」

武部幹事長も二階も、飯島の意向に理解をしめしてくれた。そして、そのような選考基準で選ばれた候補者を次々と刺客候補として発表していった。

刺客候補第一号、小池百合子

小池百合子《こいけゆりこ》は、郵政民営化法案に反対票を投じた小林興起《こばやしこうき》の対立候補として兵庫六区から東京十区に移り、いわゆる刺客候補第一号となった。

この選挙区替えを仕掛けたのは、じつは飯島であった。平成十五年九月の第一次小泉再改造内閣で環境大臣に就任した小池は、この年十一月に発足した第二次小泉内閣、平成十六年九月の第二次小泉改造内閣でも、ずっと環境大臣を続けている。

飯島は、小池に訊いた。

「われわれは、この勝負に賭けてます。あなたにもその覚悟は、ありますか」

小池はうなずいた。

「あります」

そこで、飯島は、いくつか条件を出した。

「政治の世界は、義理人情の世界です。旧選挙区を離れても、これまで支えてくれた後援会とは、これからも心してお付き合いしていかなかったら政治家ではありません。ですから、小池百合子という政治家から見て、後事を託せる人を二人、出してください。どちらを公認候補にするかは、こちらで決めます。また、比例区の重複立候補には、載せませんん。載せたらパンチ力がないですから。それから、選挙区は、おたがいに相談して決めましょう。さらに、発表のタイミングは、こちらに任せてください」

小池は、すべての条件を呑んだ。

飯島は、武部幹事長、二階総務局長と相談し、兵庫六区の公認候補には、小池が推薦した二人の人物のなかから伊丹市議の木挽司《こびきつかさ》を選んだ。

小池の新しい選挙区は、いくつかの注目選挙区のうち、小池の希望で、やはり知名度の高い小林興起がいる東京十区に決めた。

その発表の時間については、あえて午後八時台にはじまる民放テレビ局のニュースに流れる時間帯にセットした。

前夜、飯島は、小池に釘を刺した。

「マスコミが裏取りをするけれども、十二時半までは裏取りに応じないでください。寄せるだけ寄せておいてほしい」

朝刊の締め切りは、各社とも、だいたい午前一時から一時半だ。十二時半頃、自宅の前に来ている記者に自分の心理を話せば、それをメモして記事にする以外にない。それ以上、余計な取材はできない。それゆえ、十二時半まで取材を引っ張らせたのである。

飯島は、その後のことも考えていた。

〈これでワイドショーは、一週間くらい小池さんを追いかける。次の刺客候補の発表は、一週間後でいい。その間、造反組は、だれが自分のところに刺客候補で送り込まれてくるのか、戦々恐々《せんせんきようきよう》となる。まず、選挙の弱い造反組のところに強い刺客候補をぶつけ、平沼赳夫や亀井静香など大物のところは、最後にしよう。そうすれば、国民は、ますます注目する〉

武部幹事長、二階総務局長、飯島秘書官、それぞれ個性は違うが、小泉総理がこの三人に選挙を仕切らせたということはすごいと「チーム小泉」のひとりである関博之参事官は唸る。

候補者選びでも、飯島秘書官の情報網、人とのつながりの驚異が垣間《かいま》見えた。マスコミが刺客と称する候補者が次々と決まっていく。

新潟県中越地震で活躍した山古志村《やまこしむら》村長の長島忠美《ながしまただよし》も、飯島秘書官が発案し、数日で立候補となった。片山さつきなど次々に候補者が埋まっていく。それも各界各層から選ばれている。

その動きを見ていると、何でこんな多方面に、しかも総理の秘書官をやりながら、付き合いがあるのだろうと不思議でもあった。

〈前からのお付き合いを大事にされているのでしょうが、今まで接してきた人の方が、むしろ飯島さんという人に一目置いていたんだな〉

なお、武部によると、飯島は、武部に小泉への進言を頼むケースもあった。郵政選挙での人選で、飯島が推薦したい人物がいた。しかし、たとえ、小泉首相の側近中の側近である飯島といえども、それは直接頼みづらい。なにもかもすべて小泉首相に話せるわけではないのだ。

そこで、飯島は、武部に頼み、意中の人物を推す発言をしてもらったこともあった。武部は、その人物を「あれはいいですよ」と小泉首相に対して太鼓判を押した。すると、小泉首相が「そうか。任せるよ」と承諾することもあった。そのように飯島と武部には、相互扶助関係があった。

「チーム小泉」、さながら自民党選対本部

この郵政解散選挙に、「チーム小泉」のメンバーである小野次郎秘書官も、山梨三区から出馬する。それにつれ、警察庁内では、水面下で小野の後任秘書官探しが始まっていた。警察庁長官の漆間巖《うるまいわお》は、こう思っていたという。

〈ざっと見渡して、山崎ぐらいしか飯島さんとうまくやっていけそうなのはいない〉

八月十五日、小泉首相が戦没者慰霊祭に出席したのちの午後一時三十分、山崎裕人に秘書官の辞令が出た。山崎には、まさに青天の霹靂《へきれき》だった。

漆間警察庁長官は、山崎にこういって官邸行きを説得した。

「郵政選挙で小泉自民が負けた場合、任期は最短一ヵ月になる。また、仮に郵政選挙で自民が勝った場合でも、任期は最長一年程度だ」

山崎は、肩の力が抜けた。

〈郵政選挙で負ければ、終わりだ。長くても、一年か……〉

そのころの山崎には、新聞や雑誌で語られる「奇人変人」というレベルの小泉像しかなかった。

「チーム小泉」の一員になったときには、すでに九月十一日投開票日に向かっての郵政選挙戦に突入していた。山崎は「官邸」というよりも、むしろ「自民党選対本部」に入ったような錯覚さえ覚えた。

当初飯島は、小野の後任人事についてははっきり知らなかったようだ。山崎が秘書官室に挨拶に行くと、飯島は、山崎以外の何者かに向かって怒鳴《どな》り散らした。

「そんな名前は、聞いてねえ！　おれは、聞いてねえぞ！　知らん」

警察庁側はすでに、小野次郎の後任秘書官を「山崎です」と伝えていたはずだった。が、そのように、飯島の頭は百％選挙で占められていた。飯島の怒号は「山崎ナニガシが新秘書官として来るということは、聞いてねえぞ」ということだった。

山崎は、飯島について思った。

〈変わったおっさんだな……〉

当初山崎は、飯島と同席するさいにはかなり緊張した。「日本のラスプーチン、飯島勲」という雑誌記事のタイトルが頭をよぎっていた。ラスプーチンとは、皇太子の血友病の治療に功があったため、ニコライ二世の皇后の寵愛《ちょうあい》を受け、国政に大きな弊害《へいがい》をもたらしたロシアの怪僧である。

郵政選挙で遊説《ゆうぜい》する小泉には、山崎秘書官がかならず随行していた。自民党の選挙運動ではあるが、原則として首相が国内を移動するときには、警察庁出身の秘書官が随行することになっている。山崎は、小泉の遊説に集まる聴衆の数を眼前にしておどろいた。

「ものすごい人気だな」

それは、日本全国どこでも同じ大観衆だった。

そのような小泉遊説には、毎度飯島が同行するわけではなかった。飯島は、東京都内を中心にポイントになる遊説場所だけ同行した。飯島は、常に小泉に帯同する山崎秘書官に対して特別指示することもなかった。ただし、山崎に報告をかならずあげさせていた。小泉演説に集まる客筋情報だ。集客数はどれくらいだったか。好意的だったのか、悪意に満ちたものだったたか。盛り上がったのか、盛り下がったのかということだ。もっとも小泉の演説に集まる聴衆には、筋の悪いものはいなかった。山崎は、そのような遊説先の空気を飯島に逐一報告していた。

異端児・中川泰宏

いっぽう、京都四区は郵政選挙を象徴する重要な選挙区だった。郵政民営化法案に強硬に反対したのが、「郵政のドン」とも呼ばれた野中広務の後継だった京都四区選出の田中英夫だった。

解散の日以来、JA京都会長である中川泰宏《なかがわやすひろ》に、さまざまな方面から矢継ぎ早に出馬要請があった。

「日本を変えろ。いまなら変わる。そのためには、きみが手を挙げなければならない」

しかし外野の声援も、中川には暖簾《のれん》に腕押しだった。そもそも、中川泰宏という一本独《どっ》鈷《こ》は、「出ろ」といわれて出馬するような「あなた任せ」の人生とは無縁の男だった。

中川泰宏は、昭和二十六年九月十九日、京都府船井《ふない》郡八木《やぎ》町に生まれた。園部《そのべ》高校を卒業後、不動産業、金融業を経て、酪農《らくのう》経営を手がける。この間、昭和六十二年八木町議(現南丹《なんたん》市)を経て、平成四年より町長に三選。平成十四年、京都府知事選に立候補。京都府農業協同組合四連会長も兼務。また、平成八年、北朝鮮に米の食糧援助をおこない、以来たびたび訪朝していた。

昭和六十二年の八木町の町議会議員選も、平成四年の八木町町長選も、平成十四年四月七日の山田啓二と争った京都府知事選も、すべて自身で出馬を決断してきた。自分自身に「勝たないかん」という気持ちが湧き起こって初めて出陣してきたのである。

それと同時に、中川がいまひとつ乗り気になれなかったのは、相手候補の現職田中英夫は、前亀岡市長でもあり知己《ちき》だったからだ。平成四年の八木町町長選で当選していた中川は、隣接する亀岡市市長の田中英夫とは首長同士のつきあいがあった。

田中英夫は、平成十五年十一月のいわゆるマニフェスト選挙で、野中広務勇退後の後継として衆院選京都四区に出馬し、当選を果たしていた。平成十七年九月の郵政選挙では、現職として二期目を狙っていたことになる。

そのように、中川出馬の躊躇《ちゆうちよ》とは、自身の独立不羈《どくりつふき》の精神が一方的な出馬要請を嫌ったことと、旧知への気遣いが混濁《こんだく》した戸惑《とまど》いだった。

中川の躊躇をよそに、出馬要請はさらに激しさを増していった。知人はもちろん、ついには著名人のお歴々《れきれき》まで「準備しろ」と電話をかけてきた。中川は「嫌や！」と電話を切った。あまりの出馬要請の激しさに、気が長いほうではない中川は、うんざりして、ついに逃亡を決意する。

〈これ以上は、かなわん。中国に行くぞ〉

海外に出てしまえば、誰の声も届かない。じっさいに、公示日ごろの出発予定である中国往き旅券まで手配してしまった。

八月十四日、地元八木町では名物の大花火大会があった。中川がふらりと遊びに行くと、すれ違う人たちが、あいもかわらず「出ろ、出ろ」と口をそろえた。

中川は、頭を振ってこう逃げた。

「いやあ、おれは中国に逃げるから、勘弁してくれよ」

ちょうどそのころ、すでに自民党党本部では財務省のキャリアを公認候補に決定していた。ところが、ある著名な人物から、飯島首相秘書官のもとに電話が入った。

「駄目だ。毒に餡蜜《あんみつ》というのは合わない。毒には毒だ。毒をもって毒を制する」

「××は、餡蜜ですか？」

「そうだ」

野中という毒に対して、公認候補の××は甘すぎるというのだ。

飯島もこう思った。

〈確かに、餡蜜に毒を入れたら死んでしまう〉

飯島は訊いた。

「どれぐらいの毒が必要か？」

「猛毒が要る」

「猛毒とは、誰ですか？」

「ＪＡ京都の中川というのが、田中に対して猛毒になる」

公認はすでに決まっていたが、飯島は、中川に興味を抱き、こう確認した。

「その人物は、政治に対して遊びじゃないんだろ」

「真剣だ」

「だったら、毒には毒でぶつけたほうがいい」

飯島は、中川なる人物のことを小泉首相に相談した。小泉首相は、いぶかしげにいった。

「ＪＡ京都会長が、猛毒？　会ったことあるのか？」

「会ったことはないですよ」

「本当に猛毒がどうか、飯島君、どうやってチェックする？」

「猛毒をチェックって……。食べるわけにもいかないし」

「じゃあ、農協の会長だから……。ＪＡ全中の山田《やまだ》（俊男《としお》）専務理事に、訊いてみろ。飯島君は、山田専務をよく知ってんだろ？」

「ええ、知っています」

「山田専務に当たって、京都の、その中川というのが本当にとんでもない男か調べろ。それを、また教えてくれよ」

「山田さんだったら、ツーカーだからいいですよ」

飯島は、即座に山田に電話をした。天下の農政を語る著名人であるはずの山田俊男は、開口一番こういった。

「わたしは長い間、あなたと付き合ってきたけれど、秘書官、あの中川会長だけは、やめてください」

「なんでですか？」

「あの人にバッジがついたら、農協組織が潰れちゃう。壊れちゃう。だから、絶対に止めてください」

「そんなに凄いのか？」

「凄いもなにも、とんでもない人だ。わたしを信じてください」

「わかりました」

飯島は、とりあえず電話を切り、小泉首相に報告した。

小泉は、引くどころかむしろ乗ってきた。

「凄いな。早く会いたいな。だけど、ちょっと待て。農協のなかでは異端児《いたんじ》みたいで毒かもしれないが、農水省から見たらかなり役所寄りの組合長かもしれない。農水省はどういっているか」

「じゃ、農水省の石原事務次官に電話して、猛毒かどうか、訊いてみますよ」

飯島は、石原葵農水事務次官に電話を入れた。石原は、要件を聞くや、首相官邸五階の秘書官室に飛んできて、飯島に面と向かってこういった。

「わたしは、次官として、省の代表として、飯島秘書官にお願いします。あの中川さんだけは、頼むから止めてください。毒どころじゃない。農水省の組織が壊れちゃう。すでに公認することになっている財務省のキャリアでいいじゃないですか」

ＪＡからも農水省からも、明確な拒否反応だった。飯島は、あらためて思った。

〈これは、相当な猛毒だな〉

飯島は、農水省の拒否反応を小泉首相に報告した。

その反応を確認した小泉首相は、飯島に命じた。

「至急捕まえて、会え。面接しろ。公募の第一号でも、何でもいい。武部と二階にいって、おれの総裁面接まで早く運べ」

「運べって……。どこにいるか、わからないですよ。経歴も、よくわからないし」

「そんなの、きみだったら、手に入るだろ」

飯島は急遽、中川泰宏の経歴を入手した。飯島は、中川以外の候補者人選もあり、多忙をきわめていた。安々と関西に飛べない事情がある。しかし面会前に実際に中川の猛毒ぶりを確認しておきたかったのだ。そこで、中川の携帯電話の番号を調べ、電話をかけた。猛毒は大阪にいた。

飯島は、猛毒に対してできるだけ丁重に話した。

「小泉総理秘書官の飯島勲と申しますが、選挙のことで、どうしても会長にお会いしたい。東京にお越しいただけますか」

中川の声は、予想外にきれいだった。飯島は、虚を突かれた感じだった。濁声《だみごえ》をあらかじめ予想していたのだ。御徒町《おかちまち》や築地《つきじ》市場で飛び交う、「いらッしャい、いらッしャい」という、あれである。が、中川は、拍子抜けするぐらいの美声で、「行きます」と答えた。

公募候補第一号決まる

八月十五日、中川は飯島に指定された赤坂プリンスホテルの一室に向かった。足取りは重かった。中川は、それまで飯島とはまったく面識が無い。飯島に出馬を要請されることはわかっていたものの、気持ちはまだ後ろ向きだった。恐る恐る指定された部屋のドアを開くと、そこに飯島の姿は無かった。

中川が誰もいない部屋の入り口で立ちつくしていると、背後からパッと飯島が現れた。

中川と飯島は、しゃべりながら部屋に入っていった。その瞬間に、中川は直感した。

〈凄いなあ。この人は……〉

秒殺である。中川はさまざまな事業や金融業を経験していた。その筋の人間には、独特の嗅覚がある。顧客のなかには、嘘つきも多い。それを見極めるために、数秒でひとを判断する必要があるため、いわゆる「人を見る目」が研《と》ぎ澄《す》まされるのだ。

また、その金融業経験に先んじて、中川には、三歳のときに小児麻痺《しょうにまひ》にかかって以降、ひとの心を瞬時に見抜く目が備わっていた。小児麻痺で足が悪い中川に、手を差しのべるひとは多かった。なぜ手を貸すのかを瞬時に測った。

偽善か、悪意か、純粋な親切心か。そして、手を借りるか借りないかを瞬時に判断してきた。猜疑心《さいぎしん》のスーパーコンピュータとはいわないまでも、きわめて注意深いはずの中川が、飯島だけには、出会った瞬間になじんだ。

いっぽう、待ちかまえていた飯島は、来るべき猛毒中川の鞄持《かばんも》ちをチェックしようと思っていた。その筋の人間は、知能犯的なエリートを部下にするものだ。臣下を見て、主の器を見るのだ。実際に中川につき従う部下を見ると、予想に違《たが》わずいかにもできそうな男だと直感した。同時に、それは飯島に「中川はただ者ではない」と確信させるに十分だった。

そして飯島は、中川本人に対しても、あからさまにはその筋に見えない優雅さを感じ取った。猛毒の筋者というよりは、農水官僚などよりも、遥かに格上の容姿と芳香を身にまとっていた。

飯島は、あらためて思った、

〈ああ、やはりこれはただ者ではないな〉

中川は優しい目をしていた。そして、足に障害も持っていた。それは、飯島に、長野県駒ヶ根の大地主小原優一《おはらゆういち》を思い出させた。その地主も、生まれながらに障害を持っていた。

〈ああ、あの地主と同じ状態で、相当修羅場をくぐってやってきた人かな〉

飯島は、こう切り出した。

「小泉と一緒に、国を変えないか」

その「国を変えないか」という無欲な思いが、中川の心にドンと入ってきた。圧倒的な説得力だった。中川には、我欲の有無は本能的に精査できる。飯島の無欲ぶりに加えて、中川は、異端の匂いを放つ飯島に、自分と同じものを嗅ぎ取っていた。

〈もしかすると、この人は、ぼくと同じような生き方をしてきたのかなあ、苦しい生き方を……〉

中川の嗅覚は、当たっていた。後日、飯島の兄弟姉妹が知的障害者なのを知ることになる。飯島自身も尋常ではない苦労人なのだ。

中川が出会ってきた人間のなかで、「凄い人だな」と思うのは、その飯島と、後日出会う小泉純一郎のふたりだけだ。飯島と小泉は、己のカネのために動くのではない。あくまでも社会のために動く。それが、中川の心にすっと染み込んでいった。

そのように、飯島・中川のふたりは、それぞれ相手の匂いに敬意を払っていた。が、なお注意深い飯島は、できる男が優雅な顔の下に隠しているであろう猛毒に気をつけながら、慎重に言葉を選んで質問に入った。

「ところで、先生が出た場合に、選挙は、どれぐらいで勝てますか？」

勝利を前提にした質問だった。もしも、曖昧《あいまい》な答えを口走るような男だったならば、もうすでに財務省のキャリア候補がいる以上、別途出馬要請しても意味がない。

が、中川は、淡々とこう言い放った。

「ひとりかふたり死人が出るかもしれないが、いままでの、ぼくの町長選などの経験からいうと、十票か、二十票差でしょう。なにしろ、本当に戦う相手は、野中さんだから。」

飯島は、びっくりした。選挙のプロからすれば、十票、二十票差で勝つということが、異常だった。村会議員選挙レベルで二百票で当選とするならば、十票、二十票は、一割に相当するので、その数字は支配的な数だ。が、万単位で得票を狙う衆院選挙で「十票、二十票差で勝つ」というのは想定外だった。

飯島は、さらに質問をした。

「じゃ、先生、快勝といえば、どのぐらいの差ですか?」

「うーん、まあ、百か、二百」

飯島は、ゾクゾクした。

〈ゼロが、二つ足りない。これは凄い叩き合いだな〉

いっぽう中川は、京都四区での出馬の肚《はら》を決めた。その中川に、飯島は念のためにこう確認を求めた。

「比例は、どうしますか?」

中川は、きっぱり断った。

「いりません」

選挙区選一本で、命がけで戦う気持ちだった。

「わかりました。小泉首相への返事は、どうしますか?」

「一度だけ、地元に帰らせてください。後援会に言わないといけないから」

要するに「後援会に言う」とは、相談するのではなく、決意報告だった。もはや、赤坂プリンスホテルで、中川の肚は決まっていた。

飯島は、官邸に帰ると、小泉に中川の話をつぶさに伝えた。

すると、小泉はこう即断した。

「それは凄いぞ。見物《みもの》だ。二階と武部に面接させて、すぐに総裁面接で公認だ」

「公募のあれは……」

「もう、公募のほうで、広告を打つように。早く広告を打てよ」

「早くと言われても……。予約して、紙面を確保するのは大変なんですよ。ほかの候補も、待っているんですから」

「わかっている。その広告が出たら、中川は公認だからな」

「わかっています。それまでは、論文とかいろいろ書いていています」

「そんなのは、しゃべっただけで論文だから、もう合格！　公認第一号！」

「わかりました」

しかし、そこで小泉は中川への細かな気遣いを見せた。

「もしも、ぼくが中川に『公募』と言ったら、騒がないかなぁ。中川は『おれに、向かってなんだ！』と言わないか？」

「それは無いと思います」

「よし。二階総務局長のところに行ってもらって、すぐにやろう」

しばらくすると、二階は、広告のビラを飯島に持ってきた。

「これで、出していただけますか」

「はい、けっこうです」

公募広告案はあっさり決まった。いわば、後付のような「公募広告」だったわけだ。そして、小泉の中川に対する心遣いは、杞憂《きゆう》だった。逆に、「自分から出る」という自主性が担保されている公募制度で、中川はますます「ヨシ、それでいこう」という気持ちになっていた。中川は、なかば、自身のための公募制度だとすら感じたぐらいだ。

毒をもって毒を制す

いっぽう、地元に帰った中川は、後援会に出馬の決意を伝えた。中川出馬を、首を長くして待っていた後援会は、「待っていました。走れ」とばかりに、中川の背中を押した。

中川は、後援会に出馬報告をしてから、京都四区の現職である田中英夫とも二回の話し合いを持った。

一回目は、京都リーガロイヤルホテルであった。中川は、切り出した。

「できたら、ここらあたりで降りませんか？　ぼくは、改革をしたいし、あなたはする意思もないでしょうから、ぼくに、やらせていただけませんか」

中川は、田中に出馬辞退を勧めた。が、田中はこう返すのが精一杯だった。

「考えさせてくれ」

その後、いつまでたっても田中からの連絡は無かった。

そして、中川は、出馬挨拶のために自民党本部四階にある総裁室で小泉総裁と会うことになった。

八月十七日、中川が小泉に面会する直前に、中川の携帯電話が鳴った。田中だった。

「待ってくれ。あと一時間、待ってくれ」

「もう駄目です。これから小泉総理に会うところです。総裁室に入ったら、肚括《はらくく》りますから」

天下の小泉首相を一時間も待たせるわけにはいかない。それが、二回目の中川・田中会談だった。

中川は、夕方の五時三十三分、自民党本部四階の総裁室に入った。総裁室には、小泉総裁、武部幹事長、それに、飯島秘書官がいた。

武部幹事長が、中川の足の障害に気づき、すかさず車椅子を用意した。すると、中川は鬼のような形相で、一喝した。

「車椅子なんか、いらん！」

天下の大幹事長もたじたじで即座に車椅子を下げた。

なにしろ、負けず嫌いの中川は、若いころから「おれは五体満足だ」という意識で、どんなに距離があっても、二キロの鉛《なまり》を足につけて歩き、足を鍛えたという。

小泉は、中川に簡潔にいった。

「おお、そうか。わかった、よしッ」

小泉は、出馬云々の話は一切しなかった。政策の摺《す》り合わせも無い。が、選挙とは直接関係ない自身の祖父「刺青の又次郎」と呼ばれた男の若きとび職時代の血沸き肉躍る戦いの物語を語った。中川には、それが暗に「戦いに入れよ」と促《うなが》しているように感じられた。

そして、小泉はこう諭した。

「もう、怒るなよ」

それまでは中川も自認する癇癪《かんしやく》持ちだった。そのような細かな中川の癖まで、小泉の耳に入っていた。飯島の調査能力恐るべしである。

中川は、飯島に会ったときとは別の意味で、小泉にも魅了された。中川の好きなタイプで、小泉は骨の髄から勝負師だった。ＢＳＥ問題が発生したときから、武部農水相を通じて、小泉についてよく聞いていた。また、過去の参院選では、京都で小泉演説も聞いていた。さまざまな場面で、その勝負師ぶりを遠目に眺めては感心していたが、今回は、その勝負師から、面と向かってこう言われたのだ。

「おい、がんばれ。特別に応援には行ってやる。中川さん、雨が降ったら困るから、会場の一番でかい部屋を取れ。おれ、あんたのところにかならず応援に行くから。一番いい日にちで、一番でかいハコを、かならず埋めろ」

それを横で聞いていた飯島は、肝を潰《つぶ》した。通例でいえば、総裁遊説は、全県の候補者のところに行けるわけではない。ひとりの候補者のためだけに応援に行くことは、ある種タブーだった。そこで飯島は、小泉のいう中川応援は、総裁としてではなく、小泉個人の特別枠として行くことだと理解した。

実際に、選挙戦で小泉が個人のために遊説したのは、全国で、京都の中川泰宏ただひとりであった。

小泉の心中には、「野中との勝負だ」という意味合いもあったはずだ。それでもなお、中川には小泉の上洛《じょうらく》が、この上もなくうれしかった。

総裁面接が終わると、小泉は「よし、写真を撮ろう」と、中川と写真に収まった。中川は、帰りぎわに小泉にさらにこう頼んでみた。

「うちの若い秘書が、いま、ふたりついてきています。先生、撮ってやってくれませんか?」

「おお、いいとも」

小泉は、中川の秘書との記念撮影を快諾した。

結局、総裁面接は三〇分で終わった。小泉としても「飯島が決めてきたことだから」という信頼感もあったのだろう。長話をする必要もなかった。

そして、中川は本格的に臨戦態勢に入った。

小泉首相が「怒るなよ」と釘を刺すぐらいに、中川は、もともと直情型である。中川は、飯島による自身の擁立は「毒をもって毒を制する」という意味だということもわかっていた。

というのも、敵陣の影の首領は野中広務なのだ。もともと野中は、大声で吼《ほ》える恫喝《どうかつ》屋として有名だった。つまり、ふたりは、咆吼《ほうこう》する竜虎であり、毒と毒だった。中川の敵は、田中英夫というよりも、むしろその裏にいる野中広務なのだ。

刺客候補・ホリエモンを一喝

いっぽう、武部幹事長は二階総務局長とともに、後に亀井静香と戦うことになるライブドア社長の堀江《ほりえ》貴文《たかふみ》と、八月十五日夜、六本木ヒルズのライブドアではじめて会った。武部から接触したのではなく、堀江のほうから、「幹事長に会いたい」と連絡があったのだ。

堀江が出馬を決意したのは、小泉首相が、衆議院を解散したあとのことである。

会談を終えた武部は、二階にささやいた。

「ちょっと、無理ですね」

八月十八日夜、武部と二階は、赤坂プリンスホテルで再度堀江と会った。途中武部は、首相秘書官の飯島勲をその部屋に呼び出した。

　武部と二階は、飯島に声をかけ、席を外した。

「好きなように、しゃべってください」

　飯島は、参ったな、と思いつつ、堀江に訊いた。

「ところで、公認というのは、決まっているの？」

「公認していただきます」

「ああ、そう。で、幹事長と総務局長は、どう言ったんですか」

「社長を辞めたら、公認するというようなことを言ってくれました」

「じゃ、辞めればいいじゃない」

「秘書官、会長になったらどうでしょうか。社長を辞めろって言ってましたから」

　飯島は、カチンときた。

「ライブドアの売り上げがいくらか知らないけれども、あなたの会社の規模は関係ない。社長を辞めて会長になったらいいだろうという、そんな低レベルで天下の自由民主党の幹事長、総務局長と会っているのか。何を言っているんだ。ふざけちゃいかん。ままごとをやっているんじゃやない。真剣勝負でやってんだよ」

　堀江は、ふてくされた。

「こちらだって、真剣ですよ」

飯島は、しだいに気が昂《たかぶ》ってきた。

「信頼できる役員に会社を託して、政治の道一本で勝負すればいいじゃないか。冗談じゃない！　小泉内閣において、社長兼任の公認候補なんてのは、一人もいないぞ」

「それは、おかしい。そんなことはない」

「冗談じゃない。わたしが言っているんだから事実だ。そんなつもりなら、あなたには、公認も推薦も、いっさいあげられない」

飯島は、さらに訊いた。

「きみが幹事長、総務局長を呼んだのか、それとも、きみが幹事長、総務局長に呼ばれたのかは知らないが、自民党の公認をもらおうという気持ちのあるものが、なぜ民主党の岡《おか》田《だ》（克《かつ》也《や》）代表と会ったりするんだ。あの報道は本当なのか嘘なのか、どっちだ」

「本当です」

「岡田代表と会い、そのあと、自民党の幹事長や総務局長と胸を張って会うなんて、そんな相手を値踏みをするような失礼なことはやめろ。おれだったら、怒鳴りつけるぞ。人を馬鹿にするのもいい加減にしろ。そんな甘っちょろい考えなら、やめたほうがいい。もう、選挙に出るのはやめろよ」

飯島は、問いただした。

「それ以前に、公認や推薦をもらわないと選挙を戦えないというあなたの心理が、おれにはわからない。公認や推薦は、公党として『このひとを責任を持って推す』という、責任力と自信のあらわれだ。有名であろうが、自分に自信があろうが、公党の責任力が有権者に伝わらなければ、公認しようが推薦しようが、意味はない。世の中には、自民党という天下の公党を信じ、自民党が推薦するのだから間違いないだろう、というので票を入れてくれる有権者もたくさんいる。堀江さんは、公認や推薦にどのくらいの価値があると見ているのか」

堀江は、答えなかった。

飯島は、迫りつづけた。

「どのような選挙態勢を組もうとしているのか知らないが、本当に切った張ったの選挙がわかっているのか。名前が売れているから出るなんて、そんな甘い考えで勝てると思っているのか。ポスター一つにしても、どういう基準があるのか、いつ、どこに、どう貼ればいいのか、わかっているのか」

「わかりません」

「選挙には、いろんなことがあるんだ。おれが堀江さんだったら、無所属で出る。しかし、田舎の村会議員や町会議員は、無所属でありながら、自民党の党員であり、自民党の国会議員が推している。あなたも、同じように『公認や推薦は要らない。民主党の岡田党首にも会ったし、自民党の武部幹事長や二階総務局長にも会った。自分は、報道された材料でしかわからないけども、全面的に今度の自民党のやっていることに賛成する』と言って出たらどうだ」

堀江は納得した。

「幹事長や総務局長には迷惑をかけました。公認などは関係ないと悟《さと》りました」

飯島は言った。

「だったら総理には、あなたに会うよう、おれからお願いしてもいい。総理と会い、自分と考えが合わないな、というのであれば、それでいい。しかし考えが合うなら、思い切ってやってみろ。総理と握手し、写真を撮ったら、すぐに広島に飛べ。そして、一日五千人と握手しろ。金は、いっさいかけるな。みんなは、あなたに金があると見ているのだから、逆にいっさい使わないほうがいい。公認があろうがなかろうが、『天下の堀江貴文、自分一人で戦います』という決意が票になるんだ。理解者も、増える。堀江さんの場合は、普通の候補者とちがって、それができると思うよ」

堀江はしばらく考えたあと、言った。

「ぜひ、そうさせてください」

「よし。それじゃ、いまから幹事長と総務局長を呼ぶから」

やがて、武部幹事長と二階総務局長が部屋に入ってきた。堀江の殊勝《しゅしょう》な表情を見た武部幹事長が、飯島に声をかけた。

「いやいや、なんか堀江君、見違えるほど変わっちゃったけど、飯島さん、何をしゃべったんですか?」

飯島は、笑みを浮かべた。

「わたしの仕事は、これで終わりです。あとは幹事長と総務局長にお任せします。お二人と意見が一致したうえで、総理と会い、話が全面的に一致したら、ぜひ会見を開いて、広島に送ってやってください。幹事長、わたしからもお願いします」

堀江も頭を下げた。

「じゃ、そうしよう。明日の昼、党本部に来てください」

堀江は、武部幹事長に申し出た。

「段取りが終わったら、そのあと、テレビ局回りをしたいのですが……」

飯島は、またも眉間に皺を寄せた。

「あなたは、まだ、そんな幼稚《ようち》でくだらないことを言うのか！　なにがテレビ局回りだ。ふざけるな。総理と会ったら、その時点から、無所属の候補者じゃないのか。この飯島を馬鹿にするのも、ほどほどにしろ。総理と会ったら、すぐに電車に飛び乗って、広島に行けばいいじゃないか」

堀江は口ごもった。

「でも、テレビ局が……」

飯島は、堀江を睨みつけた。

「冗談じゃない。そんなことをやるようなら惨敗するぞ。あなたが動けば、黙っていても大勢のマスコミがついていく。そのまま広島に連れていけばいいじゃないか。ドラえもんだかホリエモンだか知らないが、ここにホリエモンあり、で決まるじゃないか」

「すみません、そうします」

飯島は、諭《さと》すように言った。

「あなたなら、黙っていても、勝手にマスコミが何社もついてくる、そんな話題性のある候補はいないよ。無所属でがんばってみろ」

八月十九日午後一時半過ぎ、黒いTシャツにラフな半袖シャツのいつもの「ホリエモン・ファッション」に身を包んだ堀江は、自民党本部で小泉首相と会った、小泉は、息子にでも語りかけるように言った。

「無所属で立つのも青年らしくていいじゃないか」

堀江は、自民党本部の会見場で立候補宣言をした。武部も、会見に同席した。

堀江は言った。

「ホントは他の人がやってくれるほうがいいんですけど、誰もやらないから僕がやります」

無所属での立候補についても説明した。

「お願いしたんです、わたしの方から」

記者たちから、亀井静香についての印象を訊かれ、堀江は答えた。

「一立候補を表明された方という認識しかありません」

堀江は、そのまま広島に飛び立った。

しかし、実際は当時の飯島たち官邸サイドは、候補者としての堀江を「問題あり」と見ていたようだ。

いっぽう武部は、堀江出馬会見後でもあり、もう押し切るしかないという気持ちだった。そこで「公認はしないが、応援する」という変則的な応援スタイルになった。

堀江は、投・開票の結果、八万四千四百三十三票を獲得したものの、残念ながら亀井の前に敗れた。堀江から見て、獲得票数は意外にも少なかった。

亀井は、十一万九百七十九票であった。民主党の佐藤は、六万八千三百六十五票で、比例でも救われずに落選した。前回、亀井に一万六千九百八十二票と迫り、比例で復活当選し、今回は亀井に勝つか、とも言われていたが、結局、堀江に食われてしまった。

飯島は、この結果を見て、天下の公党が支援しても無党派層に手が届かないということを痛感した。

〈無党派層は、やはり無党派層だ。ホリエモンでも、例外ではなかった〉

後に堀江は、平成十八年一月十三日にいわゆる「風説《ふうせつ》の流布《るふ》」などの罪状で逮捕される。

しかし、選挙戦全体を振り返れば、時代の寵児《ちょうじ》だった堀江が、自民党側に乗ったという事実は、選挙結果にプラスに働いたことは間違いない。

〝百から二百〟の間の「快勝」

いざ選挙が始まると、野中広務が操る裏選対が、中川泰宏陣営に対して猛烈な邪魔を仕掛けてきた。何者かに中川のポスターが破られることもあった。

そのような妨害のひとつが、京都新聞の自民党候補一覧である。中川によれば、京都新聞は野中の息がかかった新聞社だという。郵政選挙を控えて、九月九日付け京都新聞の二十五面には、自由民主党の候補者一欄広告が写真付きで掲載された。

候補者一覧は、上下四コマの二段組み、計八コマの升目になっている。左上には、自民党の顔である小泉が、その右に、一区の伊吹文明《いぶきぶんめい》、二区山本朋広《やまもとともひろ》、三区清水鴻一郎《しみずこういちろう》、下段に移って左から、四区中川泰宏、五区谷垣禎一、六区井沢京子《いざわきょうこ》があった。

ところが、最右翼の八コマ目には、自民党公認ではない田中英夫の満面の笑みがあった。あたかも、田中が自民党公認候補のように見える。

それに怒った中川は、京都新聞を問いただした。すると、新聞側は、紙面の構成上そのスペースを広告枠として販売しただけだという。野中の力が働いたと思われるが、なんともいびつな新聞づくりだった。

ちなみに、この候補者一覧の下には、日本広告審査機構であるJAROの広報が掲載されている。「広告のウソ、誇大、わかりにくいなどの苦情を受けつける」というものだ。偶然とはいえ、そのJAROに訴えたくなるような、八コマ目の田中であった。

そのように、中川は、さまざまな選挙妨害に遭遇した。

しかし、そこは元来、向こうっ気が強い男である。「これは絶対、いかなぁあかん！」と、ますます血が騒いだ。後援会も闘志を燃やした。

そんな選挙戦中に、中川は、たえず飯島秘書官に電話をしていた。飯島は、選挙中にかかってくる「あっ、京都の中川です」という美声の電話攻勢にほとほと困り果てた。が、国政初挑戦の中川は、飯島に刻一刻と変わる京都の戦況報告をしないわけにはいかなかった。

「どうしたらええんや？　次の攻めは、どうしたらええ？」

飯島は、的確で、詳細なアドバイスを送り続けた。それは、中川選対に大きく役立った。

また、中川は、情報をもらうだけではなく、飯島に要望や党に対する依頼もした。飯島はそれを受けて、すべて実行した。

中川自身は「一日に五回電話したこともあった」と述懐する。が、飯島によれば、五回どころではなく、十五分置きだったらしい。その頻度たるや、まるで金融業者による取り立てでもここまではというような鬼気迫るものだった。飯島自身も、さすがに仕事にならない。

困り果てたすえ、中川専門の電話担当職員を雇った。が、三日、四日もすると、その職員は寝不足でダウンしてしまった。さすがの飯島も、中川に「もう、電話をやめろ」と音を上げたほどだった。それでもなお、中川は飯島に連絡をとり、飯島も必死の応援を続けた。

八月三十一日、ついに小泉純一郎上洛の時を迎える。第一回目の小泉演説だった。当日、小泉は、京都の烏丸御池《からすまおいけ》の交差点にやってくる予定だった。中川選対は、烏丸御池に陣取り、総大将の到着を待ちかまえていた。二百人の旗部隊が、ひとり一旒《りゅう》、合計二百旒の自由民主党旗を携えて、街宣車の周囲を囲んだ。いまか、いまかと待ちかまえる、中川陣営総勢千人のもとに、午後三時五十八分、小泉は車で乗り付けた。街宣車の階段付近で降りるや、待ちかまえる中川とがっちり握手して、こういった。

「生きているか。がんばれ。もう一度来る」

中川がふと気が付くと、交差点近辺に、なんと五千人ほどの群衆が集まっていた。中川はおどろいた。というのも、野中裏選対のおかげで京都はいびつな選挙戦状況になっていたので、事前に人集めの広告を打っていなかったのだ。それにもかかわらずの大群衆であった。

　中川は、その群衆を見て、過去二回の参院選を思い出した。一年前の平成十六年七月の参院選での、京都小泉劇場は、一万人を集めていた。さらに、その前の平成十三年七月の参院選当時、八木町長だった中川は、自民党の応援に駆り出され、現場で小泉を凝視《ぎょうし》していた。

　当時、野中広務は、まだ京都のドンとして健在だった。参院選という大義もあり、犬猿の小泉・野中のふたりも、一万人の観衆の前ではいちおう仲良く並んでいた。中川はじっとふたりの演説を聞き比べた。

　野中は、こんな話をした。

「地方のためにやる。地方を助ける」

　聴衆には若者も多く、野中の話には、しらけていた。

　ところが、役者交代、小泉登場で会場は一変する。小泉はこう叫んだ。

「みなさん！　痛みを感じてください。少し我慢して、痛みを感じてください」

　その瞬間に、しらけていたはずの若者もふくめ、全聴衆が興奮して「うぉー！」と拍手をしだした。これが、中川が目撃した潮目の変化だった。そして、小泉をつくづく「凄い人やな」と眺めていたものだった。

そのような平成十三年、十六年の参院選の群衆には数ではおよばないものの、告知無しでも五千人を集めるとは、やはり小泉ならではだった。

そして後日、小泉は「もう一度来る」との約束を果たす。初対面の総裁室で「一番でかいハコ」といっていた、例の応援演説会である。

選挙戦終盤の九月六日、リーガロイヤルホテル京都で開かれる中川演説会に、小泉がやって来ることになった。中川は、ハコモノ演説会らしく客層を限定した。

「京都四区だけ、入れよう。あとは、入れるな」

その結果、演説会の日は、大型台風十四号が京滋に近づく悪天候にもかかわらず、四千人もの観衆が集まった。メイン会場に入れない人たちは、隣に借りていた予備の会場にも振り分けられていた。

総大将の再上洛を待ちわびる中川は、メイン会場で前座話をしていた。すると、やおら会場の外が騒がしくなった。

「小泉さんは、今日は来られない。おまえら、帰れ！」

野中陣営による露骨な嫌がらせだった。

ところがそこに、本物の小泉純一郎、まさにその人が登場した。嵐を呼ぶ男が、台風十四号の向かい風などなんのその、岐阜での街頭演説を終えて京都に疾駆《しっく》してきたのだ。

小泉は、午後八時四十一分にホテルの玄関に入って来るや、そこに障害者を見つけ、真っ先に近寄ると握手した。その様子を目の当たりにした周囲の観衆は、どよめいた。そして、小泉は踵《きびす》を返すと、ホテルの階段を一気に駆け上がり、メイン会場を目指した。前座中川とバトンタッチした真打《しんうち》小泉は、熱い話をはじめた。予定外の大演説は、三十分にもおよんだ。

小泉は、演説後メイン会場を飛び出して、隣の会場などにも現れて握手してまわった。そのような小泉首相の強力な応援を得て、選挙戦の終盤のポイントで一気に勢いがついた。

いっぽう、中川は中川で、独自の努力も怠らなかった。中川選対は、中川の選挙チラシをもって選挙区の四十万軒を歩いてまわった。しかも、それは京都の市内を重点的に狙い、とりわけ右京《うきよう》区、西京《にしぎよう》区に絞って歩いた。中川は、戦略を立てた。

「自分の田舎も、捨てよう。野中は、田舎が強い」

あえて、野中と対等には農村部を狙わず、都市部である右京区と西京区で勝つことを考えた。JA京都の会長でもある中川には、その立場ゆえ逆に、都市部攻略を鮮明に打ち出せたともいえる。

「田舎は捨てろ。おれの名前を知っているひとは、入れてくれる。いまさら説明しても間に合わない。八木の町は、おれの名前を書いてくれる。よそは、書いてくれない。放っておけ」

戦略的に、選挙活動を都市部に絞った結果、右京区にふたつの事務所を構えることにした。そのうち、一ヵ所は看板を上げさせなかった。いわゆる秘密選対だ。

なぜ、秘密選対なのかといえば、平成十四年四月の京都府知事選出馬での手痛い失敗の教訓があったからだ。府知事選のときに、敵の山田啓二を支える野中裏選対は、中川選対にスパイを入れてきた。スパイは票数情報を敵陣営に漏らした。そこで、中川は、今回の郵政選挙では、秘密選対が必要だという考えに至ったのだ。

秘密選対は、八木町関係者や農協関係者といった中川直属の部下のみで固めた。さらに細心の注意を払い、秘密選対の事務所への車での乗り入れを禁じ、電車で通わせた。そこは、中川の家でもあった。大きい家屋ではあるが、三百人を超えるスタッフが入ると、床が抜けそうになった。電話を五十台ほど設置し、パソコンを傍らにスタッフは毎日電話攻勢に励んだ。

野中陣営が、秘密選対の存在に気付いたのは投票日の二日前の九月九日だったという。いわゆる秘密選対とはいえ、正式に登録してあるので法律上なにも問題は無い。

いっぽう、表向きの選対である三条選対本部もまた、人がごったがえしていた。ワンフロアーが十坪ほどの床面積であり、そのビル五階すべてを合わせても、延べ床面積五十坪ほどの小さな事務所だった。が、そこは、いわば「遊び場」を提供するという程度に割り切っていた。

そのように中川は、都市票を重点的に掘り起こした。結果、右京区、西京区での手応えはかなり高かった。それは、決死の戦いであり、薄氷を踏むような心理戦でもあった。

いっぽう小泉首相は、投票日前日の九月十日午後八時、東京に戻って、最後の箱もの演説をやった。やはり小泉の吸引力はすごかった。山﨑裕人秘書官は最後の演説を見て、ますます「勝てるだろう」との意を強くした。

小泉人気もさることながら、飯島の気合いの入り方が尋常ではなかった。飯島は事実上、自民党選挙参謀長であり、じっさい自民党の幹事長控室に陣取っていたのだ。とはいえ、小泉を間近に見ていた山﨑秘書官といえども、自民党のあれほどまでの大勝を予想することはできなかった。

九月十一日、衆院選京都四区の開票結果は、中川泰宏が七万五千百九十二票。田中英夫は七万五千二十六票。その差、わずかに百五十六票だった。中川陣営では百五十六票をもじって「イチコロやぁ」と笑みがこぼれた。

自民党総裁室でも、小泉総裁、武部勤幹事長、二階俊博総務局長、元宿事務総長、そして飯島勲秘書官たちがそろって、NHKの開票速報に釘付けになっていたところに、京都四区の結果が映し出された。一同、顔を見合わせ驚いた。

「ほんとうに、百から二百の間じゃないか！」

飯島と初対面のときに、中川が予想していた得票差が「百から二百の間」だったのだ。

そのとき、京都の中川選対では、勝鬨《かちどき》の声をあげて後援会の仲間が、中川のもとに走って来た。が、中川はそれを遮《さえぎ》り、携帯電話を取り出して、ここ二週間ほど十五分おきに電話していた相手に連絡を入れた。

東京でNHKを見ていた飯島の携帯電話が鳴った。ついさっき当選したばかりの中川本人からだった。飯島はおどろいた。ふつう候補者は、当選したら真っ先に後援会長などの地元へのお礼に忙殺《ぼうさつ》されるものだ。が、中川は、即座に飯島に電話してきたのだ。

飯島は、小泉に携帯電話を渡した。小泉は、中川が読んでいたとおりの「辛勝」を称えた。

「良かったな。百から二百の間だから、『快勝』だな」

この僅差《きんさ》ぶりを見るにつけ、小泉による二回の応援演説がかなり効いたといえる。もしも、小泉が京都に二回入っていなかったら、負けていたかもしれないのだ。中川自身も、それを認める。

しかし、中川以上に、小泉と飯島のふたりにとっても、それは斯界《しかい》の慶事だった。なにしろ、宿敵、野中広務の鼻をあかしたのだ。

いわゆる「刺客」を擁立して、有権者に「郵政民営化」の賛否の選択肢を与える戦略は大成功だったといえる。自民党は、絶対安定多数である二百六十九議席を大きく上回り、二百九十六議席を獲得した。公明党が三十一議席で与党は三百二十七議席であった。

野党第一党の民主党は改選前から六十四議席を減らす百十三議席で惨敗。これを受けて代表の岡田克也は、引責辞任した。

この結果が、由木参事官にはうれしかった。参事官の仕事は総理のやりたいことを実現することだ。そのために官邸にいる。うれしくないわけがないではないか。

「飯島機関」が成功させた選挙区対策

中川泰宏の当選にもっとも驚愕したのが、JA全中の山田専務理事と、農水省の石原事務次官である。

中川当選後のある日、山田は、梨《なし》を六個持参して秘書官室の飯島を訪ねた。

「大変な事態で、『おめでとう』といっていいのかどうか……。中川JA京都会長が当選して、いやあ、どうしていいのかわからない」

飯島は、あっけらかんとこう応えた。

「だって、あなたが推薦人じゃないですか」

山田は唖然《あぜん》とした。

「わたしが推薦人？　あんなことをいって？」

中川の公認に猛然と反対したのが、山田だった。山田は、自身が推薦人だとはまったく腑に落ちない。飯島は、静かに説明した。

「あんなことをあなたがいわなかったら、中川さんに電話をしていないですよ」

ＪＡ幹部である山田による中川への罵詈雑言《ばりぞうごん》は、中川の持つ毒の殺傷能力の証左になっていたのだ。仮に、山田が「あの人はいい人ですよ」といったら、飯島は中川に会っていなかったのだ。山田の「やめてくれ」が、最大の推薦になった。また、その推薦は、小泉に「それは、会え」といわしめたのである。

山田は呆然とした。

「推薦人ですか……」

山田は、二の句が継げずにいた。飯島は、さらにこう続けた。

「だけど、本人にも、それは話しましたから」

「えッ！　話したんですか……」

山田は、さすがに顔面蒼白《そうはく》だった。そして、飯島はおもむろに携帯で中川に電話をかけた。

「ああ、中川先生、いま、あなたの推薦人の、『頼むから中川だけはやめてくれ』といった山田専務が梨を六個ぐらい持ってきていますから」

電話の向こうの衆議院議員は、こう洒落《しやれ》て返した。

「じゃあ、わたしは、梨を八箱ぐらい届けます」

飯島は、「専務にかわります」というと、携帯電話を山田に渡した。山田は、ぱっと立ち上がり、直立不動で電話に出た。その全身から汗が吹き出していた。

その山田が秘書官室を出てから数時間後、今度は、農水省の石原事務次官が飯島のもとを訪れた。石原は、神妙な顔をしてこう切り出した。

「いやあ、覚悟はしていますけれど、今日、官房会議で、幹部を全部呼んで、いましゃべってきました」

「何をしゃべったんだ？」

「この度、ご存知のように、京都の中川候補が当選した。ついては、これから粗相《そそう》のないようにしなければいけないが、何の材料をもって攻められるかわからない。覚悟をしたうえで、対応しなければならない。大変な事態が起こるから、心してやっていただきたい」

すると、石原に対して、幹部たちからこんな質問が出たらしい。

「次官にもし、何かがあった場合は、どういうふうに対処すればよろしいのですか？　教えてください、対処法を……」

一同シーンと静まりかえって耳を澄ました。石原は、こういった。

「わたしの対処法は、何かあったら即座に、飯島秘書官に駆け込みます」

すると、場内爆笑となったというのだ。そして、石原は「いまから会いにいって来る」とその場から、飯島のもとにやってきたのだ。

苦渋の表情を浮かべる石原に、飯島はこう慰めた。

「だけど、中川議員が怒るわけはない。なにしろ推薦人はあなただから」

「わたしですか?」

「次官がいった、『あの中川さんだけは、頼むから止めてください。毒どころじゃない』という言葉が、最大の推薦なんだ」

石原は怯え切って声も出なかった。飯島は、こうつけ加えた。

「それを、中川議員にも伝えた。また、小泉総理が、『最高の推薦人』だといったから」

「いったんですか!」

「だから、一番先にあなたのところに報告に行くはずだ」

「はぁ……」

石原の震えは止まらなかった。飯島はふたたび中川衆議院議員に電話した。

「あなたの推薦人の、事務次官が来ているけれど」

そして、飯島は、茶目っ気たっぷりに、石原にいった。

「上京して、バッジをつけたら、次官室に最初にあいさつに行くって」

飯島は、携帯電話を石原に渡した。石原は、山田と同じように立ち上がった。

「イシッ……、イシハラです……」

当選後も中川は、時間があれば毎日のように官邸に通っていた。町長経験者の中川だったが、国政についてはまったくの素人だ。そこで、なにかにつけて飯島に教えを乞うた。そこが、中川ならではである。ほかの一年生議員は、さすがに官邸に行くことははばかれた。が、海千山千《うみせんやません》の中川のツラの皮の厚さは、一年生のそれではなかった。

中川があまりに日参するので、さすがの飯島も怒って「邪魔《じゃま》だ」と一喝《いっかつ》した。が、それにもめげずに通い続けた中川の胆力こそが、出色である。飯島も、そのしつこさに呆れると同時に、なかば愛着をもって中川を眺めるようになった。

ふたりの息は、不思議とぴったり合っているようだ。中川によれば、飯島の持つ不良少年性と、自身の持つそれが符合《ふごう》するのだともいう。

中川は足が不自由だが、どんな状態でも、絶対に人の手を借りない。車椅子を使わずに、ずっと立っている。選挙中でも、足が不自由なことを武器にして「一票をください」とは訴えない。そこが、飯島の好きなところだ。

当選後、中川は、飯島に言った。

「障害福祉の関係で、一所懸命がんばりたい」

飯島は、知り合いの厚生労働省の役人をすべて中川に紹介した。しかしそうかといって、中川は、選挙区では障害福祉を武器にしない。なぜなら、選挙民から「自分が足が悪いから、やっているんだな」と見られるのが嫌なのだ。そういう点も、飯島と相通じる。

飯島は、中川に「何でも、言ってくれ」と言っている。

飯島は、中川にさまざまな知恵を授けてもいる。

そのひとつに選挙区対策がある。飯島は、中川に当選後、まずこう忠告した。

「まず、地元の行政機関の面倒を精一杯見ろ。いろんな要望はできるだけ叶えてやれ、それがいちばん大事だ」

飯島ならではのアドバイスだった。小泉が地元横須賀とは疎遠《そえん》でいられるのも、飯島が秘書として一身に、政治家顔負けの地元対応を懸命にやってきたからなのだ。国会という中央の舞台で、口先ばかりの丁々発止《ちようちようはつし》をやっても、一年生議員の地盤固めにはならないものだ。

中川が官邸に通い詰めたとき、飯島はたくさんの官邸スタッフを紹介してくれた。それが、いまの中川の地元対策においても一番の宝だという。

チーム小泉の参事官たちが、飯島部屋を訪れるたびに、飯島は、秘書官室の隣のいわゆる喫煙部屋に潜んでいる中川を引っ張り出して、紹介した。

「これが、中川泰宏だ。野中と戦った男だ」

そのように紹介された人脈が、ハイレベルかつ膨大、さらに即戦力だった。つまり、地元からの陳情には、抜群の力を発揮した。また、地元に帰ってからも話のネタに困らない。官僚から直接に、時流の勉強をさせてもらえるのだ。とくに坂篤郎《さかあつお》官房副長官補の話は勉強になったという。

かつて野中広務議員時代には、地元で語る話題といえば、「あいつが悪い」という政局の悪口ばかりだった。しかし、中川は「いまから、こう変わりますよ、世の中は。ここは、こう来なぁあきませんよ」という話ができる。そのように、飯島人脈は、とにかく情報量が違う。

飯島もまた、一年生議員に対しては情報面のケアを重視している。一年生の面倒を見て、次に彼らを当選させなければいけない。そこで、ふつうでは入手できないような新鮮な情報を流しているという。その情報網は、もはや「飯島機関」と呼ぶべきかも知れない。

中川の選挙区対策は、いわば飯島機関のおかげで成功しているようだ。

二　実践・飯島流危機管理術

靖国神社で私的参拝を印象づける

中国は、平成十四年四月十九日、二十日のボアオ国際会議に、各国首脳が出席する条件として小泉の出席が最大の希望であった。飯島によると、その状況を知った小泉は、外務省他の反対を振り切って出席することになった。当時、各国が脅威を感じていた状況下において、小泉は「中国は脅威ではない……」と持論を述べ、中国政府の心境は複雑であった。

四月二十日に帰国し、翌日の四月二十一日の朝、小泉は、飯島に指示した。

「今日、春季例大祭の靖国神社を参拝する」

それでもなお、中国当局者は不満を漏らした。

「時期をずらせばよいわけではない。われわれ中国人民の心を傷つけることに変わりはない」

翌年の平成十五年一月十四日午後二時、そのときも小泉首相はできるだけ宗教色を排する形で参拝した。たとえば「二拝二拍手一拝」という神道形式にとらわれず、本殿で一礼するのみという様式をとった。

実は、過去二回にわたっては、参拝後に談話を発表していた。が、この年には、談話すら出さず、あくまでも、私的参拝を印象づけた。それでも中国は反発し、中国外務省の楊《よう》文昌《ぶんしょう》次官は、阿南惟茂駐中国大使を呼びつけて抗議した。

「三月に全人代《ぜんじんだい》で新たに選出される胡錦濤《こきんとう》新国家主席は、小泉首相と会わないだろう」

平成十六年一月一日に小泉は、参賀で皇居に行ったその足で「初詣《はつもうで》」という方式で靖国神社を参拝した。

そのように、小泉首相は毎年、参拝日を選んだ。

平成十七年十月初旬、飯島が、警察庁から来ている山﨑裕人秘書官に声をかけた。

「白い鳩でも、見に行こうか」

それはすなわち「靖国神社にふたりで行こうか」ということだった。ふたりは、靖国神社に到着したものの、靖国神社側に正式な参拝日を伝えることはなかった。

山﨑に後日わかることだが、平成十七年十月十七日の参拝様式は、それまではとまったく違うものだった。山﨑の前任である小野次郎秘書官がある意味「理想」としていた、一般参拝者と同じルートでの参拝である。

鳩を見に行ったときには、山﨑は、「参拝が近いな」と感じるのが精一杯で、その斬新な参拝方式については聞かされていなかった。

そのとき、飯島が特にこだわったのは報道対策だった。報道カメラの位置から計算して、小泉首相にどこをどう歩いてもらったらベストか。そこで飯島は、じっさいに参道を歩いてみた。正式参拝のように、到着殿に政府専用車を着けるのではなく、第二鳥居から歩くという想定からシミュレーションは始まった。第二鳥居から参道を通り拝殿で参拝するまで、何メートルあり、何分ぐらいかかるか。飯島は、まるで測量技師のように「距離」と「時間」を精密に計測していった。

一般的には一週間ほど前から、参拝に向けて準備をするものだと思われている。が、山崎によればそれは違う。平成十七年十月十七日早朝、小泉はその日の参拝を決意していた。

いっぽう山崎も、「白い鳩」を見に行った時から、来るべき参拝予定日をそこはかとなく嗅ぎ取っていた。山崎は、警備担当で内政担当の秘書官である。小泉首相の靖国参拝にはかならず随行するので、事前の準備が必要だ。とはいえ、小泉自身の最終決定から十分な「事前」準備の時間は与えられなかった。参拝日の早朝に飯島の口から「二時間でやれ」という指示が、山崎に告げられたのである。

山崎は、さっそく警視庁に当日の靖国参拝の旨を伝えた。ＳＰの配置やテロ対策も考えなければいけない。警視庁側に対しても注意を喚起《かんき》した。

「テロのようなこともあり得るから、覚悟して準備しておくように」

ただし、具体的な警備方法は警視庁に一任していた。

当日は、特別に「人払い」はしなかった。山崎にとっても緊張を強《し》いられる場面である。

いっぽう靖国神社側に対しても、正式な参拝予定時刻を告げることはなかった。神社側は、小泉参拝の二時間ほど前から、警備陣と報道陣が一気に神社の敷地を埋め尽くす様子を見て、小泉参拝をうかがい知るという具合だった。

十月十七日午前十時、政府専用車は、第二鳥居の前で停まった。そしてスーツ姿の小泉首相は降車すると、一般参拝者と同じ経路で拝殿に向かった。拝殿前で賽銭《さいせん》を投げると、そのまま踵《きびす》を返した。

そのシーンは、テレビで繰り返し何度も放送された。「秋の例大祭」は、すでに終わっていた時期でもあり、それまで続けていた献花すらしないというように、宗教色がきわめて薄かった。その参拝方式は、国民にも賛否両論があった。山崎秘書官は、賽銭を投げ入れた小泉首相の姿を見て、こう思っていた。

「できれば、そのまままっすぐ突き抜けて、拝殿から本殿に上がって参拝ができたらいいのにな」

しかし山崎が、後日靖国神社側にそれを確認したところ、拝殿前には賽銭箱が置いてあるので、拝殿から入って本殿に行くことが物理的にできないということだった。本殿で参拝するためには、やはり正規のルートで行くほかは無いのだ。

緊張感がない安倍内閣の閣僚たち

小泉内閣と安倍内閣には大きな違いがある。

閣議とは、内閣の職権行使に際して、内閣総理大臣が主宰し、その意思を決定するため開く国務大臣の会議で、毎週火曜日と金曜日の午前中に開かれる定例閣議と、必要に応じて開く臨時閣議がある。

飯島には、この閣議で内閣の精神構造が分かる。小泉内閣時代、小泉が部屋に入ると、閣僚はみんなピリッとなった。普通は、以心伝心でそうならなければいけない。

たとえば、会社でも、社長の車を見れば業績がわかる。いつも車がピカピカに磨かれているのであれば、社長はしっかりしていると思っていい。だが、車が汚れていれば、運転手はだらしないということになる。社長が、そんな車に平気で乗っているのであれば、会社も、その程度だと飯島は思う。

安倍内閣では、閣議の前のカメラ撮りのとき、安倍総理が部屋に入ってきたのに、私語をやめない閣僚がいた。また、安倍首相が椅子に座る前に座ってしまう閣僚もいた。

安倍の前では、閣僚たちに緊張感が無い。内閣総理大臣という重さに、みんな気がついていない。

瞬時の判断がものを言った雪害対策

平成十七年の年末は、大雪が降った。年越しの雪害を心配した飯島秘書官は、たまたま官邸に来た武部勤幹事長に伝えた。

「党は党で、政府は政府で、雪害対策に対して万全を期して休みに入ってください」

御用納めである翌十二月二十八日には、政府と与党との雪害対策の会合を開いた。

防災の際には、飯島ならではの瞬時の判断が光った。丹呉たち役人であれば、手続きをもう少し詰めなければという慎重姿勢が先立つものだが、飯島による指示は迅速だった。と同時に、総理が現地に行くタイミングの見極めもまたはっきりしていた。

飯島は、事前に自然災害の対策に動いた。たとえば、豪雪の対策だ。普通、官僚は「今年の冬は、豪雪で大変なことになる」と予測していても、実際には災害が起きてから対策本部を作る。が、小泉内閣は、その前に指示した。

「明らかに、豪雪の被害は相当出るだろう。正月休みに入る前に、対策を練るようにしろ。新年になってから、死者が何名出た、では話にならない」

統括官が反論した。

「いやぁ、そんなことを言われても、先例がありません」

飯島は、語気を強めた。

「国民が被害の状況を見たら、どう思うんだ？　たとえば、除雪作業をどうする。あるいは、それに対する予算が無くても、かならず国のほうは裏補償する。金もないのに、借金をするわけにはいかないから、そういう面で、どうするか。あるいは、救援隊をどうしたらいいか。あるいは、防災の物資は、どうしたらいいか。協力体制、国の関与、情報。これを事前にやるのが政治だ」

飯島は、統括官の反対を強引に押し切り、きちっと処理し、成果をあげた。これには、警察庁から出向してきた山﨑秘書官も、おどろいた。飯島は思う。

〈仮に、豪雪対策としての準備や裏補償などをしていなかったら、内閣の支持率も下がり、大変だっただろう〉

官邸では、そのような会合が毎週のようにおこなわれた。飯島には、気の休まるときが無かった。

総理の所望した背番号

平成十八年三月二十日、米国で開かれていた野球のW杯とでもいうべき「ワールド・ベースボール・クラシック」（ＷＢＣ）において日本代表が決勝戦でキューバを十対六で下し優勝した。野球のワールドカップで「初代世界一」に輝いた。そのころ官邸とＷＢＣ事務局との間で、「小泉首相が日本代表を祝う」という計画が水面下で進んでいた。小泉首相が官邸で、選手たちをねぎらうというものだった。ＷＢＣ事務局から、こういう提案があった。

「日本代表のユニホームを小泉首相用につくって差し上げます。ついては、背番号は何番がいいですか？」

それを受けて、丹呉泰健秘書官が小泉首相に確認を取りに向かった。すると、小泉はこういった。

「十八番だな」

小泉純一郎の誕生日は、一月八日だ。その席には、飯島はいなかったが、その直後、山﨑は飯島を見つけるや、すかさずこう訊いてみた。

「総理は、背番号何番がいいと言ったと思います？」

飯島は、まるで自分の子供の年齢を問われた母親であるかのように、言ってのけた。

「十八かな」

山﨑は「ああ、すごいな」と感心し、同時にふたりの以心伝心ぶりに舌を巻いた。それを脇で聞いていたほかの秘書官たちも「いやぁ、さすがですね」と目を白黒させていた。

そのように水面下では、日本代表による官邸への優勝報告計画は進んでいたものの、プロ野球がシーズン入りしたこともあり、頓挫《とんざ》した。日本代表が官邸に来る時期が、シーズン終了後に変更された。

しかし、その年の九月で小泉首相自身のシーズンが終了してしまい、代わりに安倍首相が日本代表を労《ねぎら》うことになったという顚末だ。

そのようなわけで、日本代表の背番号「十八」は、幻のユニホームになってしまった。

普天間移設をめぐる攻防

米軍普天間《ふてんま》飛行場（沖縄県宜野湾《ぎのわん》市）の移設案をめぐる同県名護《なご》市との修正協議について、防衛庁の守屋《もりや》武昌《たけまさ》事務次官は、平成十八年四月三日、「交渉にならない」と述べ、進展がなければ協議を打ち切る可能性を示した。滑走路の角度変更など防衛庁の主張する「微修正」案に再び態度を硬化させている名護市の対応を批判したもので、在日米軍再編の中間報告に明記した地元同意を断念する恐れも出てきた。

普天間飛行場を名護市のキャンプ・シュワブ沿岸部に移設する案（沿岸案）の修正に関し、額賀《ぬかが》福志郎《ふくしろう》防衛庁長官と名護市の島袋《しまぶくろ》吉和《よしかず》市長は、三月二十一日以降、計四日間にわたって協議した。

次回協議の日程も決まっておらず、島袋市長は三日、記者団に「(政府の提案が）いくらか変われば（協議が）開かれるだろう」と述べ、防衛庁がさらなる譲歩案を提示しなければ協議に応じない姿勢を表明した。さらに、普天間飛行場の代替施設の建設場所を海側に大幅修正することも改めて求めた。

これに対し、守屋事務次官は記者会見で、修正協議の経緯を説明し、島袋市長の主張に反論した。それによると、先月二十六日の協議で、額賀長官と島袋市長は基本方針を文書で整理した。文書の内容は（1）防衛庁は政府案を基本に住民の安全、環境保全、実行可能性に留意することを提案（2）名護市は辺野古《へのこ》、豊原《とよはら》、安部の三集落の上空から飛行ルートを回避させる措置を要請（3）双方の意見を尊重し、速やかに結論を得る——というものだ。

その際、島袋市長は飛行ルートを集落上空から回避させる防衛庁の「微修正」案を念頭に「名護市の考え方をまとめていいか地元で聞く必要がある」と即座の同意は保留したという。守屋次官は「誠実な答えを待っている」と強調、「微修正」案への名護市の考え方をまず提示すべきだと指摘した。

島袋市長の対応について、防衛庁首脳は「飛行ルートを住宅地上空から回避させることで合意しようかというところまでいったが、市長は地元に帰って話していることが違う。二枚舌だ」と厳しく批判。「交渉を引き延ばすのであれば、決心せざるを得ない」と、島袋市長の今後の対応次第では修正協議を打ち切る考えを示した。ただ、地元同意の取りつけを断念すれば、米政府が不信感を強める可能性がある。

飯島は、この文書を見て、官邸の山﨑秘書官に憤然と言った。

「市長は、何を考えている！　三項目うたったって、知事は、これを、あとで絶対おかしく発言するぞ。そのときの想定問答が、何も出来ていない」

案の定飯島の言ったとおり、四月七日朝九時のテレビで、額賀防衛庁長官と沖縄県知事が発言した。県知事は、飯島の指摘どおりの「代替施設の建設場所を海側に大幅修正するように」との発言をしたのである。

首相官邸のなかは、大騒ぎとなった。

「知事を額賀長官に会わせるな。名護市への振興策を十分に考えているのに、ふざけるな」

いったんふたりを会わせるのを止め、知事が十分に納得してから会わせることにした。

飯島は、事務秘書官らに訊かれた。

「なんで、秘書官は、あそこまで読むことができたんですか?」

飯島は答えた。

「文書と言うのは、上位概念的な単語か、下位概念的単語か、これを法令上どういうふうに考えたらいいか、ということだ。言葉も、行政だ。官僚が、そういうことを考えた場合、冷静に、的確に、どうやって判断して処理するかというのが、仕事じゃないか。そのために特命チームや秘書官も力を貸してもらっているんだろ。こっちは異能なんだから、そういう裏を読みこんで判断しなくてはならない」

この日の朝のNHKなどマスコミは、滑走路の角度を反時計回りに十度ずらす微修正で決着か、と報じていた。

四月七日午前、普天間飛行場の移設をめぐる額賀福志郎防衛長官と島袋吉和名護市長との会談が防衛庁で始まった。

島袋市長は、名護市市役所の末松文信《すえまつふみしげ》助役が主張しはじめた案に、あくまで固執した。

「政府の沿岸案では、固定翼機などの飛行ルートが三つの民家の上空を通るため、なんとしても海側にずらしてほしい」

しかし、海側にずらせば国の天然記念物ジュゴンの生息に影響して抗議活動が再燃する。

飯島は、額賀長官と島袋市長との協議が休憩に入ったとの知らせを受けるや、その日午後一時ごろ、首相官邸を抜け出し、ホテルオークラに向かった。

その日の午前、飯島は深山参事官にこう告げていた。

「おれ、今日の午後、アメリカ大使館の人とお茶飲むんだ」

「ああそうですか、ひとつよろしく」

深山は、なにげなく聞き流した。よもや喫茶店で本格的な日米会談がおこなわれるとはゆめゆめ思っていなかった。

深山はどういうわけだか、その日の朝から左ひざが痛くて、まともに歩けない状態だった。午後には飯島が喫茶店に行って、官邸からいなくなるのをこれ幸いと、世田谷区三《み》宿《しゅく》にある自衛隊中央病院に予約をとり、車で三宿に向かった。

しばらく走ると、飯島から携帯に電話があった。当日は、普天間基地移設先の辺野古滑走路の調整が防衛庁と名護市の間で大詰めの協議に入っていた。もちろん、飯島が会食しているだろう米国大使館員というのも、陰の当事者である。

そこで飯島は、深山に頼んだ。

「話のわかる防衛庁の人間に、あたりをつけてくれ」

深山は、守屋事務次官に電話をかけた。守屋は、「じゃ、誰か適当な者を出すから」と応えた。

しばらくすると、飯島から連絡が入った。

「ところで、きみは何をやっているの?」

「いやあ、ぼくはこれから医者に行くところです」

「そうか。でも、きみがいなきゃこちらとコンタクトできないんじゃないか?」

深山は、病院行きを断念した。

〈まあ、そりゃそうだなあ〉

病院に到着するやいなや、踵《きびす》を返してタクシーに乗るとホテルに向かった。ホテルに着いてから、いくら探しても、指定された喫茶店が見つからない。急いで、飯島に電話をかけた。

「いま、ホテルニューオータニに着いたんですが、お店が無いんですけど」

「違うよ、オークラだよ」

「えっ! オークラですか?」

緊急事態に慣れているはずの深山でさえも、さすがに気が動転していたようだ。

深山がホテルオークラの五階にあたる正面玄関を入って突き当たり右側にある欧風料理店「オーキッドルーム」に到着すると、そこには飯島が待ちかまえていた。そこは平場で、衝立《ついたて》のようなもので囲まれたスペースだった。

日本側のメンバーは、飯島勲秘書官、深山延暁参事官、そして三人の防衛庁職員という五人。いっぽう米国側は、メイヤー安全保障部長、メイヤーの上司であるメザーブ参事官、公使、メイヤーの後任、女性スタッフ、若い書記官の五人だった。

そこで飯島は、守屋、額賀らと極秘で考えていた「V字型案」について打ちあけた。

「辺野古などの集落上空の飛行を回避するために、これまでの案の一本の滑走路を、二本に増やし、V字型にするんだ。上方の滑走路は、着陸用、下方に増設する滑走路は、離陸用となる」

衝立の向こうには、一般客もいる。そういう場所で重要な話し合いがおこなわれた。

飯島は防衛庁の土木課長とも携帯電話で、相手に電卓を叩かせながら、やりとりをした。

「V字型のこっちを五度上げて、いっぽうを七度下げると、ちょうど住宅にぶつからないはずだ」

飯島は、アメリカ側にも納得させるために、メイヤー安全保障部長に通訳させ、アメリカの国務省にいるアジア・太平洋担当のローレンス国防副次官とも話し合った。

アメリカ側にも、V字型を了承させた。

飯島は、守屋次官に電話を入れ、発破《はっぱ》をかけた。

「守屋さん、がんばれ。あとはすべて総理が責任を持つから。自分がやっていることは、総理大臣がやっていることだと、自信を持ってV字型案をすすめて下さい」

守屋次官は、防衛庁内でも、若い会計課長以外には、本音を伝えていなかったであろう。それほど超極秘で進められていたのだ。担当課長も、世界一周のマイレージがたまるほど日本と米国防総省を何度も往復していた。その会計課長は、守屋に人生を賭けていたのではないか。深山は、おどろいた。

〈こういう大事なことがこのような場所で、しかも携帯を通じて決まっていくんだ……〉

額賀福志郎防衛庁長官と沖縄県名護市の島袋吉和市長は、それから、防衛庁で米軍普天間飛行場（宜野湾市）の移設案修正をめぐって再協議した。防衛庁は、滑走路をV字の形で二本設置する新たな修正案を提示。市側もこれを受け入れ、ようやく合意に達した。

普天間移設問題が事実上、決着したことで、在日米軍再編に関する米政府との最終合意へ向け、大きな障害が取り除かれることになる。

額賀長官と島袋市長は、修正に関する基本合意書に署名。合意書は（1）（米軍機の）飛行ルートは辺野古、豊原、安部の三地区の上空を回避（2）周辺住民の生活の安全、自然環境の保全、実行可能性に留意――と明記した。

合意後、共同記者会見にのぞんだ額賀長官は、説明した。

「名護市と周辺町村の要望を満たすため、二本の滑走路を使い、環境面や実行可能性も追求した」

島袋市長は、強調した。

「住民の上空を飛行しないとの原則を曲げずに主張し、合意に達した」

Ｖ字型滑走路案は、コペルニクス的転換となった。

合意を受け、小泉首相は、この夜、首相官邸で記者団に「良かった……」と語った。

四月八日の新聞では、防衛庁と名護市の合意に対して、米国防総省当局者側も「前向きな動きだ」と歓迎したと報じている。それもそのはず、飯島のほうが米国を「前向きに」しむけたのである。

インテリジェンスの頂点も驚く飯島の危機管理情報

山崎裕人秘書官は、危機管理担当だ。所管する省庁は、防衛庁、警察庁、国家公安委員会、法務省、内閣府、内閣情報調査室である。したがって、山崎は国内外の危機管理情報を掌握する立場にあった。外国情報の一部は、外務省出身の別所《べっしょ》秘書官と競合する場面もあったというが、一も二もなく危機管理情報とは、山崎秘書官の専門分野だった。

危機管理担当は、気が休まるときがない。二十四時間つねに、緊急時に対応しなければならなかったが、山崎としては、それが醍醐味《だいごみ》だったという。

平成十八年七月五日、北朝鮮ミサイル発射事件が発生したと、防衛庁から山崎の携帯電話に連絡が入った。ミサイル発射の第一報である。山崎はさっそく、飯島秘書官に連絡を入れたが、飯島は飯島で情報入手が早かった。マスコミや外交筋からすでに飯島の耳にミサイル発射情報が入っていた。

山崎の仕事は、情報を取ることだった。また、飯島と山崎は、いつ小泉に官邸および危機管理センターに入ってもらうのかを協議した。山崎は、その時の飯島の姿を見て、「その危機管理能力がすごい」と思った。とかく危機管理の専門家は、ミサイルそのものにだけ目が向きがちだが、飯島にはそれ以外の事件全体が見えていた。とくに永田町全体の反応を把握していたという。

危機管理情報の獲得にあたって、山崎は内心で飯島をライバルだと見立てていた。山崎は、飯島に情報競争を挑むような気分で情報収集を楽しんだという。

情報を扱う仕事では、「おまえ、これ知ってるか?」と訊いて、相手が「知らない」と答えれば、内心「勝ったな」と満足するものだ。いわゆる「インテリジェンス」の頂点である山崎の耳には、飯島がつかんでない情報も入ってきていた。

と同時に、山崎が「なぜ飯島が、この情報を知っているのか!」と驚くことも多々あったという。山崎は、飯島の情報源が、マスコミのみならず外交団ルートなどにも存在していたと見ている。そんな飯島ならではの情報をプラスして、はじめて事件の全体像が見えてくることもあった。

飯島がつないだ自衛隊軍事基地

イラクのサマワに派遣された陸上自衛隊は、平成十八年七月に撤収した。が、航空自衛隊は、まだクウェートで物資輸送している。

じつは、中東のある国に、米軍と自衛隊の大掛かりな軍事基地があるが、公表しない約束でその国から基地の提供を受けている。

外務省は、その基地提供の調印を二年間、怠《おこた》っていた。協定を結ぶのに、英語と日本語とアラビア語でやる。英文はもうできており、それを先方の国防大臣と日本の防衛庁長官が署名すれば成立するが、表現もしくは解釈の問題で、アラビア語三文字の訳し方がおかしいと、二年間もほったらかしてあった。

突然、その国の政府は、「もう基地は貸さない」とついにケツをまくった。

その国に、空輸支援する日本側の人数が相当数いないと、クウェート経由の輸送ができない。ところが、その担当職員のビザが更新されず、国外退去を余儀なくされた。人がいないため輸送支援ができなくなってしまった。

それを、読売新聞が嗅ぎつけた。

大野功統防衛庁長官も、なす術がなく、ぎりぎり重大な事態になりそうになったときに、飯島は、日ごろから付き合いのあったその国の大使のもとに赴き、

「なんとかしてほしい」

と頼んだという。

この問題は、二時間半で片がついた。先方も小泉を信用し、ビザを即日発給して収めてくれ、ようやく輸送支援ができた。その飯島とのパイプがなかったら大変なことになっていた。

長野県土砂災害と知事選

平成十八年七月に豪雨による長野県土砂災害が起こった。長野県内で死者・行方不明者十一人という大惨事であった。

飯島は災害が起こったとき、現場の状況を見極めて防災相を現地に送ることを何よりも優先する。「政府与党はみなさんのことを見守っていますよ」というメッセージを被災地の人々に伝えることは、非常に大事なことだと考えるからだ。

政治家の視線がきちんと届いていることを確認できれば、現地の人はそれだけで安心できる。そんな飯島が災害発生時に最も忌《い》み嫌うのは、対応が後手後手に回ってしまうことである。

七月二十一日、沓掛哲夫《くつかけてつお》防災担当大臣が視察したとき、長野県は、知事選の真っ只中であった。田中康夫《たなかやすお》知事は、三選を目指して立候補し、自民党は、元代議士で、小泉内閣発足当時の防災担当兼国家公安委員長の村井《むらい》仁《ひとし》を推薦した。現職の知事である田中は、県の防災責任者である。が、田中知事の横に沓掛防災大臣がいたら、選挙運動ととられて報道できない。村井も、沓掛大臣を選挙運動に使えない。

そこで、飯島は、益田《ますだ》内閣府防災担当統括官を秘書官室に呼び、時刻表を見ながら、いろんな想定を考えた。

「沓掛大臣が駅に着いたら、村井さんだって政治家だし、田中さんもああいう知事だから、間違いなくホームに来るだろう。が、今回は、大臣といえども、バス一台で岡谷《おかや》に入らせる。分かったな」

午後零時四十分頃、JR長野駅で県幹部らをはさみ、防災服姿の田中知事と村井が数メートル離れて沓掛大臣を出迎えた。両候補とも防災服に身を包み、眼を合わすことはない。

沓掛大臣がホームに降り立つやいなや、先頭で出迎えた田中知事があいさつした。村井も、すかさず握手した。田中知事が割って入り、沓掛大臣に話しかけた。

「いろいろな現場を見ていただく。県といっしょの方向を歩んでいただけると思います」

沓掛大臣が視察に向かう車は、内閣府が自前で用意していた。それなのに、田中知事は、なんと知事の公用車に沓掛大臣とSPを乗せてしまった。

飯島は、同行していた特命チームのメンバーから携帯でそのことを知らされ、おどろいた。飯島は、強い口調で言った。

「大臣を、田中知事の車から降ろせ！」

メンバーは、あわてた。どうすれば沓掛大臣を車から降ろせるのか思いつかない。

飯島は言った。

「SPに電話を入れ、大臣といっしょに降りるように伝えろ」

うろたえる現地スタッフに、飯島は矢継ぎ早に告げた。事が起きたときのこのスピードこそが飯島の真骨頂だ。飯島の言うように、確かに何があろうとSPだけは大臣にぴったりとついている。メンバーは、SPの携帯に電話を入れ、飯島の言葉を伝えた。

沓掛大臣が、SPに付き添われて田中知事の公用車から降りてきた。飯島は、ただちに田中知事の携帯電話にも連絡を入れた。田中とは、かつて田中の呼びかけで極秘に会ったことがあり、携帯電話の番号を交換していた。

「知事、誠に悪いけれども、勘弁してくれ。大臣が、あなたといっしょでは視察は無理だ」

　田中は答えた。

「わたしは、長野県の防災責任者だ。対策本部長だから、大臣といっしょでもおかしくない」

「いや、おかしい。これは、決して、いじわるでもなんでもない。常識で、いま知事の選挙中だということを考えてほしい。選挙利用になるということでは、お互いに不幸ですよ」

　沓掛大臣は、随行員が乗るバスに乗り換えて被災地に移動してもらった。

　飯島は、バスに乗った沓掛大臣にも電話を入れた。

「大臣、悪いけれども、選挙期間中だから政府としては田中知事も、村井さんも、平等にあつかいたい。政府は、被災者の救済をどういうふうにやればいいか、ということでいくわけですから」

　ところが、田中知事がマスコミに宣伝しはじめた。

「諏訪《すわ》市に、防災担当大臣が来ます」

　諏訪市で、大臣が自治体の陳情受付をおこなう予定であった。ところが、そこに沓掛大臣が向かうと知った田中知事の乗った乗用車は、バスよりも早く到着する。田中知事が待っているところへ沓掛大臣が行くと、大げさに騒がれる。

田中知事の公用車は、政府調査団の車列の最後尾にぴたりとつけてきていた。現地で視察する大臣のポイントポイントに立っていようとでも思ったのか。

そこで、急遽、沓掛大臣に、諏訪市の役所に先に行って待っていた後藤茂之《ごとうしげゆき》国土交通大臣政務官に連絡を入れてもらった。

沓掛大臣は、みんながいる前で後藤政務官に電話をかけた。

「大臣の名代《みようだい》として、陳情を聞いてくれ」

後藤は答えた。

「大臣、かしこまりました。各市町村長からよく被害状況を聞いておきます」

そして、沓掛大臣には、当初の予定であった諏訪市ではなく、岡谷市に直行してもらい、さらに、視察を終えてすぐに帰京してもらった。その間、飯島らのいる首相官邸の秘書官室は、まるで作戦本部であった。

総理大臣は、災害が起きたからどこでも行けばいいという話ではない。災害地には手を差し伸べなければいけないが、官僚同士が下から積み上げて国が助成する場合、原理原則というのか、補助金のいわゆる採択基準というものがある。その採択基準に合わなくても、助成しなくてはいけない場合がある。

たとえば、橋脚が壊れたとき、橋を建て替えていい場合と駄目な場合がある。あるいは、新築したばかりの学校の場合、一部損壊で建て替えるわけにいかない。地盤のことなどを考えたら、それを超越して支援して復旧させなくてはいけない場合もある。

その場合、一つの現場に閣僚が二人も三人も行っても意味がない。それよりも、判断の境目が難しい現場に手分けして行くほうがいい。

特に総理大臣には、法令上、判断に難しい災害地に行ってもらう。たとえば、住宅の浸水の場合、見舞金すら出せないケースがある。そういう現場に、あえて総理大臣を行かせる。普通の閣僚が行っても駄目な場所でも、総理大臣が行き、「これは大変だ。なんとかします」と言えば、自治体の首長は助かる。

飯島は、「チーム小泉」のメンバーに指示した。

「そういう活用ができる状態で考えるのが、おまえら官僚の仕事だぞ。あるいは、谷間の地域で境界線があり、激震災害の指定を受けられないところがあるかもしれん。そういう出べそみたい地点に、総理を行かせる。そういう使い方をするのが筋じゃないのか」

総理が行くことにより、たとえば、床上浸水に三百万、床下浸水に二百万円の見舞い金を出したり、活性化の災害復旧の予算をつけることもできる。総理一人にどう動いてもらうかを考えるのは、とても大事なことだと飯島は思う。

イスラム世界から「理想的」といわれる日本

平成十八年七月十一日の昼過ぎに、小泉首相は、政府専用機で羽田空港を出発した。この一月にシャロン前首相の病状により延期したイスラエル・パレスチナ訪問を、後任のオルメルト首相とパレスチナのアッバース議長からの強い要請もあり、実現したのであった。

小泉は、パレスチナをはじめ、中東でも、大変人気があった。というのも中東、中でもパレスチナの問題を真剣に受け止め、政治的行動に移した最初の首相であったからだ。歴代の首相で、最初にパレスチナの地に足を踏み入れたのは、村山富市首相で、小泉は村山首相に次ぐ二番目である。が、それまでの伝統的な日本の首相のイメージをガラッと変えた。

小泉首相は、常ににこやかに笑っている。頭脳明晰《めいせき》で、迅速である。シアム総代表から見ると、若く、生き生きと生気に溢れ、新鮮に映っただろう。なによりも、イスラエル・パレスチナ問題を前進させた首相である。

小泉は、イスラエルとパレスチナのリーダーに、平和を呼びかけた。中東の平和と安定は、ひいては世界の安定、繁栄に直結する。イスラエル、パレスチナの平和共存の実現こそ重大な課題だと訴えた。

イスラエルの人もパレスチナの人も、日本を平和な国家だと信じている。それに、日本は「中立」という印象が強い。両国から見れば、日本は尊敬に値する国家であった。

二日後の十三日、世界遺産にも登録されているエルサレムの旧市街を視察した後、パレスチナへ移動。小泉は、十時過ぎに、パレスチナ自治区のラマッラに到着した。小泉とは別に現地入りしていたシアム総代表は、検問所で小泉を出迎えるため待機していた。小泉の車はもちろん、随行の車も防弾仕様である。

総代表の前に現れた小泉は、戦場下だというのに、特に恐れる気配も見せず、堂々としていた。小泉は、総代表たちと合流し、挨拶を交わした。

シアム駐日総代表は思った。

〈小泉総理は、心からパレスチナとイスラエルの問題を考えている〉

小泉の挨拶は、そこにいた他の人たちの心をも引きつけた。

小泉は、一人の政治家ではあるが、パレスチナとイスラエルの問題を、まるで身内のように親身になって考えている。戦う人に対しての心情というものが、心から出ている。それが、総代表たちへも伝わったのであろう。

検問所を経由し、五十分ほどでパレスチナの議長府に着き、歓迎式典を受けた。その後、アラファト廟《びょう》を訪れ、パレスチナ解放運動のシンボルだったアラファト議長の冥福を祈って献花した。

そして、パレスチナのアッバース議長と会談をおこなった。アッバース議長とは、二回目の会談である。小泉は会談で、対話を通じた和平実現への方針を堅持するアッバース議長を支持し、地域の医療・衛生状況の改善や雇用創出、議長府機能強化に対する支援を表明した。

イスラエルでも合意された「ヨルダン渓谷における地域内の共存共栄を示した『平和と繁栄の回廊』構想」で、イスラエル、パレスチナ、ヨルダン、日本の四者協議をおこなうことを提案し、アッバース議長も、これに同意した。

小泉には、しっかりとした自分の思いとイメージがある。それは、受け売りではなく、自分自身のものであり、そのビジョンがはっきりしており、人が作ったものの真似ではない。

小泉は、アッバース議長と昼食を共にした。非常に相性のよい両首脳の再会である。まだ二回目の会談であるにもかかわらず、ずっと以前からいっしょに過ごした友達のような関係でランチが進行していった。ぴったりと息の合った、友達同士のような雰囲気であった。

小泉は、シアム総代表にアッバース議長のことをこう話した。

「友達として、よく話をする仲」

小泉とアッバース議長は、首脳同士というより、人間同士の付き合いである。そこに同席した人たちも、リラックスをして、和やかな時間が流れた。

昼食会後は、議長府再建にかかわる除幕式、続いて共同記者会見をおこなった。そのとき、外から、銃声のような音が、ときどき聞こえてきた。

外で積み石を競う光景を目にしたシアム総代表は、言った。

「どこかで運動会をやっているのでしょう」

パレスチナでは、結婚式や卒業式といったお祝いのときに、空に向けて銃を撃つ習慣がある。飯島は、その銃声が深く印象に残った様子で、熱心にメモをとっていた。シアム総代表は、飯島が、非常に記憶力がよいことに感心した。飯島は若い頃は、銀座で似顔絵描きをやったことがあったという。人と話しながら、スラスラッと似顔絵を描く。

なお、飯島は、首脳同士が会うときには、席をはずすことが多かった。自分は裏舞台に回り、小泉の傍にいるということはあっても、表舞台へ顔を出すことはしなかった。シアムが見ていると、イベントのときも、カメラには、決して自分が映らないようにと、後ろに下がった。自らは出しゃばらない。小泉を陰で支える、いわば、縁の下の力持ちである。自分は秘書である、ということをわきまえている。常に首相と行動を共にするからといって、首相と自分が同じ立場にあるというような錯覚は決して起こさない。首相といっしょにいてもよい場所、いてはいけない場所を、きちんと分け、分を心得ていた。

シアム総代表の義理の母は「日本はイスラムの理想の実現された国家」だと言う。戦争がない。人や自然への感謝の気持ちを忘れない。人と人とが尊敬し合い、助け合う。サムライの魂がある。人々は、平和に暮らしている。日本へ行ったことのない人が、日本の話だけを聞いていると、そんなイメージがあるようだ。

シアム総代表は、小泉、飯島との関係を今後も続けていきたいと切望している。自分にできることであれば、協力したいと思う。

即断力で総理のスケジュールを変更

モンゴル国立オペラ・バレエ劇場は、ウランバートル市の中心にあるスフバートル広場の正面に立つ。舞台装置や照明が若干粗末であるが、ソロの歌手は、旧ソ連圏の一流の音楽院に学んでいるので、歌唱力のレベルは高い。

その国立オペラ劇場の演目で特に楽しいのが、民族系オペラである。『オペラ・チンギスハーン』にいたく感動した雑誌『インサイダー』を発行する高野孟《たかのたけし》は、すばらしいアイディアを思いついた。

〈今度の（平成十八年）八月十日・十一日に、小泉首相がモンゴルを訪れる。ぜひとも小泉首相に、このオペラを観てほしい〉

高野が、劇場の女性支配人にかけ合ってみると、好感触の返事を得た。

「その日は公演日じゃないけど、小泉首相がオペラ劇場に来てくれるなら、とてもうれしいので、スケジュール調整は任せてほしい。上演時間が長いので、ちょうど休憩時間の時に、小泉首相が劇場に入り、オペラの後半を観られるように時間調整もいたしましょう」

日本に戻ると、高野はさっそく飯島秘書官に電話をかけ、自分の企画を提案した。

が、飯島は、話には乗ってこなかった。

「スケジュールが立て込んでいて、全然無理だ」

高野は、それでも、企画書と資料を飯島秘書官に直接渡すべく、官邸に出かけた。

飯島は、たとえ相手が反小泉であっても、関係ない。『赤旗《あかはた》』の記者であろうとも、話があれば会うというのが飯島のポリシーである。世間では、高野は、民主党のアドバイザーのように言われているが、飯島は、そのようなことはどうでもよかった。

なんと、官邸では飯島本人が待っていてくれて、一〇分ほど話ができた。

高野は、もう一度力説した。

「モンゴル人がもっとも喜ぶのは、小泉首相が『オペラ・チンギスハーン』を観ることだ。小泉首相もオペラが好きだし、わたしも、先日このオペラを観て感動した。小泉首相のモンゴルでのスケジュールはすでに埋まっていると思うが、飯島さんも、この資料にチラッと目を通してほしい」

高野はそう言って、官邸を後にした。

いっぽう、飯島は、高野の話を面白いと思った。が、小泉は、日程が埋まっており、高野と会う時間が無かった。飯島は、その話を高野が引き上げてからすぐに小泉に報告した。小泉の了解を得た飯島は、すぐさま高野の携帯に電話を入れた。

高野が、官邸の前でタクシーを拾って五百メートルくらい行ったところで、飯島から携帯に電話がかかってきた。

「高野さん、決めたよ。行くよ」

高野は、さすがにおどろいた。

「え！　本当に……」

高野は、飯島の即断力に驚いた。首相の外国訪問のスケジュールは、外務省が決めることだから、スケジュールの変更には時間と手間がかかる。ところが飯島はスケジュールの変更を、即決してしまった。百戦錬磨の飯島秘書官が持つ実行力とスピードを、高野は目《ま》の当たりにした。

飯島は、とんでもない話を頼まれ、自分の一瞬の判断でカタをつけたこともある。

ジャーナリストの櫻井《さくらい》よしこは、道路公団改革などで徹底的に小泉内閣を攻撃してきた。だからといって、飯島は、櫻井を避けることはなかった。櫻井の話も、きちんと聞いた。たとえ双子《ふたご》でも、性格や考え方は違う。一〇〇%、同じ考えということはありえない。飯島は、考え方の遠い人ほど話を聞くようつとめた。それが、自分の仕事だと考えていた。

資源大国モンゴル

八月十日、小泉はモンゴルのウランバートルに着くと、政府庁舎で首脳会談、経済協力案件署名式などをこなした。その夜、国立オペラ劇場でオペラ『チンギスハーン第二幕』を鑑賞。小泉首相は、終幕時にオーケストラボックスまで歩み寄って拍手し、「良かった。交響詩的だな」とご満悦だった。高野孟のアイディアと飯島秘書官の即断力が実を結んだ瞬間だった。

その後、ウランバートル郊外の迎賓館でエンフボルド首相主催の晩餐会に出席した。晩餐会は、野外に席を設けた趣向でおこなわれた。小泉とエンフボルド首相を中央に挟み、同行していた牧野徹補佐官らは馬蹄《ばてい》形になって並んだ。

牧野が羊の丸焼きに舌鼓を打っていると、いつの間にか、牧野の後ろにモンゴル人スタッフの長蛇の列が出来ていた。

〈おかしいな。わたしのことなんか知っているはずないのに。なんでこんなに大勢の人が……〉

そう思いながら、名刺交換をした。

牧野が名刺交換を続けながら、ふと飯島の方を見ると、飯島がニヤニヤ笑いながら意味ありげな表情をしていた。牧野は思った。

〈飯島さん、何か仕組んだな……〉

飯島は、事前に牧野のことを、「あの人は、日本の公共事業のボスだから、公共事業のことは彼に訊きなさい」と、モンゴル政府側のスタッフに伝えていたのだった。

牧野はモンゴル人スタッフの話を聞きながら、モンゴルのインフラ整備の実状を知った。

内モンゴル地区には豊富な資源が眠っているにもかかわらず、道路や空港などの輸送経路が整備されていないため、その資源が有効活用されていないということだった。中国や韓国は、いち早くこれに目を付け、すでにモンゴルへの進出を始めているという。

牧野は、補佐官退任後は、これまでの地位と経験を生かしてモンゴルのインフラ整備に協力するといったことは考えていない。ただし、日本として今後、資源大国モンゴルとどのようにつき合っていくかということは、非常に重大な問題だと思っている。

一泊二日のモンゴル訪問中、牧野が見ていて小泉は、常に周囲への気配りを欠かさなかった。疲れているはずにもかかわらず、最後はスタッフ全員との記念撮影にも応じた。

牧野は、小泉首相に訊いてみた。

「ずいぶん気配りされますね。体を壊しませんか？」

小泉は、にっこり微笑んで見せると、それ以上何も答えなかった。

なお、ナーダムの特設会場では、馬乳酒が振る舞われた。馬乳酒は、馬の乳を発酵させて作る酒で、乳白色でヨーグルトのような爽やかな風味がするが、現地の人でも毎年最初に飲むときにはお腹がゆるくなるという。

小泉や牧野らに、どんぶりのような大きな杯が配られた。せっかくの機会なので、牧野は少しだけ味わってみた。牧野は、小泉の様子を窺ってみたが、ほんのちょっと口にしただけのようにも、あるいは飲むふりをして飲まなかったようにも見えた。

馬乳酒は、モンゴルツアーを組む旅行代理店などでは、「日本人が飲みすぎると下痢をおこす可能性がある」として注意を喚起している。

モンゴルから帰ると、馬乳酒を振る舞われた者は、小泉を除いてみんな下痢になったという。牧野もふだんはお腹は強いがこの時ばかりは下痢をした。

牧野は、日本に帰ってから小泉に伝えた。

「総理、わたしも下痢したんですけど」

小泉は言った。

「補佐官、わたしはビオフェルミンだ」

「ビオフェルミン？　あんなの健康食品じゃないですか」

牧野が笑って返すと、小泉は言った。

「いや、整腸剤だ。効くよ。良い薬だ」

牧野が聞いたところによると、ビオフェルミンも近年は改良が重ねられ、昔のものに比べて成分も改善されているらしい。たしかにその薬の効果があったのかもしれない。が、それにしても小泉は体が強い、と牧野は思っている。牧野は、ときどき、あの細身の体のどこから、総理の激務に堪える力が出てくるのか不思議に思うことがある。

馬乳酒を飲んでも平気だったのは、チーム小泉の中では、山崎裕人秘書官だけだった。もともと山崎秘書官は、これまでの経験から「おなかの中はアジア系の細菌だらけ」といわれているほどの人物だ。

強靭な小泉の胃袋

小泉総理の外遊に同行した木下賢志参事官は、大いに勉強させてもらった。

特に、小泉の外遊先は、ガーナやエチオピアといったアフリカ諸国、イスラエル、パレスチナ自治区、ヨルダンといった中東系、カザフスタンなど中央アジアなどが多かった。

当然、訪問先では歓迎の意を込めて、晩餐会《ばんさん》がセッティングされる。小泉の席は、会場の一番前に用意され、訪問国の大統領、国王らと並んで食事を取ることになる。

日本のように衛生面に十分配慮された国とは違い、こういった国では、食事に気をつけなければいけない。飲み水にも、野菜にも気をつけなければいけない。特に、注意しなければいけないものは、生モノや魚介類《ぎょかい》だ。

飯島秘書官や木下らは、升席での食事になるため、自分の体調を心配し、危ないと思えば皿の脇にどけることができる。しかし、小泉だけは、その国の代表である大統領や国王と同じテーブルに座っている。相手国への礼儀がある。小泉は、日本国の代表として出された料理はパクパク食べなければならない。一つの文化のコミュニケーションであり、また外交の一つの手段でもある。どんなに危ないと思っても、体調を壊してしまうという理由で口に運ぶことを拒むことはできない。どんなものでも美味《おい》しく食べ、出されたもの全部たいらげなければいけない。

木下らが口に運ばなかった食材を、小泉はどんどん美味しく食べていった。

〈やっぱり、総理大臣になる人は胃袋が強くなければいけない〉

木下はつくづく感じた。

そして、一見華奢にみえる小泉だが、どんなものを食べたとしても、外遊中に一度も体調を壊したことがないという。

木下は、いっしょにガーナ、エチオピアに同行している。そこで、サラダ類の一つとして、川魚のマリネが食卓に並べられた。

「川魚か。これは危ないな」

そういいながら、木下をはじめ同行したメンバーは、皿のハジにどけて、食べなかった。が、小泉総理はしっかりと食べていた。そして、大丈夫だった。

一国の総理は、特に胃腸を鍛えておかなければいけない。出されたものを食べ、気分を悪くしていたならば、仕事にならないし、食べなければ失礼にあたる。

国民は、「総理大臣ともなれば、一流といわれる美味しいものを食べているんだろう」と想像しているはずだが、必ずしも、そういう国だけではない。むしろ、小泉総理は好んで小さな国を重点的に外遊した。

「お互いの利益になるなら、できるだけ積極的に小さな国にいこう」

そういって外遊先を選んできた。

小さな国の場合でも、一国の総理大臣を迎えるのだから食べ物について気を配ろうとしてくれる。小泉総理も、積極的に「郷に入れば郷に従え」というルールを取り入れた。そして、どんなことがあっても美味しく食べ、元気に帰ってきた。これこそが、小泉外交が成功する一つキーポイントだった。

強靭《きょうじん》な胃袋を持つ小泉総理だったが、いっぽうで飯島秘書官の胃袋は逆にデリケートなようだった。ベトナムに行ったときだった。

「生春巻はいらないから、おまえが食べろ」

そういって、木下の皿の上に、飯島の生春巻が置かれたことがあった。飯島は、危ないと感じた食べ物は、よくどけて食べていたという。その代わり、カップラーメンなど油モノやレトルトパックのおかゆなどといった食料を大量に買い込み、持参していた。

三　勝負の8・15靖国参拝強行

悲願の「終戦記念日」参拝

平成十八年の靖国参拝は、因縁の「八月十五日」だった。終戦記念日である「八月十五日」を控えて、山﨑裕人秘書官はこう思っていた。

「最後には、ぜひ行っていただきたい」

それと同時に、「八月十五日に参拝するだろう」とも思っていた。

いっぽう飯島も、同じ思いだった。「八月十五日」参拝が、小泉総裁誕生時の公約だったことに加え、小泉は翌月には退任すると公言していた。

ふたりは「ぜひ、行かせたい」と思っていた。そして「八月十五日」参拝で事前調整に奔走《ほんそう》していた。

八月十五日の午前三時半、飯島から山﨑にゴーサインの連絡が入った。飯島の声も弾んでいた。山﨑としても、準備万端だった。山﨑は、官邸に午前四時半か五時ごろ到着した。

午前七時三十分、山﨑は、公邸にいる小泉首相を迎えに行った。靖国神社に向かう車内では、小泉と山﨑の間に会話は無かった。小泉は、高揚《こうよう》することもなく、淡々としていた。

午前七時四十分、降りしきる雨のなか、小泉首相の政府専用車が、本殿で参拝する人が入る到着殿に着いた。モーニング姿の正装で車を降りた小泉は、厳しい表情を浮かべていた。首相就任以来はじめて、総裁選の公約でもある「終戦記念日」の靖国神社本殿への公式参拝を実行に移したのだ。

参拝形式は、「二礼二拍手一礼」という神道形式ではなく、「一礼」であり、私費で献花料を納めていた。そのように宗教色が薄い参拝形式だったものの、前年のようなカジュアルなスタイルは微塵《みじん》もなく、厳《おごそ》かなものだった。

参拝を終えた小泉首相は、口を真一文字に結んで公用車に乗り込んだ。その表情は、厳しさのなかにも安堵の色も窺えないではなかった。

飯島は、してやったりと思っていた。

中川泰宏イメージアップ作戦

平成十八年八月二十六日、小泉は、大石内蔵助《おおいしくらのすけ》が潜んでいたといわれる京都泉涌寺《せんにゅうじ》を訪れている。それは、中川泰宏が手配した旅でもあり、飯島による中川イメージアップ作戦でもあった。郵政選挙で初当選した中川は、その後も小泉と飯島を頼りにしていた。

中川は、八木町長もＪＡ京都会長もつとめた男であり、実力者であることは周知のことだった。が、無一文から資産家になった男のみが醸し出す、独特のピカレスクの匂いがネックだった。

そんな中川のイメージアップのために飯島が、「小泉を京都に行かせるよ」といったのである。飯島は、中川にこう依頼した。

「中川さん、京都の名所とか、いろんなものの情報を、持って来て下さい。小泉が京都に行きたいといっているから」

「わかりました」

中川は、さっそく、京都ＪＡの全支店長に電話して、観光情報を収集させた。

「ええか、今夜中に、こしらえろ。明日の朝には、全部書類をつくるんだ」

また、すべての後援会事務所にも電話して、早急に書類作成をさせた。そして、京都の見どころを提案した。すると、飯島は「じゃ、行くよ」といった。

しかし、急にそれがキャンセルになった。京都で災害があったのだ。飯島は「人が死んだから、行けないよ」と、中止理由を中川に説明した。

ところが青天の霹靂で、飯島は、キャンセルだったはずの小泉上洛を実行に移すことを中川に通知してきた。

中川は、天皇陛下の墓所である、いわゆる「御寺《みでら》」の泉涌寺に、小泉を招きたい旨を伝えた。泉涌寺とは、赤穂浪士で有名な大石内蔵助がうつけ者のふりをして隠れていたことで一般的には有名な寺である。泉涌寺と中川には、深い関係がある。

そもそも、中川と泉涌寺との縁は、いまから三十余年前にさかのぼる。泉涌寺とは、御寺であるので、戦前までは宮家で維持管理費を捻出していた。が、戦後、宮家にその余裕が無くなった。御寺には、檀家《だんか》がいない。広い財政基盤のない御寺は、経営難に陥っていた。そのときに、京都の富裕層である機織《はたお》り屋、着物屋、そして中川たちのような新興の事業者が資金援助をするようになった。当時、中川はまだ二十歳そこそこだった。ただ、中川のような若者が、御寺のスポンサーになると公言することもはばかられ、中川は自身の父親の名前で寄進していた。それが、中川と泉涌寺の縁の始まりだった。同時に先代の和尚などとも顔見知りになった。そのようなことから、泉涌寺と大石内蔵助の関係も深く知るようになったのだ。一言でいえば、「大石内蔵助は泉涌寺に隠れていたわけではないのだ」という。

そのころ大石内蔵助の母方の姉の子供、つまり従兄弟《いとこ》が、泉涌寺の住職だった。大石内蔵助は、それを頼って来た。当時、大石は、江戸幕府の許可を得て、つまり仇討ち許可証を携えて、仇討ちしたかったのだ。が、江戸幕府はそれを発行しない。許可証無しに、仇討ちすれば、部下の浪士たち全員、切腹必至だった。

そこで、大石は、もうひとつの仇討ち許可証発行機関である、御寺に最後の望みを託した。許可証さえあれば、切腹せずにすむ。大石は、従兄弟が住職を務める泉涌寺に陣を構え、茶室をつくって、庵を設けた。そして、そこでお参りに来る皇室に、「なんとしても仇討許可証をくれ」と頼み込んでいたのだ。

ところが、結局、許可証は発行されることはなかった。もはや時間切れとなり、大石は、許可証無しに吉良《きら》邸討ち入りせざるを得なくなったのである。

巷間《こうかん》語られている「京都で芸妓と遊びほうけて、自身の仇討ち計画を悟られまいとしていた」との通説は、あくまでも俗説だというのだ。

中川が、小泉首相にその話をすると、歴史好きの小泉は、おおいに乗った。

「そりゃおもしろい。見に行こうじゃないか」

そして、八月二十五日、小泉が泉涌寺塔頭来迎院《たっちゅうらいごういん》を訪問するのである。

小泉は、中川と安井崇兼住職から抹茶《まっちゃ》でもてなされた。その後、同院が所蔵する大石の肖像画や、愛用の茶釜などを見学した。

そして、小泉はしみじみこういった。

「こういう雰囲気を味わうのは、京都でないと難しい。京都は、何回来てもいいところだ」

当日は、ものすごい数のテレビカメラが小泉と中川を追いかけた。小泉を案内する中川の姿を見ていた京都の人たちは、「中川さんて、そういう人なんだぁ」と、中川に対する印象が好転したらしい。中川は、それも偏《ひとえ》に飯島のおかげだという。

さらに、小泉泉涌寺訪問の時期は、小泉も自民党総裁を退く間際であり、小泉フィーバーも一段落していた。が、それでもなお、中川は信念を変えず、小泉一本に忠義を果たしているというイメージを京都府民に印象づけた。そのような一途さにおいても、京都の人たちは、中川を認めるようになった。

小泉入洛のニュースは、京都のラジオが伝えただけだというのに、泉涌寺訪問でも、小泉人気の健在ぶりは明らかだった。不思議なぐらい人が集まる。中川は、小泉をスッポン料理の老舗《しにせ》「大市」に連れて行く予定だった。そのスケジュールも、ラジオが触れたらしく、中川たち一行が店に着くと、すでに満席だった。店内に入っていけないくらいだった。

中川は、小泉首相に栄養を摂《と》ってもらおうと思っていた。が、小泉よりも、「大市」のほうが栄養をたっぷりもらったのかもしれない。

このように、小泉一筋の中川は、小泉や飯島が望むことは、頼まれなくても先んじて行動しようと思っていた。小泉・飯島の間にある「以心伝心」を、みずからも実践していくつもりなのだ。

たとえば、八月二十五日の小泉純一郎の泉涌寺訪問の三日前から、中川は、泉涌寺の山全体を蚊取り線香で燻《いぶ》すという挙《きょ》に出ている。誰にいわれたわけでもない。

夏真っ盛りの山間は、もともと蚊が大量発生しており、蚊を野放しにしていれば、参道を歩く道々で小泉はからだの数十箇所を刺されるだろう。そこで、中川は、蚊駆除《くじょ》作戦を実行に移した。

「なんぼかかってもええ。ここにいる蚊を、全部殺せ」

そして、当日には、蚊が激減していたという。中川はさらに抜かりなく、当日小泉が歩く予定経路に、いくつもの乾電池式携帯蚊取り線香を歩道の死角にしのばせていた。当日、突如出現するかもしれない蚊一匹すらも許さなかった。ことほど左様に、中川は、いわずもがなで、小泉を刺そうとする敵を徹底的に排除するつもりだった。

飯島は、京都府知事選挙以来続いていた、中川と山田啓二京都府知事とのいがみ合いの手打ちをさせた。飯島が、食事の席を設けて仲直りをさせたのだ。

山田知事は、もともと野中が連れてきた人物だった。が、中川衆議院議員といえども、地元の知事と反目し合っているのは、なにかと不都合なものだ。いままで、町長になったときも、一本独鈷《どっこ》で、どこぞの親分の傘に入ることもなかった。が、府知事との関係改善は、やはり中川を楽にする。

さらに、その和解は形式的なものではなかったようだ。平成十八年十月八日のウェスティン都ホテルでの中川主催のパーティーにも、山田は出席しているのだ。後々、中川がことを運ぶにあたって、いい関係改善ができたようだ。

中川は、山田との手打ちは、小泉が直接飯島に命じたわけではないと考えている。中川は、飯島自身が小泉の意を察して、本能で動いているのだと感じている。すべては、飯島が無欲で動いたあとの事後承諾なのかもしれない。結果として、小泉の成果に大きく貢献しているようだ。

飯島が実現した「永年公務員表彰」

首相官邸の秘書主任の大塚和子の先輩にあたる栗本和子《くりもとかずこ》が七十歳を迎えたときのことだ。役人が七十歳を迎えると、叙勲《じょくん》の対象になる。

大塚は思った。

〈わたしは栗本さんの後輩なんだから、聞いてみなくてはいけないんじゃないかしら……〉

大塚は、官邸事務所の担当者に訊いてみた。

「栗本さんは、叙勲を受けられるのですか?」

すると、けんもほろろに言われた。

「一般の職員は、叙勲の対象ではない」

大塚は、不審感を抱いた。

〈えー、どうして？　四十年近くも、官邸にいたのよ〉

大塚は、ついムキになった。

「栗本さんは、官邸に長くいて、頑張っていました」

「技官か、もしくは、行政職の人たちは対象になるが、一般事務行政職の人は、課長補佐になっていないと、検討の対象にもならない」

技官とは、技術を持った職の人である。しかし、一般事務のままではどんなに長く勤めても、対象にならないという。

栗本は、平成二年に、すでに退職している。

〈すでに辞めているが、もらってもいいのではないか？〉

大塚は、会合でいっしょになった飯島に、思わずこぼした。

「あんなに、四十年も官邸一筋にやってきたのに、叙勲の対象にもならないんですって」

「えーッ？　もらってないの。聞いてみよう」

飯島は、さっそく動いてくれた。結局「なぜ勲章をやっていないんだ」ということにつながって、栗本は、結果的に叙勲を受けることができたのだ。

大塚は、飯島に感謝した。

〈すごく優しい〉

大塚も、のちの安倍政権になったとき、勤続三十年の官邸勤務五年を超えた公務員を対象とする「永年公務員内閣総理大臣表彰」をもらった。

大塚は思う。

〈安倍総理からいただきましたけど、叙勲を言ってくださったのは、きっと飯島さんではないかしら……〉

飯島が小泉を〝お国入り〟させない理由

飯島は、「秘書の分際で」という強烈な反発も受けた。首相秘書官時代、パソコンで「飯島勲」を検索すると十万件くらいヒットし、誹謗中傷《ひぼうちゅうしょう》の書き込みも多かった。

飯島は、ある著名人にこう言われた。

「飯島さん、書き込みの中身で一喜一憂《いっきいちゆう》していたら駄目だ。いま世の中で十万人もの人が飯島さんに興味を持っていると思えばいい。それだけ関心が高いんだ。自分の名前を検索し、五百件もヒットしていなかったらつまらないよ」

飯島は、小泉内閣の五年五ヵ月間、小泉の親戚や小泉後援会の会長も、秘書官室に一回も呼ばなかった。五年三ヵ月目に、横須賀の市会議員が飯島のもとに陳情にきた。そのとき、たまたま小泉のスケジュールが遅れ、ニアミスしたので二十分間だけ小泉に会わせた。

小泉の実姉で秘書の小泉信子ですら小泉が首相時代、首相官邸の秘書官室に顔を見せたのは二回だけである。それも、緊急に書類を持ってきてもらっただけなので、滞在時間は三分ほどであった。

議員会館は小泉信子、地元事務所は鍋倉正樹《なべくらまさき》、官邸は飯島と棲み分けしていた。メモによる連絡のやりとりはあったが、実際に打ち合わせすることもなかった。地元の事務所にいる小泉の実弟の小泉正也も、官邸に顔を見せたのは、書類を取りにきただけであった。飯島は、身内に会う時間があるのなら公務を優先した。

官僚は、大臣の視察先を決めるとき、妙に気を回す。お国入りとばかりに大臣の地元を中心に視察先を選び、視察後の記者会見は、県庁でおこなうのだ。飯島は、そのようなスタイルを快く思っていなかった。小泉が厚生大臣のとき、あえて神奈川県を視察先から外すよう指示した。

「神奈川県を外したところで、選定してほしい」

ただし、ＩＴ企業の研究所は、横須賀市に多い。これは、仕方が無い。が、横須賀市の研究所に視察に行っても、選挙区の後援者には会わず、すぐに帰京した。

飯島は思う。

〈スケベ心で選挙区に行き、総理だとか、厚生大臣だとか、見せる必要は無い。本当に勉強をするのなら、埼玉でも、千葉でもあるじゃないか。そっちに行けばいい〉

後援者のなかには、そういう小泉の態度に怒る人もいる。

「冗談じゃない。せっかく大臣になったのだから、お国入りしてくれ」

飯島は、突っぱねた。

「視察は、遊びじゃないんです」

その意味では、小泉の後援者は、飯島のせいで虐《しいた》げられている。

「なんだよ、千葉のほうの病院を視察しやがって。おれは、親子二代で小泉さんを支援しているんだぞ」

そう口にする支援者も多い。しかし、飯島は、絶対にお国入りを認めなかった。飯島の考えを理解してくれる後援者も多い。

飯島は、小泉が厚生大臣になって以降、選挙中は、いっさい地元に入らせなかった。自分の選挙区に出向く時間があれば、後輩議員の応援に行かせた。

平成十三年十月三十日、小泉の母親の小泉芳江《よしえ》が呼吸不全のため横須賀市内で死去した。このときも、飯島は、密葬や告別式以外、小泉をどこにも寄らせずに東京に戻した。非情かもしれないが、それでも支援者は、ずっと小泉についてきてくれた。それゆえ、小泉がごくまれに選挙区に帰ったときは、みんな大スターがやってきたように大喜びで迎えてくれる。

さらば官邸よ

平成十八年九月二十六日は、安倍政権発足日であると同時に、小泉政権最後の日だった。歴代首相は退任する日に、官邸の玄関ホールで花束を贈られることが慣わしとなっている。これも、大塚和子たちの大事な仕事である。大塚は、平成三年に退任した海部首相から小泉首相まで、その全てに花束を渡してきた。

渡される花は、官邸事務所で用意される。どの花を入れるか、ということは、官邸事務所の人の感性で決まる。それは、季節や、渡す人物の人柄や好みによってそれぞれ違っていた。

花の好みは、会議をするときに飾る花はどういうものを好むかとか、食事会のとき、小泉首相が述べている花の感想をインプットしながら決められていった。官邸に入っている花屋も、比較的、総理の花の好みを気にしてくれるため、みんなで情報を蓄積していった。小泉の場合は、蘭《らん》の花の入った、比較的華やかなものが用意された。

歴代の首相の中には、小泉のように長期になる人ばかりでなく、短くして官邸を無念の思いで去る人。去り方のニュアンスは、それぞれ違う。が、大塚の「お送りする」という気持ちは、同じである。

小泉のように「ご苦労様でした」という雰囲気のときもあれば「お疲れ様でした」という雰囲気のときもある。

首相としての、最後の儀式である。首相がみんなに挨拶をして、大塚が花束を渡す。「いただきました」と言って、玄関を出ると同時に、首相としての任務は、そこで終わる。

吉田茂《よしだしげる》首相のように、もう一度首相になってから再び官邸をおとずれた人もいたが、最近ではそういう例が一回もない。したがって、花束を手にして官邸の玄関を出るということは、ここには、もう、二度と戻ってこないという意味合いがある。

この日朝の十時に大塚は、小泉に花束を渡した。

大塚の目には、小泉の姿が清々《すがすが》しく映った。

〈仮に、まだ余力があったとしても、ご自分で思いどおりにふるまい、まったく未練を残さず、あざやかに退任された〉

大塚和子は、官邸で首相を長く見てきてつくづく思う。

「結局、いい秘書を持った総理は、強い。どんなに優秀な人でも、秘書を育ててこなかった人は、十分に力が発揮できない」

大塚は、総理になる人間は、人を活躍させる能力を身につけていなければいけないと思う。小泉も、飯島をうまく活躍させたと言う。

「官僚は、スーパーコンピューターだと思う。さまざまな蓄積もあるし、能力も持っている。官邸の中に入ってきた人が、官邸を頂点とするスーパーコンピューターを使いこなす能力があるかどうかにかかっている。『あれが、邪魔だ』といって、コンピューターの一つを取ってしまう。『これも邪魔だ』と、もう一つ取る。そうやってすべてを取り除いてしまったら、せっかくのスーパーコンピューターも、もう、なんの役にもたたなくなってしまう」

小泉は、官邸を軸に、霞ケ関を活《い》かしきった。だからこそ長期政権を維持できたのであろうと大塚は思っている。

飯島が首相秘書官を退任したとき、五十名の官僚が、首相秘書官の官舎に集い、慰労会を開いてくれた。

終章　「チーム小泉」と飯島のその後

郵政造反組の復党と小泉の沈黙

小泉は退陣後、つとめて沈黙を守っているが、影響力はいまだ衰えず、「小泉待望論」は今なお根強い。

飯島によると、退陣後の小泉にとって辛かったのは郵政造反組の復党問題であるという。なぜかといえば、小泉は自身の総裁選で「抵抗勢力や反対勢力を賛成勢力にする」と訴えてきた。その相手が白旗をあげて「復党したい」というのに、「反対だ」と言ったり、あるいは、反対する集団の旗印になることはありえない。それぐらいのことは、みんなわからなければいけないと飯島は思う。

小泉は、安倍が郵政造反組を復党させたことについては、「安倍が思ったようにやればいい」というおおらかなスタンスでいる。

小泉は、首相退任後、あまり表だった発言は避けていた。飯島によると、沈黙することが後継の安倍に対する最大の支援だという。

なぜならば、小泉が「これは、こうだ」と発言すれば、マスコミは、かならず安倍の発言と比較するだろう。もし、安倍が少しでも小泉の発言と比較してトーンダウンすれば、マスコミは、安倍を叩くにちがいない。逆に小泉がトーンダウンすれば、安倍は強権的と見られるかもしれない。いずれにしても、安倍にとってプラスではない。安倍を支援する小泉とすれば、ふたりの発言を比較されない状態にしたほうがいい。

政治家は、常に発信しつづけることで自分の存在価値をアピールする。森喜朗元首相にしても、山崎拓前副総裁にしても、首相や幹事長などの経験者ほどその傾向が強い。

しかし、小泉は、首相経験者でありながら発信しようとしない。それは、逆に凄いことでもある。それゆえ、小泉と会った政治家が小泉の考えをマスコミに発信することになる。

いっぽう、飯島自身は、「造反組の復党などとんでもない」と憤《いきどお》る。その気持ちは、いわゆる刺客候補の擁立作業に汗を流した武部勤前幹事長や二階俊博元総務局長も、同じではないかと飯島は思っている。

平成十八年十一月七日、自民党の「日本夢づくり道場」で、有名な小泉の「総理大臣も使い捨て」発言が出る。

「政治家というのは、つねに使い捨てされることを覚悟しなければならない。使い捨てされることを嫌がってはいけないんです。総理大臣だって、使い捨てですよ。国会議員も、一回一回選挙で使い捨てされることを覚悟しなければならない。当たり前なんです。甘えちゃ駄目。ああ、使ってもらえるという喜びを感じながら、その間全力を尽くす。さらに使われる。使い捨てされるのが嫌だという人は、国会議員にならなければいい」

復党問題に憤っていた飯島ではあったが、それ以上に、当事者の「小泉チルドレン」の一人である中川泰宏は憤っていた。

十一月二十七日に造反組十二人の復党届が執行部に提出された。復党は、平沼赳夫を除く全員がほぼ許可される見込みとなった。マスコミは、その様子を見て「世論無視だ」と揶揄《やゆ》した。

その翌々日の二十九日、小泉前首相と安倍首相は赤坂プリンスホテルで、郵政解散で初当選したいわゆる「小泉チルドレン」八十三人の会「83会」の会合に出席した。その、83会の会合の前に、中川たち郵政当選組の一年生は密会していた。

中川は、復党反対の狼煙《のろし》を上げた。

「83会の席で、みんなで言おうぜ。おまえらが、まず口火を切れ。そして、ワシがわめくから。いっぺん、おれたちの恐ろしさを見せつける」

まるで、赤穂浪士の討ち入り前夜のようだった。酒をあおった女性議員は、こういった。

「言ってきてやる。わたしは、やられるに決まっているんだから。あとを頼むよ」

中川は、力強く応じた。

「おお、言ったる」

そして、中川は、83会会合の前日に、議員会館の小泉事務所に行き、飯島秘書官と小泉信子の前で、こう宣言した。

「絶対、承知せえへん。明日は、かならずやってやる。絶対に、潰してやる。許せない。マスコミに聞かしてやる」

造反組復党に対する宣戦布告が、小泉本人の耳に入っただろうことは容易に想像ができる。

そして、中川たち83会メンバーは、勇んで赤坂プリンスホテル旧館のサファイアホールに乗り込んだ。

そこに御大《おんたい》小泉が来た。中川は、小泉から離れて最後方の椅子に座っていた。小泉に会えば、かならず籠絡《ろうらく》されると思っていたからだ。

〈おれは絶対、小泉さんのそばには行かない〉

そのように、中川は、後方に身を潜めるようにしていたものの、小泉から直々に声がかかった。

「ちょっと、こい」

子分としては、親分に呼ばれたら、行かないわけにはいかない。

すると、小泉はこう言った。

「おい、京都は、良かったな。な！」

その年の八月二十六日、小泉は、大石内蔵助が潜んでいたといわれる京都泉涌寺を訪れている。それは、中川が手配した旅でもある。

小泉は、復党問題の「ふ」の字も出さず、「な！」で、それをふくませた。つまり、「な！」とは、「復党問題をとやかく言うな。わかっているな！」の「な！」なのだ。パーティーを潰すつもりで乗り込んでいた中川も、さすがに「辛抱しよか……」となった。

しかし、中川は、最後の最後まで安倍晋三首相の近くには寄りつきもしなかった。それが、せめてもの中川の意地だった。

平成十八年十二月四日、党紀委員会の手続きを経て郵政造反組十一名の復党が決定した。飯島は腹を決めた。

〈十二月いっぱいで小泉事務所を辞め、永田町を去ろう……〉

小泉は、抵抗勢力を協力勢力にする、反対勢力を賛成勢力にするといって郵政民営化を貫徹した。それなのに、飯島とすれば、なぜ復党組におべっかを使ったり、彼らが事務所を訪ねてきたとき、お茶を出す必要があるのか。

郵政選挙当時、武部、二階、飯島らは、いわゆる刺客候補を擁立するため、徹夜同然で働いた。相手によっては、泣いて出馬してもらうこともあった。そして、彼らの人生をわずか一、二カ月で変えてしまった。飯島には、安倍首相が郵政選挙の本当の意味を骨の髄《ずい》まで理解し、フォローアップしてくれたとはとうてい思えなかった。

飯島は、「辞職願」を書き、衆議院第一議員会館の応接室として使っていた三二二号室で小泉に申し出た。

「十二月いっぱいで、辞めさせてもらいます」

飯島は、背広の内ポケットに手を入れ、「辞職願」を取り出そうとした。そのとき、「新人議員83会」の幹事をつとめる小野次郎が部屋に入ってきた。警察官僚出身の小野は、小泉政権時代に首相秘書官をつとめ、郵政選挙で立候補し、当選した。郵政造反組の復党には、一貫して反対していた。小野は、復党反対の署名集めもしていた。

その小野が、小泉前首相のもろもろの発言の真意を測りかねていた。「使い捨て発言」などは、小野としては自身への励ましと解釈していたが、漠然とした不安は残っていた。

小野は、小泉に直球で訊いた。

「どう、わたしは考えたらいいんですかね?」

すると小泉は、はっきり言った。

「政治家というのは、それぞれの信念で堂々と自己主張すればいいので、いまは小野さんもがんばっているじゃないか。もっとがんばれよ」

小泉の思想は一貫している。個々の政治家は、賛否の議論を活発にやるべきだというのだ。それは、政治家小泉の信念でもあり、それまでの実践でもあった。

飯島は、小泉と小野のやりとりを見て思った。

〈あれッ、そうか……小泉さんも、本心では復党に賛成しているわけじゃないんだな〉

飯島は、取り出そうとした「辞職願」を内ポケットに押し込み、発言を撤回《てっかい》した。

「さきほどの話は、なかったことにしてください」

「飯島学校」と小泉チルドレン

そのような中、飯島は、中川泰宏や杉村太蔵《すぎむらたいぞう》などのチルドレンを十数人集めて飯島学校のようなものをやっていた。それは、いうまでもなく派閥ではない。飯島自身は、政界が右も左もわからないチルドレンたちを口説《くど》いた責任を感じていたのだ。「一ヵ月か二ヵ月で、彼らの人生を変えてしまった」という責任感もあり、勉強会を開いていた。

武部が幹事長を辞任するころ、飯島が「ちょっと顔を出してくれませんか」と武部を勉強会に誘った。

結局武部は、飯島学校のあとを受け継ぐことになる。飯島の言葉が引き金にもなった。

「若い者の面倒を見てやってください。幹事長しかいないんですから」

また武部は、平成十八年九月、小泉首相から直々にいわれた言葉をわすれていなかった。

「チルドレンを頼む」

脱派閥を旨として、当初83会は、無派閥議員の集まりだった。が、次第に各派閥に吸収され、八十三人が、六十人に、そして五十人になった。そして最後に残った者たち二十三名を集めた武部は、平成十八年十二月二十日「改革フォーラム・新しい風」を立ち上げたのだ。

当然ながら飯島は、「新しい風」を応援している。発足時には、小泉前首相が「新しい風」で話をするプランもあった。が、新聞にすっぱ抜かれて中止になった。発足時の平成十八年十二月といえば、安倍内閣の支持率が下がり始めたときでもあった。小泉が表に出た結果、妙な憶測が出ることを恐れたのだ。

それ以降小泉は、表立ってチルドレンの面倒を見ることはない。ただし、間接的には応援しているのだ。つまり、飯島と武部が、小泉の意を汲《く》んで行動しているともいえる。

立て続けに執筆する飯島

飯島は、平成十八年十二月に日本経済新聞社から『小泉官邸秘録』を出版したが、小泉にはゲラを見せていない。本が完成してから、はじめて小泉に手渡した。普通の政治家なら「馬鹿やろう、秘書の分際でなんだ。お前の名前ではなく、おれの名前にしろ」といいかねない。しかし、小泉は、本を読み、「うまくまとめたな」と褒《ほ》めるだけであった。

牧野徹補佐官は、『小泉官邸秘録』を興味深く読んだ。本の内容は、飯島の秘書官としての経験や膨大な資料にもとづいて書かれているため、官邸の内部に補佐官としていた牧野から見ても、興味深いエピソードが多く含まれている。また史的資料としての価値も高いと考えている。ただし、飯島が長年かけて蓄積した経験や情報の量からすれば、まだそのごく一部しかカバーしていないと牧野は思っている。本来ならば、上・中・下の三冊構成にしてもよかったのではないかとさえ思っている。

飯島は、平成十九年五月には『実録小泉外交』も出版した。

小泉内閣発足当時、外務省は、「外交音痴の小泉純一郎」と触れ回っていた。が、小泉とブッシュ大統領が良好な関係を築くと、今度は「外交の小泉、内政音痴の小泉」と言い出した。

飯島は、つくづく思った。

〈外務省も、いい加減だな〉

飯島は、小泉の外交についても一冊の本にまとめておこうと思ったのである。

牧野は、飯島がまだまだ本を出すだろうと期待している。飯島が二冊の本をあえて急いで出したのは、ひとまずこれだけでも世の中に出して、官邸の内実をオープンにしようという考えが働いたのであろう、と見ている。

イスラム金融の将来性にかける

あるとき、クウェートのザワウィ大使は、飯島と、ふたりの共通の友人でもあるイラクのガーニム・アル・ジュマイリ大使の自宅で食事をともにした。そのとき、経済の話になった。

飯島は、日本の問題点をあげた。

「地方政府が中央政府に頼りすぎて、その借金によっておこなわれる事業は、非常に問題が大きかった」

ザワウィ大使は、飯島に言った。

「イスラム・ファイナンスのなかでは、そういう問題はありえません。なぜかというと、イスラム・ファイナンスのなかで銀行は、お金を貸す相手ではなく、成長と開発というパートナーの存在です。ですから、まったく発想が違う」

誰かがお店を開こうとしたとしよう。当座の資金が必要になる。普通の銀行に借りに行けば、問題になるのは担保だ。担保に見合った金額を貸し出し、万一の場合は担保で焦《こ》げ付きを防ぐのが銀行の商売である。

イスラム・ファイナンスの融資方法は根本的に違う。貸し手と借り手がまずパートナーシップを結ぶことからすべてが始まる。貸し手であるイスラム金融は、お店の事業規模や内容、将来性などについて事細かに調査をする。調査の結果、「うまくいきそうだ」となって初めて出資をするわけだ。お店がうまくいかなければ、貸し手と借り手の両方が損をする。儲かれば、両方が得をする。イコールパートナーとして貸し手と借り手が対等な関係にあるわけだ。

イラクのジュマイリ大使にいわせれば、イスラム金融の基本はこのパートナーシップにあるという。いわゆる失われた十年の頃、全国で「不良債権処理」の名のもとに「貸し剝《は》がし」と呼ばれる強引な回収が横行した。地方に根を張っていた優良な中小・零細《れいさい》企業がつぶれた例も多い。貸し手が借り手を倒産に追い込む事態など、イスラム金融では考えられないとジュマイリは言う。

日本の銀行の審査力不足はかねてから指摘されてきた。融資する企業の実力や将来性を正確に見ることができない。綿密な調査に基づいて「アイデア」に投資し、成功を模索していくイスラム金融の手法は、日本のビジネス界にも大きな一石を投じるだろうとジュマイリは考えている。

すでに世界の主要国にはイスラム金融が導入されている。イギリス、ドイツ、中国、マレーシア、シンガポールなど導入された国名の枚挙にいとまがない。日本は明らかにこの分野で立ち遅れている。

ＥＵ（欧州連合）が中東諸国から買い付けている原油の総額は、年間七、八兆円である。いっぽう、日本は五年前でも三十兆円にものぼる。日本一国で、ＥＵ全体の四倍以上を買い付けているのだ。

中東諸国は、言葉は悪いが、アメリカを嫌っている。ＥＵに対しても、平成十七年から平成十八年にかけて複数の欧州の新聞がイスラム教の預言者ムハンマドの風刺画を掲載したことで快く思っていない。中国は、腹の中で何を考えているか分からない。ロシアには、ひどく脅威を感じている。しかし、日本は、宗教で喧嘩や差別をしない。それに、先進国でありながら威張《いば》らない。もう少し胸を張って歩いてもらいたいという気持ちもあり、飯島は、日本の役割は、長期的に見てひどく大事だと考えている。

ところが、日本には、どういうわけかオイルマネーの窓口がない。オイルマネーは、世界の経済を動かす。そこで、飯島は、なんとかすべきだという使命感から中東諸国との関係を構築しはじめた。

飯島は、アドバイスした。

「政治家とかそういうことは抜きにして、実務者と協議して前に進んでくれ。政治的にどうのこうのなんて考えちゃ駄目だ」

飯島は、財務省をはじめいくつかの機関や人物に声をかけ、理解を深めさせた。

イスラム金融の国内導入に際して、飯島には一つのアイデアがあった。投資の方向に関して、通常なら東京のような大都市に一極集中させることだろう。ところが飯島はこれを地方都市に分散させ、それぞれにパートナーとしての関係を持たせられないかと考えたのだ。

時まさしく地方分権は日本の政界にとって緊急課題の一つに浮上している。従来型の国内金融機関によらない貸出資金を欲しがっている自治体も多い。地方の活性化を考えた場合、飯島のアイデアは大いに検討に値するものと言える。

イスラム金融は必ずしもイスラム教徒のためだけのものではない。むろん、信仰上の理由からイスラム教徒がイスラム金融を利用するのは当然のことだ。だが、現在ではほとんどのイスラム教国では普通銀行とイスラム金融が並行して営業している。一方で、世界中のイスラム教国以外の国々ではイスラム金融が店舗を構えている。国際的な金融機関のなかには、自社にイスラム金融のシステムを導入しているところもある。

世界の趨勢《すうせい》に反して、なぜ日本の金融機関はイスラム金融に対して消極的なのだろうか。ジュマイリ大使は、日本の人々がイスラム金融はイスラム教徒だけのものだと信じ込まされているからではないかとにらんでいる。先入観が強すぎるのでは、というのだ。

日本にもイスラム教徒は確かにいる。だが、ほかの宗教の信者に比べれば、まだまだ少数派に過ぎない。イスラム金融に対する需要も少ないだろうと思い込んでいるのではないかというのだ。

　この思い込みは間違いだとジュマイリは断言する。イスラム金融は、異教徒であっても、無宗教の人であっても利用できる。従来の金融機関とも十分に共存可能なものなのだ。

　その意味で地方にパートナーシップを求める飯島案をジュマイリは高く評価している。ましてや飯島は日本の財界を説得しようとしてもくれた。

　飯島は、二年弱で日本との政治を抜きにしてイスラム資金を組み立てた。

　飯島は、平成十九年一月二十一日の会議の前にも、助言した。

「政治家は、誰一人、呼ぶ必要はない」

　当日、オイルマネーをあつかうイスラム諸国の銀行の総裁などが集まり、JBIC（国際協力銀行）主催のイスラム資金会議が開かれた。この会議は、飯島の尽力もあり、実現したもので、篠沢恭介《しのざわきようすけ》国際協力銀行総裁いわく、「飯島プロジェクト」と呼ばれている。

　セミナー当日、会場に飯島の姿はなかった。開催の筋道さえつけてしまえば、あとは現場の担当者にすべて任せる。いかにも彼らしいやり方である。

『宮本武蔵《みやもとむさし》』で有名な作家吉川英治《よしかわえいじ》に、つぎのような俳句がある。

「菊造り　菊見るときは　陰の人」

　政治家の秘書にはよく知られている句であるが、飯島のこの姿勢は、まさにこの句そのものである。

この「飯島プロジェクト」の規模は、数百兆円である。一歩間違えたら世界を動かすことになるだろう。日本は、小泉政権時代、しっかりとした日米同盟を築き上げた。中東諸国は、そこも期待している。なお、飯島は、このプロジェクトに政治家を絡ませるつもりはない。

イスラム・ファイナンスは、日本においてまだ完全に理解されたとはいえない。ただ、動き始めた、この流れは止めることは出来ないとザワウィ大使は自信を持って思う。

〈イスラム・ファイナンスは、個人で決定するものではない。みんなで決めることなので、もう少し時間がかかる。しかし、近い将来、日本におけるイスラム・ファイナンスの機関は稼動する。わたしは、そのセレモニーに出席できるだろう〉

ザワウィ大使は、どれだけ美しいものがあっても、壁の反対側にあり、見ることができなければ意味がないと思う。飯島は、その門を開く役割を果たしてくれた。

ザワウィ大使と飯島は、おたがいに頼みごとをしあう関係ではない。相互に理解しあい、両国の利益を考えて物事を進める。しかも、飯島は、これはおたがいのためになると思えば、即座に動く。そして、長い過程を短くしようと努力する。

さらに、飯島は、決して「自分が動いたから実現した」とアピールしない。常に謙虚な姿勢でいる。

ザワウィ大使は思う。

〈イスラム・ファイナンスの会議も、官僚だけではできなかった。飯島さんは、日本の利益を感じたので、記録的な短い時間で話を進めてくれた〉

勤続三十六年、秘書主任女史退任す

平成十九年三月三十日、首相官邸の首相秘書官室で佐藤内閣以来三十六年二ヵ月にわたって首相を支えた秘書主任の大塚和子が定年退職した。

一年前、首相であった小泉は、秘書官の後継者育成のため、向こう四年間、大塚の秘書官室務めを延長してはどうかと飯島に指示した。

大塚に、臨時の契約社員として残ってもらう場合、給料は、三割から四割も下がってしまう。下げないためには、一年ぐらいに課長職にすれば、課長になる前の給料がもらえることになる。課長になる前の給料を、向こう四年間、定年の後も渡すために先にあげてしまえばいい。そうすれば、退職金も課長職で計算されるので増える。なおかつ、課長職の給料がもらえなくて下がっても、課長になる前に給料は保証される。

飯島は、小泉首相の了解のもとで、二橋正弘官房副長官と柴田雅人内閣総務官と相談し、四年間の延長を決めた。

ところが大塚は、井上義之《いのうえよしゆき》首相秘書官と反りが合わなかった。大塚は、飯島にこぼしていた。

「首が、左に曲がらなくなりました」

大塚の左側は、井上の席である。

飯島らは、懸命に大塚を説得した。が、大塚の意志は固かった。

飯島は、大塚の退職が残念でならなかった。

〈官邸は、貴重な財産を失ったな……〉

牧野徹補佐官も、大塚の退任を惜しんだ。牧野が小泉に直接会うときは、丹呉が調整をおこなうことが多かったが、その丹呉も大塚の日程表を見て決めていたようだった。

小泉のシンクタンク構築

平成十九年三月十二日、トヨタ自動車、キヤノン、東京電力、新日本製鐵など歴代の日本経団連会長を輩出した財界有力企業四社の社長が発起人となり、創設を目指してきた民間シンクタンク「国際公共政策研究センター」は、東京都内の高級ホテル・マンダリンオリエンタル東京で設立総会を開き、小泉純一郎前首相の顧問就任と奥田《おくだ》碩《ひろし》・前日本経団連会長（トヨタ自動車相談役）の会長就任を決めた。

国際公共政策研究センターは、国内の主要企業約八十社が資金面などで協力し、各社とも数百万円から数千万円の設立準備金を入会金などの名目で計約十八億円を提供。三井不動産《みついふどうさん》や東芝《とうしば》など大手企業十六社のトップが理事に就任した。今後は、経済や外交、安全保障問題について政府から独立した立場で政策提言を目指すとしている。

小泉は、中央区日本橋室町《にほんばしむろまち》の三井本館にある国際公共政策センターの事務所では、政治家とはいっさい会わない。会うのは、財界人と来日した外国の首脳だけだ。

小泉は、平成十七年五月九日、ロシアのプーチン大統領が主催した第二次世界大戦終了六十周年記念式典に参加した。式典には、ブッシュ米大統領、シラク仏大統領、シュレーダー独首相、ベルルスコーニ伊首相など二十ヵ国以上の首脳およびアナン国連事務総長などが集まった。そのときに、小泉とブッシュ大統領が握手をし、プーチン大統領、シラク大統領、ブレア首相、シュレーダー首相などがそれを取り囲んで撮った実にいい写真がある。

二橋元官房副長官は思う。

〈小泉総理のようなキャラクターの人は、いままで日本にいなかった。だからこそ、小泉総理のような人は、フルに使ったほうがいい〉

特に、外交に強いのが小泉総理だ。この国有財産を、日本のために活かさない手はないと、二橋は思うのだった。

パレスチナのシアム総代表は、シンクタンクオフィスに、日本で二番目の客として招かれた。外交官としては、初になる。最初に招かれたのは、ベトナムの首相であった。シアム総代表は、シンクタンクを案内された。小泉は、ここで中東、パレスチナ問題を進行させていくという。総理時代に考えていたことを、シンクタンクでも続けてやっていこうというのである。

単にエネルギー源としての油を買うお客ではなく、中東に投資して、経済効果を見て、今度は平和を構築する。小泉が、シンクタンクを構築したということは、政府だけでは無理があるからである。中東の経済的発展なくして平和は望めない。

小泉の構築したシンクタンクは、経済連がバックアップしているので、協力者が財界人である。普通のシンクタンクは、中東の政治的経済分析だけで机上の空論で終わる。小泉が具体的に動けば、財界人が動く。これは中東にとって、非常に大きな動きである。

小泉は、利権に対する欲がない。欲があると経済界が動き出したとたん、私利私欲に走ってしまう。小泉には、それがない。シアム総代表は思う。

〈小泉総理も飯島秘書官も、非常にクリーンだ。これほどまでにクリーンな政治家はこれまで見たことがない〉

どこの国でも、政治家が利権やお金に絡む。そういう意味では、非常に珍しい二人である。

飯島、故・松岡農相の葬儀を取り仕切る

五月二十八日午前十一時過ぎ、「チーム小泉」の前参事官の香取照幸は、たまたま議員会館の地下二階の食堂で飯島と昼食をともにしていた。午後一時には、飯島に引き合わせたい人物がいたからだ。ふたりは、議員会館の地下二階からエレベータで上がってきた。三階でエレベータが開くと、飯島の携帯電話が鳴った。十一時五十分ごろだった。飯島は「おッ、珍しいな」と言いながら電話に出た。相手は通信社の記者だった。

その電話が松岡利勝《まつおかとしかつ》農水相自殺の第一報だった。各紙報道では、自殺は「お昼頃」「零時ごろ」とされている。が、香取の記憶によれば、実際は十一時五十分以前に自殺を図ったようだ。

松岡は、赤坂の衆議院議員宿舎で首つり自殺を図った状況で発見され、心肺停止状態で東京都新宿区信濃町《しなのまち》の慶應義塾大学病院（慶応病院）に搬送《はんそう》された。

そこで、飯島はすべての予定をキャンセルした。その場から飯島は松岡の搬送先である慶応病院に直行することを決めた。病院に向かう車に乗り込む直前の、ほんの二、三分の間に、議員会館の小泉の部屋で、飯島は小泉信子と二言三言の会話を交わしている。

「この後の日程は、キャンセル。ここと、ここに連絡を」

「じゃ、わたしは、ここに電話するわ」

香取は、ふたりの瞬時のやり取りを見てあらためて感心した。

〈無駄口をきかない。ほとんどアイ・コンタクトの世界だな〉

このように、小泉純一郎のみならず小泉信子も、飯島に対して全幅の信頼を置いている。

飯島は、すぐさま慶応病院に駆けつけた。

〈マスコミも、たくさんやってくる。身内も騙《だま》すくらい的確に捌《さば》かないといけないが、秘書官の赤松和隆《あかまつかずたか》では、無理だろう。おれが、やる以外にない〉

いわゆる農林族の実力者であった松岡は、小泉政権になって、それまでと百八十度姿勢を変え、「攻めの農政」を展開していた。それゆえ、小泉首相も飯島も、松岡を評価していた。松岡も、飯島を頼りにしていて飯島によく相談に来ていた。

飯島は、松岡大臣のＳＰたちに配置を指示した。

「いま蘇生《そせい》をおこなっている状況だ。仮に総理であろうが、誰であろうが、松岡大臣には、奥様以外、絶対、会わせるな」

飯島は、慶応病院に駆けつけてきた農水省の小林芳雄事務次官、警視庁、松岡事務所のスタッフ、慶応病院の院長、担当部長らと打ち合わせをおこなった。

飯島は、農水省から来ていた「チーム小泉」の末松前参事官にも電話をかけた。

「農水省は、松岡大臣のためにバシッとやらなくていけない。携帯をもって、待機していろ」

飯島は、それから矢継ぎ早に指示した。末松は、その指示に従いあちこちに電話した。その時もそうだったが、あらゆる場面で、末松は、飯島の指示を聞きながら「この人は物事の全体を理解しているのかな?」と思うこともあった。あまりに直感的に動いている気がした。が、結果的には、それはすべて正しい判断だったことがわかる。それは、あたかも自分で論理をコツコツ積みあげるのではなく、全体を見ながら、ふーっと結論が見えて来るような、不思議な思考回路だった。

地元熊本県にいる松岡夫人は、飛行機で上京し、午後四時過ぎに羽田空港に到着する予定だという。飯島は、末松に指示した。

「羽田空港に着いたら、大至急、こちらに連れてきてほしい」

さらに、飯島は、松岡大臣の次男でNHK放送センターに勤務する松岡浩昌《ひろまさ》アナウンサーに連絡を入れた。

「大至急、何があっても、飛んでこい」

松岡アナウンサーは、NHK‐FMの関東甲信越広域リクエスト番組「サンセットパーク」を担当しており、この日は、生放送の担当日であった。

そうこうするうちに、「議員宿舎に遺書が残されていた」といった警察情報がどんどんマスコミに流れはじめた。

飯島は、頭に血が上った。

〈奥さんがまだ確認していないのに、なぜ、警察は、そういった情報をリアルタイムでぼんぼん流すのか〉

飯島は、カリカリしながら対応した。

なお、松岡は、飯島にも遺書を残していた。

飯島は、中川秀直《なかがわひでなお》幹事長に電話を入れた。

「政府は、官房長官のほうで、いろいろとやってもらいます」

午後二時、次男が見守るなか、松岡大臣の死亡が確認された。

飯島は、ただちに塩崎恭久《しおざきやすひさ》官房長官に連絡を入れ、釘を刺した。

「午後二時に死亡。しかし、いくらマスコミに首吊り自殺だったことが流れていても、そのことは、記者会見で絶対に言っちゃいけない」

午後三時前、塩崎官房長官は、首相官邸で緊急に記者会見した。

「大変残念なお知らせをしなければならない。松岡農林水産大臣は、午後二時、治療中の病院で亡くなった。心からご冥福をお祈り申し上げ、ご家族のみなさまにお悔やみ申し上げる」

記者団が、塩崎官房長官に質問した。

「自殺の理由は」

塩崎官房長官は答えた。

「死因については、検死などの手続きがあるので、手続きを経たうえで発表される。いま、この場では、申し上げられない」

飯島は、いったん議員会館の小泉事務所にもどった。すると、赤松大臣秘書官から連絡が入った。

「霊安室が、どうもうまくいきません」

飯島は、ふたたび慶応病院に飛んで行き、霊安室に入った。松岡夫人のほかに、参議院自民党の中曽根弘文《なかそねひろふみ》、山本拓《やまもとたく》副大臣ら数人の国会議員もいた。

飯島は、松岡夫人に訊いた。

「どうされましたか？」

すると、衆議院の規則で議員宿舎に遺体は持ち込めないという。

飯島は思った。

〈おかしいなあ、参議院議員の故山本富雄《やまもととみお》先生のときは、良かったはずだが……〉

のちに、飯島は、衆議院の事務局に国有財産の責任官庁である財務省理財局を介して苦言を呈した。

「国会議員には、高齢者が多いのだから、部屋で亡くなる場合もあれば、いろいろなケースもある。いまのままの規則では、駄目だ」

いっぽう、飯島は、霊安室で松岡夫人、長男、次男らに言った。

「この七月には、参議院の通常選挙がおこなわれます。こういった場合、公職選挙法の規定により、補欠選挙は、参院選と同日実施となります。もしご親族のなかから松岡大臣の遺志を継ぎ、立候補される方がいるのであれば、その方が喪主になるほうが望ましいと思います。非情なことかもしれませんが、政治とは、そういうものです」

飯島は続けた。

「葬儀は、東京でおこなわれますか？」

松岡夫人が答えた。

「いいえ、主人といっしょに、すぐにでも熊本に帰りたいと思います」

「それは、困ります。東京にも、松岡大臣に最後のお別れをしたい人はいっぱいいるわけですから、それは、やめていただきたい」

松岡夫人はうなずいた。

「でも、会場がありません。六時には、ここを出さなくてはいけないので、あと一時間くらいしか時間がありません」

「わかりました。誠に僭越《せんえつ》ですが、いまからわたしがいろいろ手配します。まず、地元の通夜は、明日ですね。そうすると、何時に羽田空港を出ればいいですか？」

「午後四時前後です」

飯島は、赤松大臣秘書官に指示した。

「いまから五分以内に、明日の午後四時前後に羽田を出発する飛行機を押さえてください。ただし、付き添いの人数分の席を確保するだけでは駄目ですよ。棺《ひつぎ》の場合は、ストレッチャーで八人分の席が必要だし、あるいは、航空貨物になるかもしれない。そうなれば、整備工場で作業しなければいけないものも出てくるから、それを確認してください」

飯島は、松岡夫人に訊いた。

「お宅の宗派は、なんですか?」

「日蓮宗《にちれんしゅう》です」

「それでは、檀家《だんか》のお寺の住職が知っている東京のお寺を言ってもらい、仮通夜を実行できるよう手配してください。いまからですと、おおむね七時半開始です。同時に住職に戒《かい》名《みょう》を決めてもらい、こちらで貸していただける斎場でもなんでもいいですから、こちらのほうで戒名の位牌《いはい》を東京に着くように手配してもらいたい」

飯島は、次に国会議員や農水省幹部に指示した。

「先生方、統括審議官、派の事務局長、誠に恐縮ですが、日程が決まったらペーパーを用意させますから、自民党本部や全省庁にいっせいに手配する作業をお願いします。いまは、この霊安室から出ないでください」

仮通夜の斎場は、新宿の「四谷《よつや》たちばな会館」と決まった。

飯島は、山本拓農水副大臣にお願いした。

「山本副大臣、病院の前には、記者がいっぱい来ていますから、午後七時半頃から『四谷たちばな会館』で仮通夜をおこなうことを報告していただけますか。それが終わったら、また霊安室にもどってきてください」

「わかった」

さらに、飯島は、葬儀屋に訊いた。

「霊柩車には、何人、乗れるんですか？」

「四名です」

「ご遺族はちょうど四名ですから、乗れますね」

飯島は、ＳＰに言った。

「霊柩車の後ろには、警護車をつけたい。その次に、大臣車の二台をつけます。一台目は、親族の景山《かげやま》（俊太郎《しゆんたろう》）先生、中曽根先生、山本先生など乗れるだけ乗ってください。その次の車両には、西川《にしかわ》（公也《きみや》）農水委員長らが乗ってください。みなさん、自分が乗る車は分かりますね」

「分かります」

「いまから、車列を病院の前に並べて、カメラに映らないように遺体を霊柩車に乗せてもらいます。乗せ終わったら、みんな、それぞれの車に乗ってください。すべて乗り終わったら、警護官が確かめた上で出発します」

議員が言った。

「飯島さんは、どうされるのですか？」

「わたしは、農水省の審議官と、ちょっと時間を空けて車で向かいます。マスコミは、霊柩車の後ろをいっせいに追いかけるでしょう。後ろを見ながら移動する馬鹿はいない。わたしがカメラに映るとややこしくなりますから、そういう風にさせてもらいます」

飯島は、最後に確認した。

「仮通夜を終え、羽田空港に向かう途中、農水省、官邸、国会、党本部は、回ってもらうようにします。そうなると、斎場を出るのは、午前十一時前後です。ですから、仮通夜は、今日の午後七時半から明日の午前十一時までです。太陽が出ていようが、出ていまいが、明日の午前十一時までは、仮通夜です。奥さん、それでよろしいですね」

「けっこうです」

「あとのことは、『四谷たちばな会館』に行ってから、状況判断させてもらいます」

午後六時過ぎ、飯島らは、松岡大臣を乗せた霊柩車とともに慶応病院を出発し、「四谷たちばな会館」に移動した。「四谷たちばな会館」には、すでに弔問に訪れた人もいた。

ところが、松岡夫人や景山らは、祭壇に向かってならんでいるではないか。

飯島は指示した。

「祭壇に向かって並んでいるんじゃやなくて、弔問に来た人たちに向かって座ってください」

飯島は、椅子の並べ方を変えさせた。

「これまでの椅子を全部取っ払って、弔問客側に向かって二列に並べろ」

飯島は、景山に言った。

「景山先生、こちらのほうに並んでください。前に座っていれば、かならず先生にあいさつします。後ろに座っていては、意味がないですよ」

さらに、矢継ぎ早に指示した。

「なぜ、受付が、もっとないんだ」

西川議員らが長椅子とテーブルを運び出し、受付を増やした。

ようやく準備を終えたところで、飯島は、ふと気づいた。

〈しまった、肝心の小泉の生花《せいか》を頼むのを忘れてしまった……〉

飯島は、これまでの通夜や告別式には、小泉の秘書として、だれよりも早く生花を発注し、もっともいい場所に「小泉純一郎」と書かれた生花を飾らせた。が、今回は小泉の秘書としてでなく、松岡のためを思って動いていた。いろいろな準備に追われ、小泉の生花を頼むのをすっかり忘れてしまった。

飯島は、慌てて花屋に連絡を入れた。が、すでに営業時間は終わっていた。配達は、翌朝の八時になるという。

飯島はあきらめた。

〈まぁ、いいや〉

午後九時過ぎ、小泉が焼香《しょうこう》に訪れた。飯島は、小泉に詫びた。

「すみません、短時間のうちに真剣勝負でやったものですから、代議士の生花が間に合いませんでした」

小泉は、淡々《たんたん》と答えた。

「いいよ、ありがとう」

午後十時頃、一段落をつけた飯島は、「四谷たちばな会館」を引き上げることにした。

その際、飯島は、関係者に頭を下げた。

「まったく関係ない議員の秘書なのに、いろいろと指示したり、お願いしたりするなど、失礼いたしました。無礼をお許しください」

正午、松岡の遺体は、「四谷たちばな会館」を出発し、車で長年活動した国会議事堂や衆議院議員会館、自民党本部、農林水産省などを回り、羽田空港から空路、地元の熊本県に向かった。そして、午後八時から、阿蘇《あそ》市の浄信寺で本通夜が営まれた。

熊本で葬儀を終え、帰京した景山が、周囲に語ったという。

「飯島さんは、霊安室での短時間で飛行機の手配から仮通夜まですべて決め、見事に取り仕切った。個性派の多い国会議員も、口を挟む余地がなかった。ただただ度肝《どぎも》を抜かれたよ」

飯島の前に飯島なし

小泉は、総理在任中、常に抵抗勢力やマスコミやから批判され続けた。だが、小泉は、それらの批判を気にかける様子を周囲にはまったく見せなかった。小泉は孤独に耐えられるだけの強い神経の持ち主なのだろう、と牧野前補佐官は思っている。今後、小泉のようなタイプの総理はまず現れることはないだろう、と見ている。

牧野は、小泉が総理を辞めてから、これまでに小泉と五回ほど会った。小泉から誘いを受ければ、牧野も万難《ばんなん》を排して行きたいところだが、急に「明日空いてる？」と言われるところが少し困る。

会うと、政治が話題にのぼることは少なく、たいていは酒を飲みながらおしゃべりに興じることが多い。牧野が見て、小泉は総理時代に比べて、断然リラックスしているように感じられる。表情も優しくなったような気がした。小泉は酒を飲みながら「もう二度とあんな商売やらないよ」と冗談っぽく漏らしたことがある。五年五ヵ月間総理の任務に全力投球してきただけに、小泉の言わんとすることは、牧野もよくわかった。

いっぽう、今でも、飯島の呼びかけでかつての「チーム小泉」のメンバーが月一回集まる。

「チーム飯島の会」という会合も開かれる。チームの絆《きずな》も、しっかりとつながっている。この絆は、後々まで残っていくことは間違いない。メンバー一人ひとりは、財産だと感じている。また、この財産が、霞ヶ関の潤滑油《じゅんかつゆ》となり、一人ひとりの仕事の面でも、個々のプライベートの面でも、後々まで生かされてくるはずだ。現在、農林水産省大臣官房企画評価課長の末松広行も、飯島主催の勉強会に集まっている。

当時の参事官たちは、飯島とは、その会以外のさまざまな局面でも会う機会がある。自省関連の案件があれば、飯島にとって最も親しみのある窓口として彼らが指名されるためだ。

「今から地元の関係者が行くんでよろしく」

何か用があると、すぐに電話がかかってくる。

チームのメンバー相互の信頼関係も相変わらずだ。省庁の間をまたぐような案件があれば、すぐに旧チーム小泉のスタッフに電話して頼み込む。また、元官邸スタッフに頼んで駄目なものはどうしたって駄目だ、という見極めもお互いにある。各省の課長クラスの若手参事官が「特命チーム」のメンバーとして修羅場《しゅらば》を乗り越えたことは、後々の展開を考えると意義深い体験だっただろう。

香取も、飯島とよく会う。とはいえ、小泉や飯島の政治力を借りて云々ということはまったく無い。飯島側からも、そういう働きかけはまったく無い。

現在、総務省大臣官房・官房付併任官房審議官の坂本森男も、いまでも飯島とよく話をする。ただし、現在の永田町の生臭い話は少ない。むしろ、小泉内閣時代の話で「じつは、あれはこうだった」というものが多い。それを聞いて坂本は「へえ、そうだったんだ」と納得する。

が、飯島は、ときどき現在の政界の動きも、それとなく解説するという。

「まあ、こんな感じじゃないか」

飯島は、小泉政権が終わった直後、十キロほど痩せたらしい。十日から十四日間ほど入院していたともいう。飯島夫人は飯島に「痩せてちょうどいい」などと、愛のある悪態をついたらしい。が、すでに飯島の体軀は小泉政権時代に戻っているようだ。

そして、小泉政権が終わる前後に、飯島はスキン・ヘッドにした。平成十八年八月十五日、小泉靖国参拝のおりには、側頭部にわずかに残った白いものをテレビカメラは捉えていた。が、それすらも、みずから剃ってしまったらしい。香取は、そんな飯島を評して

「前にも増して怖い顔になりました」と茶目っ気たっぷりに笑う。

いまなお、飯島は元気だ。香取流にいえば「飯島さんは、相変わらず『飯島さん』をやっています」なのだ。

とはいえ、小泉同様、飯島も精神的に楽になったことは間違いない。首相秘書官時代

は、つねにアンテナを立てている哨戒機《しょうかいき》のようなものだった。

昼は昼で多忙。夜は夜で、飯島ならではの仕事がある。深夜二時ごろまで、情報の裏取りと小泉に見せるべきメモの作成に没頭する。それでも、朝の六時には、何事もなかったかのように朝刊全紙に目を通す。夜に確認していた情報と、朝刊記事とを突き合わせる。情報を頭のなかで再構築していく。

丹呉元秘書官の目には、飯島はいっこうに「爺」らしくない。根っから政治が好きなのかもしれない。永田町や霞ケ関に、永遠に関わるのかもしれない。丹呉は、そんな飯島を「秘書としての世界遺産」だという。

「飯島さんの前に、飯島さん無し。飯島さんの後に、飯島さん無し」

現在、経済産業省商務情報政策局長の岡田秀一は、今後も飯島秘書官の優れた判断力や情報収集能力を、何らかの形で日本の政治に活かして欲しいと思っている。

由木文彦前参事官の目にも、首相時代と比較してひそやかになった小泉と対照的なのは、飯島の表情だ。総理秘書官のころと、まるで変わっていない。むしろエネルギッシュさを増しているようにも思える。由木は何度も「おれは小泉の生涯一秘書だ」という言葉を耳にしている。飯島ほどの人物がと惜しむ声もある。本人が本当のところどう考えているかはだれにも藪の中だ。

小泉再登板の日、飯島は……

飯島は、小泉の首相在任中はきわめて控えめだった。自身が余計なことを言って目立つことを避けた。それは、小泉のマイナスになると思ったようだ。ただし、いざとなれば、年金未納問題などでは、みずから叩かれ役を買って出た。が、いまは自身で著作物を出版するなど、積極的に新たな小泉イメージを国民に伝えようとしている。

香取には、小泉がいまの政治とはまったく無関係に暮らしているようにも見えることがある。最近の生臭い政治談義を振っても、まったく関心を示さないのだ。そんな小泉の口をついて出る話題といえば、オペラなどの歌舞音曲のたぐいである。そんな脂っ気が抜けた小泉を見ていると、香取はふと心配になる。

〈あと一期くらい衆議院議員をやったら、『もういいや、おれ』といって議員を辞めてしまうのではないかしら……〉

現在、財務省大臣官房長の丹呉泰健は、今後の小泉・飯島に対して、願うことは特に無い。首相を辞任した小泉は、丹呉に「ゆったりしたい」と語っていた。

丹呉は、小泉がすでに燃焼し尽くしたと思っている。ただし、小泉前首相の脂気の無さをむしろ心配して、小泉にこう進言している。

「郵政民営化は法案が通っただけです。完全民営化は、これから十年以内です。総理は、国会議員として完全民営化まで見届けてくださいよ。それで、できあがりなんですから」

最終的な郵政公社の「民営化」は、遅くても平成二十九年四月一日までに完了する。早ければ数年、前倒しになるかもしれない。平成十九年から六、七年後には、ある程度「民営化」の着地点が見えるはずだ。小泉純一郎議員が、次期衆院選にもう一回出馬して、そこから国会議員を四年間続ければ、「民営化」の最終幕を見届けられるはずだ。丹呉は、その光景を目に焼き付けたいと思っている。

小泉純一郎は、次の衆院選には出馬するというのが大方の見方だ。さらに、その次の選挙となると、次代に選挙区を譲るともいわれている。しかし、「小泉チルドレン」の中川泰宏は、「どうなるかわからない」と前置きしたうえで、再々出馬にも期待をにじませる。

「内閣総理大臣として再登板ということになると、出ざるをえまい」

そして首相再登板については、より具体的なイメージで期待している。

中川の読みでは、次期衆院選では党の顔が小泉ではない以上、83会の同期組は三十人くらいしか残らないと見ている。

そこで、小泉待望論が、自民党衆議院議員たちから巻き起こったときに、小泉がどう動くか、あるいは動けるように準備するかが、飯島の仕事のようだ。そして中川泰宏もその一助となる覚悟である。

岡田秀一元秘書官は、小泉首相の再登板は無いだろうと思っている。が、万一、小泉政権が再びできるならば、それは日本にとってとても素晴らしいことだという。岡田自身も大歓迎である。

〈そうなれば、ぜひ、もう一回馳せ参じたい〉

木下賢志元参事官も、再度登場する機会があれば、登場してもらいたいという気持ちもある。それも、登場するなら、誰も予想していないときに登場してもらいたい。小泉総理が、自民党総裁選に立候補したときも、誰も予想していないときの登場だった。世間で、「次は小泉さんにやってもらうしかない」という風が吹いているときに登場するよりも、「もう、小泉さんはないだろう」と思われているときに、突然出てきた方が面白い。まだまだ、小泉にも飯島にも、エネルギーがある。

いまだに国民の一部には小泉の再登板に対する期待が根強くある。牧野徹元補佐官は、小泉が自分から仕掛けて総理の座に就くようなことはないだろうと思っている。だが、「政界は一寸先は闇」、何が起こるか分からないとも思っている。

牧野が見る限り、小泉の体力は衰えておらず、シャープな判断力や、勝負師的な直感は健在だと感じた。

飯島は、福田政権後、あくまでも「政界再編があれば」という条件つきでこう語る。

「不安定な政界で政界再編が起こるかもしれない。そのときには、旗印は小泉しかない。小泉を旗印にしたグループが勝つ。その可能性は、ものすごくある」

はたして、政界にどのような波乱が待ち構えているのか……。

牧野は、補佐官退任後も、飯島とよく会う。ともに小泉政権を支えた仲間や共通の知人といっしょに会うことが多い。牧野から見て、飯島のエネルギーはまったく衰えていない。ただ、これから先、小泉が議員バッジを外す日が来たとき、飯島が何をするかということは想像しにくい。少なくとも、二君にまみえることだけはないだろうと見ている。

小泉の初当選以来、全身全霊をあげて小泉のために仕えてきた飯島であるだけに、小泉が議員を辞めたとき、飯島が何をするかということは、親しい牧野でさえも想像がつかない。ただし、一つだけ確かなことは、自分の主が総理にまで昇り詰め、なおかつ五年五ヵ月の長期政権を敷き、日本の構造改革を推し進めたのであるから、飯島の秘書生活は充実した男冥利《みょうり》に尽きるものであったろう。

なお、飯島は、小泉が国会議員を引退すれば、自分も永田町を去るつもりでいる。仮に小泉の息子が国会議員になったとしても、永田町にもどるつもりはない。

飯島が、南アルプス連峰を展望できる駒ヶ根の高台に家を建てた理由として、小泉の秘書を辞めたあと、のんびりと油絵でも描きたいと思ったのも、その一つである。

飯島は、ピカソのような抽象画ではなく、東山魁夷《ひがしやまかいい》や後藤純男《ごとうすみお》の作品を好んでいる。

老後は、三十数年にもわたって血なまぐさい修羅場を潜った日々が嘘のように日本画的な静謐《せいひつ》な風景を描きたいと思っている……。

あとがき

この作品は、長時間にわたっておこなった飯島勲氏への取材をもとに書下ろしたものです。

執筆にあたって、「チーム小泉」のメンバーであった財務省の丹呉泰健氏、経済産業省の岡田秀一氏、警察庁の山﨑裕人氏、総務省の坂本森男氏、厚生労働省の香取照幸氏、防衛省の黒江哲郎氏、国土交通省の吉田英一氏、農林水産省の末松広行氏、国土交通省の由木文彦氏、総務省の関博之氏、厚生労働省の木下賢志氏、防衛省の深山延暁氏、また、日本住宅総合センター理事長の牧野徹氏、官房副長官の二橋正弘氏、元内閣事務官の大塚和子氏、衆議院議員の二階俊博氏、武部勤氏、中川泰宏氏、元参議院議員の草川昭三氏、彫刻家の瀬戸剛氏、食生活情報サービスセンター理事長の石原葵氏、ブライトピック社長の志澤勝氏、取材当時、駐日大使であったイラク大使のガーニム・アル・ジュマイリ氏、クウェート大使のガッサン・ザワウィ氏、エジプト特命全権大使のヒシャム・バドル氏、パレスチナ自治政府駐日総代表のワリード・アリ・シアム氏（以上、順不同）の取材協力を得ました。お忙しいなか、感謝いたします。本文中の肩書きは、その当時のもの、敬称は、略させていただきました。

今回、この作品の上梓《じょうし》に協力してくださった祥伝社の牧野輝也氏に感謝いたします。

最後に、この長期取材にときに休日返上で協力してくれたわたしの右腕である小菅尚氏、及川博康氏、上平香氏に、心からご苦労さん、といいたい。

大下英治

二〇〇七年十一月

参考文献

『代議士秘書　笑っちゃうけどホントの話』（飯島勲　講談社文庫）
『小泉官邸秘録』（飯島勲　日本経済新聞社）
『実録小泉外交』（飯島勲　日本経済新聞社）
『小泉純一郎―血脈の王朝』（佐野眞一　文藝春秋）
『オフレコ！　別冊　小泉官邸の真実　飯島勲前秘書官が語る！』（アスコム）

このほか、朝日新聞、産経新聞、日経新聞、毎日新聞、読売新聞の各紙、「文藝春秋」をはじめ月刊誌、週刊誌を参考にさせていただきました。

小泉純一郎の軍師　飯島勲

一〇〇字書評

切り取り線

購買動機（新聞、雑誌名を記入するか、あるいは○をつけてください）

- □ （　　　　　　　　　　　　）の広告を見て
- □ （　　　　　　　　　　　　）の書評を見て
- □ 知人のすすめで
- □ タイトルに惹かれて
- □ カバーがよかったから
- □ 内容が面白そうだから
- □ 好きな作家だから
- □ 好きな分野の本だから

●最近、最も感銘を受けた作品名をお書きください

●あなたのお好きな作家名をお書きください

●その他、ご要望がありましたらお書きください

住所	〒				
氏名		職業		年齢	
Eメール	※携帯には配信できません		新刊情報等のメール配信を 希望する・しない		

あなたにお願い

この本の感想を、編集部までお寄せいただけたらありがたく存じます。今後の企画の参考にさせていただきます。Eメールでも結構です。

いただいた「一〇〇字書評」は、新聞・雑誌等に紹介させていただくことがあります。その場合はお礼として特製図書カードを差し上げます。

前ページの原稿用紙に書評をお書きの上、切り取り、左記までお送り下さい。宛先の住所は不要です。

なお、ご記入いただいたお名前、ご住所等は、書評紹介の事前了解、謝礼のお届けのためだけに利用し、そのほかの目的のために利用することはありません。またそのデータを六カ月を超えて保管することもありませんので、ご安心ください。

〒一〇一-八七〇一
祥伝社文庫編集長　加藤　淳
☎〇三（三二六五）二〇八〇
bunko@shodensha.co.jp

祥伝社文庫

上質のエンターテインメントを！　珠玉のエスプリを！

祥伝社文庫は創刊15周年を迎える2000年を機に、ここに新たな宣言をいたします。いつの世にも変わらない価値観、つまり「豊かな心」「深い知恵」「大きな楽しみ」に満ちた作品を厳選し、次代を拓く書下ろし作品を大胆に起用し、読者の皆様の心に響く文庫を目指します。どうぞご意見、ご希望を編集部までお寄せくださるよう、お願いいたします。

2000年1月1日　　祥伝社文庫編集部

小泉純一郎《こいずみじゅんいちろう》の軍師《ぐんし》　飯島勲《いいじまいさお》

平成19年12月20日　初版第1刷発行

著　者　大《おお》　下《した》　英《えい》　治《じ》

発行者　深　澤　健　一

発行所　祥《しょう》　伝《でん》　社《しゃ》

東京都千代田区神田神保町3-6-5
九段尚学ビル　〒101-8701
☎03（3265）2081（販売部）
☎03（3265）2080（編集部）
☎03（3265）3622（業務部）

印刷所　萩　原　印　刷

製本所　明　泉　堂

造本には十分注意しておりますが、万一、落丁、乱丁などの不良品がありましたら、「業務部」あてにお送り下さい。送料小社負担にてお取り替えいたします。

ISBN978-4-396-33397-3　C0195

祥伝社のホームページ・http://www.shodensha.co.jp/